Asian Civil Law in Economic Reforms

アジアの市場経済化と民事法

法体系の模索と法整備支援の課題

金子 由芳【編】

神戸大学出版会

目　次

序　章　アジアの民事法へのまなざし

1．本書の対象―アジアの市場経済化と民事法　　2

2．規範選択の空間軸　　4

3．規範選択の歴史軸　　6

4．本書の構成　　9

5．本書編集に当たって　　14

第1部　民事法分野の法整備支援の意義と実相

第1章　民法典による市場経済化の規範調整
　　　　―日本支援の検証テーマ―――――――――金子由芳　18

1．はじめに　　18

2．社会主義市場経済化の文脈　　20

3．解釈規範としての一般条項　　28

4．真意性 vs. 取引の安全　　33

5．債務不履行における救済　　36

6．結語　　39

第2章　アジア民事訴訟法改革の基本スタンス
　　　　―ベトナムにおける民事訴訟法改正支援等に焦点を当てて
　　　　――――――――――――――――――川嶋四郎　46

1．はじめに―問題の限定　　46

2．ベトナムにおける2004年の民事訴訟法改革　　49

3．2004年民事訴訟法制定以後の動き：民事訴訟法に関連して　　63

4．おわりに―当事者主義の実現？　　69

第3章　アジアにおける日本の法整備支援とその課題
　　　　―民法作成支援の視点から見える問題―――大川謙蔵　76

1．はじめに　76

2．ベトナム　78

3．カンボジア　84

4．ラオス　87

5．インドネシア　90

6．東ティモール　92

7．ネパール　93

8．ミャンマー　95

9．日本の法整備支援から見える支援の意義および課題　97

10．おわりに　99

第2部　法の移植の歴史軸

第4章　アジアにおけるフランス植民地の民事法
　　　　――――――― Béatrice Jaluzot（和訳：金子由芳）　104

1．はじめに　104

2．アジアにおけるフランス植民地法の混淆的な性格　105

3．土地法　114

4．結論　121

iii

第5章　タイ民商法編纂における日本民法の役割
　　　　　—特に債務不履行法の成立過程とその現代的意義を中心に
　　　　　　　　　　　　　　　　　　　　　　　　　　田村志緒理　124

1．本考察の課題　124

2．歴史的背景：サヤームと日本　124

3．民商法編纂事業の顛末　126

4．仏暦2468年（西暦1925年）民商法の全体的構成　132

5．債務不履行法の構成方法　134

6．日本民法継受の歴史的総括と現代的な意義　140

第6章　植民地土地法と現代の土地法改革————　金子由芳　148

1．はじめに　148

2．植民地土地法のメカニズム　149

3．植民地独立後の土地法—農地安堵と開発主義の相克　152

4．現代の土地法改革—植民地土地法の再来　153

5．土地紛争解決への糸口　157

6．結語—持続的な土地利用秩序へ向けて　160

第7章　インドネシアにおける民事法の発展史
　　　　　—土地法に焦点を当てて
　　　　　　　　　————　Rudy Lukman Hakim（和訳：金子由芳）　164

1．はじめに　164

2．植民地時代の近代民事法の形成　165

3．独立後の土地法の発展　168

4．改革時代の土地法の新たな展開　171

5．立法再編へ向けて　174

6．結語　175

第3部　アジア法の経済成果と社会実相

第8章　競争法整備支援とその評価
―競争法の普遍性と土着性の観点から――― 栗田 誠　178

1．はじめに　178
2．競争法整備支援の現状　180
3．競争法の普遍性と土着性　185
4．競争法の普遍性と土着性からみた競争法整備支援の内容　189
5．日本の独占禁止法の特徴と競争法整備支援の内容　192
6．競争法の普遍性と土着性からみた競争法整備支援の評価　196
7．おわりに　199

第9章　強制執行における日本法とミャンマー法の比較の試み
――――――――――――――――――――――― 赤西芳文　204

1．はじめに　204
2．ミャンマーの強制執行制度概要　205
3．残された論点　220

第10章　ベトナムにおける法制度改革と企業発展― 松永宣明　230

1．はじめに　230
2．法制度改革とマクロ面での企業発展　231
3．家計企業のフォーマル化　242
4．おわりに　250

第11章　法の起源、金融発展、産業構造変化――――川畑康治　256

　　1．はじめに　256

　　2．先行研究と分析の枠組み　258

　　3．分析手法およびデータ　260

　　4．分析結果　264

　　5．結論　268

第12章　アセアン後発4か国における解雇法理――香川孝三　272

　　1．はじめに　272

　　2．カンボジア　274

　　3．ラオス　279

　　4．ベトナム　285

　　5．ミャンマー　289

　　6．まとめ　292

第13章　ベトナム労働市場のグローバル化にともなう
　　　　諸状況と立法的対応――――――――――斉藤善久　296

　　1．はじめに　296

　　2．国内労働市場　298

　　3．国外労働市場　305

　　4．まとめにかえて　314

　索引　316

Asian Civil Law in Economic Reforms

アジアの市場経済化と民事法

法体系の模索と法整備支援の課題

序章
アジアの民事法へのまなざし

1. 本書の対象―アジア市場経済化と民事法

　本書は、変動するアジア諸国の法制改革の動態をとらえ、また先進国ドナーによる「法整備支援」を検証する一つの試みである。研究対象として、1980年代末から社会主義体制の改革に乗り出し30年を経た、アジアの市場経済化諸国に主な焦点を置く。いわゆるCLMV諸国（カンボジア・ラオス・ミャンマー・ベトナム）であり、2015年発足のアセアン経済共同体（ASEAN Economic Community: AEC）が進める共通市場化のもとで、経済的に不利な立ち位置に置かれがちな諸国である。本書はまた、各国法の今・ここに至る来歴を理解するために、時間軸をさかのぼって、東南アジア全域での植民地法の形成過程を回顧する。

　本書のタイトルが示すように、本書の関心領域は「民事法」である。しかし家族法・相続法などの狭義の民事法には留まらない。民事・商事の垣根を越えて、財産法・契約法をはじめ経済活動の全般に枠づけを与える根本規範としての民事法を考察の対象とする。1990年代、コメコン体制の崩壊とともに市場経済化に乗り出したアジア諸国が、第一に意図した法整備は、民法典の定立であった。自由放任主義に抗い、市場経済化に体系的秩序を与える願いが託されていたといってよい。

　そのような市場経済化諸国に対して、1990年代半ば以降、世界銀行やアジア開発銀行（ADB）などの国際開発機関、また日本を含む二国間の政府開発援助（ODA）による「法整備支援」が、活発に展開した。このうち、国際開発機関の移行諸国に対する支援方針はいわゆるビッグ・バン方式であり、アメリカのデラウェア州会社法や連邦倒産法チャプター・イレブンなどに象徴される規制緩和型・新自由主義的な法制度をモデルとした、一気呵成の「法の移植」

|序|章 アジアの民事法へのまなざし

を推奨するものとなった。これに対して、日本ODAによる法整備支援は、相手国の要請を受け、民法典・民事訴訟法典を中心とする基本法体系の構築に焦点を当てるものとなった（森嶌2001, 2002）。日本支援の成果として、ベトナム1995年民法典、その2005年改訂や2015年改訂、2004年民事訴訟法典、その2015年改訂、カンボジア2007年民法典（2011年施行）、カンボジア2006年民事訴訟法典、またラオスで2018年成立した民法典草案などが挙げられる。日本はまた近年、英国法を受けぐミャンマー向けにも、土地法や民事手続等の民事基本法分野の支援に乗り出している。

　アジアの市場経済化諸国にとって、法典体系を打ち出すことの最大の意味は、市場経済を統べる一元的な規範秩序を作り上げていく意向表明、といえるだろう。これら諸国は、第二次世界大戦後の植民地独立以降も長く内戦に苦しみ、体系的な法整備を行ういとまがなかった。社会主義法のモデルであったソ連は民法典を有していたが、生産関係を統べる経済法と狭義の生活関係を統べる民事法との二元主義を維持したまま、生産関係をしだいに指令性計画原理から自治的な契約原理へと導く改革主義が行きつ戻りつしていた。そのため社会主義民法典のドクマティークな意義づけは明解ではなく、アジア諸国にとっては導入に躊躇があったと考えられる。しかし1990年代初頭のソ連崩壊とともに、ロシアがビッグ・バン方式（急進主義）の「法の移植」に否応なく取り込まれていった際、中国はこれに追随せず、緩やかな市場経済化を目指すグラデュアリズム（漸進主義）を選択し、その法整備は1986年中国民法通則を上位規範として、一連の改革立法を束ねるものとなった。またビッグ・バン型の体制転換に揺れたロシアにおいても、1995年民法典の定立があり、法体系の再構築に乗り出す姿勢が打ち出された。アジアの市場経済化諸国にとって、1990年代、崩壊しかけた社会主義体制を立て直しつつ漸進主義的な市場経済化をめざす制度基盤として、法規範の体系化のテーマが浮上したのである。

　他方で、1980年代から1990年代は、米国のドル高政策が引き金となった累積債務問題、また国際投資ファンドの売り浴びせによるアジア通貨危機など、意図的にもたらされたといってもよい発展途上諸国の経済危機を契機として、世界銀行などの国際ドナーが大胆な法整備支援を展開した時代である。金融自由化やインフラ部門の民活民営化など、アジア諸国が躊躇していたサービス・セ

3

クターでの外資自由化が促され、外資法・土地法・破産法・担保法・会社法・競争法などの関連分野で、規制緩和型の法整備が推奨された。それらはしばしば構造調整融資のコンディショナリティ（融資条件）として、また各種のモデル法を示しその導入度を格付け評価する法整備指標によって、あるいはWTO加盟交渉や自由貿易協定等の通商協定との連結などの圧力装置と組み合わされていた。したがって、日本に民法典起草支援をもちかけたアジア市場経済化諸国は、同時に背後で、有力な法整備支援ドナーが迫る単行法の立法を並行しなければならず、その結果、往々にして、法整備はパッチワークのような状態を呈して進んだと言わざるを得ない。

　以来30年に及ぶ市場経済化の法整備は、どこへ向かっているのだろうか。民法典に託された規範体系の構築は、実現されたのであろうか。本書はとくに、国際開発機関が外資促進型の法整備を推進した法制領域に注目しながら、それらが、消費者保護・労働者保護・中小企業促進などの社会経済の様々な政策的要請と衝突しあう局面で、民法典の定立した規定群がいかなる規範調整機能を果たし得ているのかに関心を向ける。このような検討は、法整備支援という、それ自身が外圧に他ならない国際援助の一領域が、アジア諸国の社会経済に対して及ぼす正・負の影響を検証するうえで、またとりわけ基本法典の整備に収斂されてきた日本支援の成果を問い直す意味において、必要な作業であると考えられる。

　このような検証作業の方法として、本書の各章では、２つの方法的視座を掛け合わせる。第一は、民法典による実定的な規範調整が社会経済事象のどこまで及ぶのか、空間的な射程の把握である。第二は、対象諸国の現行法を今なお既定する植民地法の形成過程に遡って、法規範の変化の経緯を読み解く、歴史的視座である。

2.　規範選択の空間軸

　本書の第一の視点は、規範の及ぶ空間的射程への注目である。立法の起草・実施を支援する意義や効果を論じるうえで、必要な視点である。

　各国の実定法の内部構造において、民法典の一般原則や強行規定がどこまで

|序章| アジアの民事法へのまなざし

及び、どこからが任意規定に過ぎないとして当事者の特約が、あるいは商法典の特則が優位するのか。また民法典は、消費者保護法や労働法などの強行法規とどのような位置関係に立つのか。19世紀的な当事者の近代的対等性を基盤としてきた民法典が、その性格を維持して進むとき、商法の特約や契約自治との接合は容易であるが、当事者の非対称的な交渉力学に現代的修正を与えようとする消費者法や労働者法との乖離は深まるばかりである。逆に、民法典の強行規定が現代的修正を進め、あるいはその一般条項に依拠して判例法による現代的修正が展開するとき、そのような民法典のありかたと商法・契約自治との乖離が埋められないものとなっていく。アジア市場経済化諸国の法整備は、いずれの方向をめざすプロジェクトなのか。

さらに、実定法秩序は社会的事象のどこまで及び、どこからが慣習法の領域なのか。慣習法と一口に称しても、究極の契約自治が作り上げた商事慣習法（lex mercatoria）と、民法典の近代的個人主義と合致しないとして否定的に扱われてきた中間集団の民事慣習法（たとえば村落共同体の入会権・水利権・漁業権等）は、別の次元の問題である。個の人格が労働力として法人格に埋没する企業活動の次元では、商事慣習法が成文法に優位して合意選択されていくのに対して、地縁や血縁をベースにしつつも個の人格が生き生きと連携しあう民事慣習法のありかたが、前近代の遺物として実定的秩序の埒外に位置づけられてきた傾向は、必ずしも近代的価値観によって論理整合的に説明されない。

市場経済化によるキャッチアップに邁進する諸国において、しばしば民事規範と商事規範は正面から衝突するが、成文法体系は明白な規範調整を示し得ていない。司法解釈の蓄積による判例法の形成に期待できる状況とも思われない。たとえば本書で扱われる主要テーマの一つである土地紛争は、各国の農村的慣習秩序のなかで生きつづけてきた土地利用権が、成文法の持ち込む確定的権原登記制度によって認知されず、あるいは一度は認知されながらも直流れ型の私的担保実行などの商事契約慣行によって容易に失われてしまう現実に対する、やり場のない義憤の中で生起している。土地紛争における行政判断は、投資促進目的の土地流動化政策に傾斜し、生活者にとって公平な解決をもたらさず、また司法の場には行政判断を覆すだけの独立性が不足する。

契約法の分野では、各国が導入した民法典は準則化が十分ではなく、消費者

保護など契約の現代化の局面で、信義則などの一般原則に依拠した法解釈による規範調整を予定する制度設計であるといえる。しかし、ベトナムやラオス等の民事集中制に依拠する社会主義諸国では、司法の法解釈権が憲法上制限されているため、司法による規範調整は現実的ではない。またカンボジアでは司法の解釈権限があっても解釈能力が十分ではない。労働契約法や、中小企業と大企業との関係的契約、またそれを左右する競争法や不公正取引規制の領域でも、同様のことが問題となる。

　さらに国境をまたぐ地域統合の空間へ目を転じれば、植民地時代に英・仏・蘭他の異なる宗主国法を継受した諸国が、互いの制度基盤を異にするため、統一法形成に難儀する実態が見出される。アセアン経済共同体（AEC）では、消費者保護法や競争法などの分野で域内共通ルールの形成が模索されているが、法系の異なる諸国間の調整は至難の業である。ヨーロッパ連合（EU）諸国が統一契約法形成に悩む姿と同様に、旧宗主国の法システムの地政学的対立が、今なおアジア・アフリカの旧植民地に投影されているのである。またたとえ同じ宗主国法を仰ぎながらも、独立以前から続く固有法の相違や、独立後現代に至る植民地法の克服のしかたの違いにより、統一化は困難を呈していると考えられる。たとえば19世紀に英国判例法の成文化として編まれた「インド法典」は、いまなおアジアの英法系諸国に受け継がれているが、英国本国法における現代的修正をリアルタイムで追いかける国もあれば、ミャンマーにみるように古い植民地法を凍結保存する国もある。

　このような法制度の調整の難しさは、国際間のみならず、一国法の内部でも、外資の持ち込むあらゆる契約上の準拠法選択を通じて、規範の坩堝ともいうべき混沌たる規範空間を生み出している。このような複雑な法現象を理解してゆくために、規範の空間的マッピングともいうべき作業が必要とされていると考えられる。

3. 規範選択の歴史軸

　本書の第二の視点は、対象諸国の法規範の変化を時間軸で辿る、歴史的視座である。植民地以前の固有法が植民地法に出会った局面で、あるいは独立後の

|序章| アジアの民事法へのまなざし

独自法の形成過程で植民地法を乗り越えようと模索した局面で、あるいはまた現代の法整備支援ドナーがグローバル・スタンダードと称して持ち込むモデル法が、各国それぞれが積み上げてきた独立後の法形成努力を一挙に押し流そうとする局面で、規範衝突は否応なく起こる。その折々、各国の法社会はいかなる規範選択を意図してきたのだろうか。そのような歴史軸のなかで、経路依存的な選択の積み重ねとして、各国法の今がある。

植民地宗主国は、主にアフリカ植民地において同化政策（assimilation policy）を採用したとされるが、アジア植民地では多元主義（pluralism）を採用した。多元主義のもとでは、欧米の近代法制は入植者とその契約相手方に適用されるにとどまり、現地人の生活関係には固有法が維持適用される傾向にあった。このような多元主義は、結果として、民事規範と商事規範の二分化を現出させる意味を持ったと考えられる。

植民地化以前の固有法は、人々の社会経済活動の全般を包摂する、民事・商事の分化しない一元的な法秩序であった。しかし植民地法は民事・商事の二分化をもたらした。家族法・相続法などの狭義の民事分野で固有法が維持された反面、契約法や財産法では19世紀型の高度に資本主義的な法制度が持ち込まれたためである。

民事・商事の二分化は、固有法が有してきた一元的な契約・財産秩序を否定し、かつ植民地資本による経済的収奪を合法化する効果があったと考えられる。切り分けられた狭義の民事法領域では、もちろんオランダ領東インドで慣習法アダット（Adatrechtbundels）の尊重を解いたVan Vollenhoven、日本植民地の「慣行調査」で知られる末廣嚴太郎、英領ビルマにおけるD. L. Richardsonによる成文法典マヌヂエ・ダマタッ等の英訳、仏領インドシナにおけるA. Bonhommeによるアンナン法典・トンキン法典の成文化など、現地の民事成文法・慣習法を探究し保存した先人たちのかけがえのない知的営為があった。しかしそれらの学術的営為といえども、一元的であった固有の法秩序から、家族法・相続法等の狭義の民事法領域を切り離し、そのノスタルジックな解明に人々の関心を惹きつけるかたわら、その背後では並行して、19世紀型資本主義のきわめて搾取的な商事法制の推進を許すものであった意味では、彼らもまた植民地統治戦略の一翼を担った魔師たちであったというべきかもしれない。

しかし、植民地法導入以前から存続する各国の固有法秩序は、それを狭義の民事領域である家族法・相続法分野に押し込めようとした植民地支配者の狙いに反して、今日なお、綿々と受け継がれていることに気づかざるを得ない。アジアの植民地において上述のように多元主義が採用され、入植者とその契約相手方に植民地法が適用された反面、現地人の間では慣習法（Custom）の名の下に固有法が存続した面もある。そのため植民地独立後の独自法の整備は、植民地法に刻まれた搾取的な規範構造を単に超克するというのみならず、植民地法と固有法とが併存し分散しあう複雑な規範状況を改めて再統合していく困難な課題を背負ったといえる。冷戦構造下で長く内戦が続き、法整備のいともまなく市場経済化に流れ込んだCLMV諸国にとっては、法規範の再統合化はごく最近の動きである。

　そのような歴史軸のなかで現代の規範秩序を捉えるとき、その方向性を大きく左右する外圧が、世界銀行等の有力ドナーの牽引する法整備支援であることが浮かび上がる。植民地独立後、1950〜60年代の法形成のさなか、冷戦構造のもとで米国の「自由法学運動」と称する第一次法整備支援ブームが起こった（Trubek & Gualanter 1974）。さらにソ連崩壊を経た1990年代には、現代版「法の移植」を標榜する第二次法整備支援ブームが再燃した（Trubek 2006）。グローバリゼーションの潮流のもとで流入する法整備支援のデファクト・スタンダードは、「ワシントン・コンセンサス」とも称される外資導入型開発政策に依拠し、現代版の治外法権というべき経済特区法や投資家・国家間紛争解決制度（Investor-State Dispute Resolution: ISDS）など、あたかも植民地法制の復活を思わせる。独立した国民国家として統一的規範秩序の再編へ向けて歩み出したはずのアジア諸国法が、いま再び、国際援助という名の外圧に翻弄され、規範の歴史軸は揺れ動いている。

　思えば西欧近代法は、欧州の国民国家形成期に登場した。個人の自律をめざして出発したはずのナポレオン民法典の近代精神は、いつしか守旧勢力の操る富の集中メカニズム、さらに国家間の富の獲得競争に歪曲されていった。西欧諸国の激しい国家間競争は、アジア・アフリカを植民地争奪戦に巻き込み、二度の世界大戦をもたらした。今日、ＥＵは資源管理と法の共同化を模索しているが、旧植民地のアジアには今なお植民地法の残滓が置き去りにされたままで

あり、その搾取的制度に再び火を焚きつけるようにして国際ドナーの法整備支援が展開している。競争、富の最大化、経済開発、社会進化………西洋近代後期の価値観が今なお亡霊のように、21世紀アジアの法整備を牛耳ろうとするさまである。

アジア諸国の法曹は、多様なドナーや投資家の思惑に翻弄されるままでは、暗中模索に陥ってしまうであろう。法整備が向かうべき方向性を見定めるために、空間的射程と時間的変遷の総体として課題を把えていく必要がある。

4. 本書の構成

(1) 民事基本法分野の法整備支援の意義

本書第1部では、1990年代半ば以来、日本の法整備支援の主な対象となったベトナム・カンボジア・ラオス等のアジア市場経済化諸国に焦点を当て、民事・商事を統べる私法規範体系の頂点に位置づけられる民法典、またそのような最高規範に基づき統一的な法解釈が展開していくための手続基盤としての民事訴訟法典を対象として、日本ODAに託された支援の意味と成果を問い直す。

金子由芳論文（第1章）は、契約法分野に焦点を絞りつつ、アジア市場経済化諸国における民法典支援の意義と当面の成果について考察する。近代民法典の源流であるフランスやドイツなど大陸法諸国の多くは、今なお民法・商法の二元体制を維持し、あたかも統一的な資本主義法規範の再定置を断念したようにすらみえる。消費者契約や中小企業取引などの非対称的な契約関係において、生活者利益と商事的利潤追求の対立を解く統一的なルールを欠くために、市場メカニズムは機能不全を示し、競争法（独占禁止法）に基づく国家介入が不可欠となってしまう。このような市場機能の限界について、ロシアは、民法典の射程を最大化することで、民事・商事統一規範としての一元化に乗り出したと考えられる。アジアの市場経済化諸国もまた、このような社会主義民法典の前衛的な試みを継承する文脈のなかにある。

川嶋四郎論文（第2章）は、ベトナムの民事訴訟現場における規範適用の実態を、手続法の視点から分析する。ベトナムの訴訟制度は、社会主義法の二元的伝統に従って、計画指令部門の紛争解決（1994年経済事件処理令）と、狭義

の民事関係の紛争解決（1994年民事訴訟法）に分かれていたが、日本の法整備支援を受けて成立した2004年民事訴訟法は、初めて統一的な訴訟手続を導入した。しかしその統一手続の政策選択の方向性は、条文からは定かではない。米越貿易協定の締結条件であった極端な当事者主義をめざすのか、あるいは社会主義的紛争解決の伝統や本人訴訟中心の訴訟傾向を踏まえて、裁判官の助言機能・釈明機能を重んじる修正的な当事者主義をめざすのか。2015年の現行民事訴訟法においても、政策選択の方向性は揺れている。

　ラオス民法典起草支援に長らく関与してきた大川謙蔵論文（第3章）は、アジアにおける日本の民法典支援の意味を鳥瞰している。通底するテーマは、国際性と多様性の調和ともいうべき課題であり、契約法領域では外資促進に配慮した国際化を優先しつつも、物権法や家族法では各国の歴史的・文化的多様性が尊重されているとする。多様性を伴う財産権が、国際的な取引流動化に取り込まれるとき、社会経済はどのような現象に直面するのであろうか。さらに、民法典の役割を狭義の私法一般法に留める日本支援に対して、相手国はしばしば、人権宣言規定を初めとする市民法の最高法規としての公法的役割をも期待しているとし、民法典の本質をめぐる大きな問いを投げかけている。

(2) アジア民事法の歴史軸

　本書の第2部は、植民地時代に導入された資本主義法制の性格を解き明かしつつ、その克服を図った独立後の法整備の模索や挫折、さらに現代の法整備支援へと展開する時間軸を追っている。

　Beatrice Jaluzot論文（第4章）は、フランス・インドシナ植民地における民事法の形成史を辿るなかで、当時の法制度が、フランス市民に適用されるフランス民法典、現地人に適用される現地法、および植民地独自に形成された植民地法の三者鼎立のなかで変容していたこと、とくにこのうち植民地法は、植民地法廷における解釈判例の蓄積を通じて独自の変化を開始していたと指摘する。とくにベトナムでは、中国律令の影響色濃い現地の成文法典（ザーロン法典）が現実の変化に即応できないとして、フランス植民者が民事慣習法の成文化に乗り出し（1931年トンキン法典・1936年アンナン法典等）、さらにこれに依拠した植民地法廷における法解釈判例が現れ、さらに植民地法の立法につな

|序章| アジアの民事法へのまなざし

がり、日本占領がなければさらに植民地民事法が独自の発達を見せて行った可能性を示唆している。日本の戦前のベトナム法研究は、ザーロン法典に夫婦対等の共同財産制や共同体の入会権など中国律令と大いに異なる独自の民事規範が含まれていたと指摘し、フランス植民者が否定した固有法の復権を促す視点を有していた（牧野1994，武田2003）。植民地法は固有法の否定形だったのか、あるいは発展的修正形だったのか、その役割をめぐって、歴史探究の論点が残されている。

　英・仏のはざまで植民地化を免れたタイ王国では、主体的な法典化の動きが起こった。その過程で日本法が与えた影響について、田村志緒理論文（第5章）が分析を展開する。タイ刑法に対する日本の政尾藤吉の支援は知られているが、タイ民法典の起草は政尾の帰国後に、フランス法律顧問団の主導で展開したと考えられてきた。しかし田村論文は、現行民法典の債務不履行法のつぶさな読解、さらに近年発見された1919年草案や英国の関与に関わる歴史資料等の分析から、現行民法典がフランス系の草案を排し、日本の明治民法典を意識的に継受したものであるとし、その意義はドイツ法を基盤としつつ英国法の影響を組み込む意図にあったとする新たな法制史的視角を持ち込んでいる。

　他方、英国植民地では、英国判例法の成文化とされる「インド法典」が導入されたが、その性格は英国本国法と大いに異なり、経済的収奪の制度設計を多用していた。財産法分野では、オランダ領東インドの1871年土地法や1876年英領ビルマの土地租税法にみるように、農民の耕作権を近代法上の所有権に同定することなく、国有地に対する小作権の地位に貶めることで地租賦課率を高め、立退きや収用を容易化した。他方で植民地資本が獲得した所有権は、ひとたびトーレンズ式登記制度によって絶対的に確定すると、あらゆる既存の権利利益を初期化して土地利用価値を最大化し、土地取引を促進する装置となった。金子由芳論文（第6章）は植民地土地法の構造的特色を描き出し、また国際ドナーが推進する現代の土地法改革に植民地土地法と同様の制度設計を見出している。Rudy論文（第7章）は、開発独裁体制崩壊後のインドネシアにおいて沸騰する土地紛争の原因を探って、植民地土地法の形成史を辿る。

　以上のように本書第2部は、植民地期にアジア地域にもたらされた西洋法の性格を掘り下げ、また現代へかけて持ち越されてきた独自法形成の課題を、歴

11

史軸のなかで描き出している。

(3) アジア法の展開—法の経済成果と社会実相

　本書第3部は、前章までに論じられた法整備の射程と歴史軸の考察を受け、市場経済化の経済的・社会的なアウトカムの探究に乗り出している。日本の法整備支援がかかわった各国の民事基本法が、民事・商事を包摂する市場経済化の最高規範の定立を目的とする試みであったとすれば、関連する法領域との交接点で、実際にどのような規範調整が生起しているのかが興味を呼ぶ。考察の対象を、世界銀行等の有力なドナー支援の対象領域である競争法・企業法・金融法・労働法などへ拡げ、現実の法現象や経済成果を観察の対象とする。

　栗田誠論文（第8章）は、競争法の普遍性と土着性について議論を投げかけている。民法典が、市場取引の主体、取引法、取引の客体である財産法等の私法ルールを提供するのに対して、競争法はそのそもそもの市場メカニズムを機能せしめるために、市場環境を維持監督する公法的制度基盤である。アジア諸国の間では近年、急速に競争法の立法化が進んだが、その性格は多様である。筆者は、各国の市場やそれを取り巻く経済・社会環境の多様性に応じて、市場メカニズムを機能せしめる競争法もまた多様性・土着性を有してよいとし、したがって特定の普遍的モデルを持ち込む支援手法が限界を伴うこと、他方で土着性の構成要素を解き明かし有用な経験知を当てはめてゆく支援が望まれることなどの提言を引き出している。

　赤西芳文論文（第9章）は、普遍性と土着性の問題を、日本の民事実務家の視点から、ミャンマー民事執行法について考察する試みである。各国における強制執行法は，それぞれの歴史と社会・経済システムの違いを色濃く反映する領域である。他方で差押えや競売など法技術的側面においては，各国で共通性も多い。とくに資本主義経済の浸透に伴って、民事法全般が取引促進型の制度設計へ向けて収斂していくとすれば、各国の民事執行法もまたそのようなニーズを受けて共通性を強めていくことが予想される。経済開発の進展により，従来の固有の法制度が変化していくことは避けられないとする立場から、筆者は経済開発路線に乗り出したミャンマーの民事執行法に着眼し、百年来の植民地法を克服する改革の方向性について提言している。

|序|アジアの民事法へのまなざし

　松永宣明論文（第10章）は、1990年代以降のベトナムの急速な経済成長の背後で企業設立の爆発的な急増があったこと、とくに「企業法」の導入・改革に伴い家計企業の会社形態への転換というフォーマル化現象、いわばミクロ面での企業発展が生起していた事実に注目する。さらに土地アクセスや制度透明性の高い地域では企業発展の度合いが高いなどの示唆を引出す。このような経済現象への観察視座は、さらに、法の実体的な設計の相違に応じて経済的成果に違いが生じるのか、法・経済連携によるさらなる詳細な探究を促すものがあるであろう。

　川畑康治論文（第11章）ではまさに、金融法制に関して、法設計の相違に応じた経済的成果の相違を問題としている。英米法系諸国では直接金融による影響が大きく、大陸法系諸国では間接金融による影響が大きいとする解析結果から、直接金融の促進のためには英米法型の法制設計を選択し、間接金融の促進のためには大陸法系の制度選択が望ましいとする示唆を引出している。ただし法律家の視点からすれば、La Porta et al.等の制度派経済学の法系分類には結論誘導的な操作が目立ち、また変数の選択が英米法優位に偏っている。経済学の立論を生かしつつ、比較法的な精緻化が、今後の法・経連携の課題として残るであろう。

　香川孝三論文（第12章）は、日本からの法整備支援の主要対象国であるカンボジア、ラオス、ベトナム、ミャンマーのCLMV４か国を取り上げ、労働法における解雇制限の比較研究を試みた。民法典（総則や契約法）は、民事法体系のうえでは、労働法に対して解釈規範を提供する一般法である。日本法では、実際にも民法典が先に成立し、その雇用規定を修正する形で労働法が展開されている。しかしCLMV諸国では労働法の整備が先んじ、民法典は後に日本の法整備支援を受けて登場しただけに、民法典起草過程ではあえて雇用規定には深入りせず、労働法に依存的な姿勢が見出される。民法典の一般規定による規範調整の課題は、今後の検討に委ねられている。

　斉藤善久論文（第13章）は、香川論文に続いて、ベトナム労働法をめぐる問題状況に言及する。国内外の労働市場における、ベトナム低廉労働力の外資による搾取という視角が提起されている。ただおそらく、労働法の枠内に留まる議論は閉塞的となり、問題解決への糸口を見出だしにくいであろう。市場経済

13

化政策ドイモイの規範選択を統一的に説明しうる、民法典以下の体系的視座を引出し、その枠内で労働法を捉え直していくとき、より上位の解釈規範を手にする道が開け、新たな立法論や法解釈論の展開が可能であるかもしれない。

5. 本書編集に当たって

本書の出版に際して、神戸大学出版会の関係者に多大な支援をいただいた。また、神戸大学六甲台後援会による助成に対して、執筆者一同、心から謝辞を述べたい。

本書は、平成26～28年度文部省科学研究費補助金（基盤研究（B）「アジア法整備支援20年の民事基本法の深化に関する比較法研究」（金子由芳代表）の研究成果であるとともに、神戸大学社会システム・イノベーション・センターの社会制度研究部門傘下の研究事業「CLMV諸国ガバナンス制度研究プロジェクト」の当面の成果を加えたものである。

法圏の一つとして社会主義法が挙げられた時代は過去形となり、いまや英米法・大陸法の二大法系の端的な色分けで世界を覆い尽くすかのようにして、議論の土俵は単純化されている。旧社会主義圏の諸国をどちらの色で塗らんかなとする陣取り合戦の視点から、もっぱらアジア・アフリカへの「法の移植」が論じられていく。あくまで欧米諸国法の空間軸・時間軸のなかで、アジア・アフリカが論じられているのである。そのような比較法学のメイン・ストリームに対して、本書の取り組むアジア法研究は、独自の立ち位置に立つ。

本書の執筆陣は、アジア諸国の国内法に注目し、それぞれの空間軸・時間軸に思いを馳せつつ、法規範の多元性を捉えなおす活動を意図してきた。欧米法の移植に彩られた実定法のみならず、慣習法として一概に軽視することのできない、社会経済の実相に注目し、規範の重層的空間をつねに念頭に置くよう心がけている。また今ここで生起する法整備の現象の背後に、植民地法以前に遡る法制史の時間的潮流を意識することで、未来へ向けた法整備の進むべき方向性を見出そうと努めている。

このような本書執筆陣の視点は、アジア諸国の内側から逆に世界の法状況を見つめる視座である。

|序 章| アジアの民事法へのまなざし

　本書が主な対象とするアジアの市場経済化諸国は、植民地独立戦争で痛ましい犠牲を払い、北爆や内戦で残骸と化した農地で食をつなぎながら子孫を育て、いまやグローバル市場の外圧に翻弄されながら自立した規範秩序を作り上げていこうと努める国々である。法整備支援とは、そのような諸国の主体的な営為に敬意を抱き、側面的に関与する歩みであるということの重みを、本書が可能なかぎり描き出すことができたならば、アジア法研究に関わる執筆者一同にとっての冥利である。

　本書を、アジア諸国の法整備に関心を寄せる学生、研究者、また一般の多くの読者に供したい。

執筆者一同

| 参考文献 |

- 奥平龍二（2002）『ビルマ法制史研究入門—伝統法の歴史と役割』
- 香川孝三・金子由芳『法整備支援論—制度構築の国際協力入門』ミネルヴァ書房
- 金子由芳（2004a）『アジア危機と金融法制改革』信山社
- 金子由芳（2004b）「市場経済化における法整備の比較考察－ベトナム・ロシア・中国－
　（1）（2）」、『国際協力論集』12巻2号、p.15-44・3号、p.65-84
- 金子由芳（2010）『アジアの法整備と法発展』大学教育出版
- 金子由芳（2018）『ミャンマーの法と開発』晃洋書房
- 神木篤（2011）『カンボジアにおける判決調査報告書』法務省法務総合研究所国際協力部
- 楠本英隆（1970）「19世紀インドにおける法典化の一断面」早稲田比較法学6巻1号、
　p.79-109
- 武田洋子（2003）「法と植民地主義—ベトナムにおけるフランス近代法導入をめぐる一考
　察」敬愛大学国際研究12号、p.1-22
- ハートカンプ，A.S.（1994）「オランダ私法の発展—ヨーロッパ法の視座に立って」民商法
　雑誌109巻4-5号、p.623-660
- ホンディウス，E.（1994）「契約法における弱者保護」民商法雑誌109巻4-5号、p.661-691
- 牧野巽（1944）「安南の黎朝刑律にあらわれた家族制度」『支那家族研究』生活社
- 森嶌昭夫（2001）「法整備支援と日本の法律学」『比較法研究』120号
- 森嶌昭夫（2002）「法整備支援をめぐる国際的動向と法整備支援活動の課題について」
　『ICD News』1号
- Benda-Beckmann, F.（2006）"The Multiple Edges of Law: Dealing with Legal Pluralism

in Development Practice," in *World Bank Legal Review*, Vol.2.

- Black, B. & Kraakman, R. (1996) "A Self-Enforcing Model of Corporate Law," 109 *Harvard L. Rev.* 1911.
- Hansmann, H. and Kraakman, R. (2000) "The End of History for Corporate Law," Yale Law School Working Paper No.235; Harvard Law School Discussion Paper No.280.
- La Porta, R., Lopez-De-Silanes, F., Shleifer, A. & Vishny, R. W. (1996) "Law and Finance," NBER Working Papers No.5661.
- La Porta, R., Lopez-De-Silanes, F. & Shleifer, A. (2007) "The Economic Consequences of Legal Origins," NBER Working Papers No.13608.
- Pistor, K., Raiser, M. & Gelfer, S. (2000) "Law and Finance in Transition Economies," 8 *Economics of Transition* 325.
- Pistor, K. & Wellons, P. (1999) *The Role of Law and Legal Institutions in Asian Economic Development 1960-1995*, New York, Oxford University Press.
- Posner, R. (1998) "Creating a Legal Framework for Economic Development," World Bank Research Observer, 13 (1) February, p.1-11.
- Reimann, M. (1998) "Stepping Out of the European Shadow: Why Comparative Law in the United States Must Develop Its Own Agenda," 46 *Am. J. Com. L.* 637.
- Taylor, V. (2005) "New Markets, New Commodity: Japanese Legal Technical Assistance," 23 (2) *Wisconsin Intl. L. J.* 251-281.
- Trubek, D. & Gualanter M. (1974) "Scholars in Self-Estrangement: Some Reflection on the Crisis in Law and Development Studies in the United States," *Wisconsin Law Review*, 162-1102.
- Trubek, D. M. (2006) "The Rule of Law in Development Assistance: Past, Present, and Future," in *The New Law and Development: A Critical Appraisal*, (Trubek, D. M. & Santos, A. eds. 2006).
- Watson, A. (1974/1993) *Legal Transplants: An Approach to Comparative Law*.
- World Bank (2001), *Initiatives in Legal and Judicial Reform*, World Bank.

第1部

民事法分野の法整備支援の
意義と実相

第**1**章

民法典による市場経済化の規範調整
―日本支援の検証テーマ

金子 由芳

1. はじめに

　1990年代半ばに開始した日本ODAによるベトナム・カンボジア・ラオスなど東南アジアの市場経済化諸国への法整備支援は、民法典・民事訴訟法典を中心とする民事基本法規の起草・実施に焦点を当てて展開した。日本の関与した例として、ベトナム1995年民法典、ベトナム2005年民法典、ベトナム2004年民事訴訟法典、ベトナム2015年民法典、ベトナム2015年民事訴訟法典、カンボジア2007年民法典（2011年施行）、カンボジア2006年民事訴訟法典、またラオスで2018年末に成立した民法典の起草支援などがある。またミャンマー向けにも法整備支援が開始し、当初は会社法・倒産法・証券取引法などの経済法制分野に特化していたが、徐々に民事手続や土地法などの民事基本法分野に乗り出している。

　このように、一国の民事規範秩序の根本に支援を振り向けてきた日本の方針には、賛否両論がある。経済法分野にフォーカスする欧米の法整備支援に比して、民事基本法に特化する日本支援は日系企業に裨益しないといった批判があるが[1]、逆に経済的意図からする日本法の輸出であるとする批判もある[2]。そもそも冷戦を背景とした法整備支援の走りであった1960年代の米国「自由法学運動」以来、法典を有しない英米法圏の論客にとって、民法典とその実施を担うキャリア裁判官制度は、自由主義経済に対する国家介入の手段として、批判されがちである[3]。民法典がナポレオン以来、絶対王政を克服する市民の法で

---

[1] 2017年8月24日付日本経済新聞記事「法支援をビジネスの追い風に　専門家に聞く：イノベーションとルール（3）」他。
[2] たとえばTaylor（2005）参照。
[3] 冷戦以来の法整備支援の経緯についてDavis & Trebelicock（2008）、Hammergren（2015）他。

あったこと、また社会主義諸国にとっては改革の法であることが理解されにくく、まさに日本の支援は火中の栗を拾う役割であった。

　本章では、アジア市場経済化諸国に対する日本の法整備支援の意味を再考する意図で、第一に、1990年代のソ連崩壊以降の市場経済化の文脈に注目し、日本の支援対象となったアジアの社会主義改革諸国にとっての民法典の意味を、経済法 vs. 民法の対立軸に遡って確認する。

　また第二に、東南アジア諸国にとって植民地独立以来の歴史的命題である、法の統一化の文脈に着眼する。植民地法が残し去った法的多元主義（legal pluralism）のもとで、東南アジア地域の発展途上国にとって民法典を持つ最大の効果は、私法全般に及ぶ統一的な上位規範を打ち出していく点にあろう。今日の文脈では、世界銀行等の牽引する現代の「法の移植」ブームのもとで、各国では法整備支援ドナーが持ち込む商事分野のモデル法の採用を迫られ、続々と商事単行法を成立させているため、民法典はこれらの外来法に対して包括的な統一規範を及ぼし、民事・商事の境界上の諸問題に対して一元的な価値規範を及ぼす可能性を担っているといえる。日本の法整備支援はこのような私法一般法としての民法典を支える、重責を買って出たといえる。

　そこで浮上する問いは、日本支援がどのような規範選択へ向けて、法の統一化に関与してきたのかである。特定の政策選択へ向けた意識的な関与があったのか、あるいは専ら技術支援に徹し、受入国側に政策選択を委ねてきたのか。本稿は日本支援の際に焦点となった、社会主義民法典で長らく議論されてきたいくつかの論点を取り上げ、規範調整の方向性を読みとることを意図する。方法として、法整備支援の直接の成果物である法典そのものの条文読解に改めて立ち返るものであり、また必要に応じて受入国側の起草関係者に対する聴き取り結果を踏まえる。以下２．で社会主義民法の経緯を確認し、３．で民法総則の一般原則とその準則化傾向に着眼し、４．で民事的な真意性重視と商事取引促進傾向の調整に注目し、５．で商事取引ルールと消費者保護の違いが際立つ契約不履行における救済をとくに取り上げる。６．は総括である。

2. 社会主義市場経済化の文脈

(1) ロシア民法典の性格

　ベトナムのドイモイ（刷新）政策も、ラオスのチンタナカンマイ（新思考）政策も、旧ソ連のペレストロイカや中国の市場経済化路線を踏襲し、1980年代後半に開始された路線であり、法整備もロシアや中国の動向を後追いする形で進んだ。なかでも1995年以降に成立したロシア民法典は影響力を有したことから、まずはその性格を確認する必要がある。

　1991年のソ連崩壊直後から、世界銀行やEBRD（欧州復興開発銀行）、またUSAID（米国国際開発庁）等は、体制移行諸国向けの精力的な法整備支援を開始した。またこの時期、米国の新制度派経済学者を中心に、法の移植（legal transplant）を推進する理論形成が盛んに起こった。「法の移植」は元来、西欧諸国によるローマ法継受を示唆する比較法学の用語だが[4]、今日における移行諸国への「法の移植」論は、アメリカ法の世界化を推進する議論である[5]。アメリカ法と一口に称しても連邦制の米国では全米50州それぞれの法制度を有するが、現実には、最も経済界寄りに設計された新自由主義的な法制設計が、「法の移植」推進派の採用するところとなっている[6]。なかでもノーベル経済学賞受賞者D. Northの流れを汲む、世界銀行開発研究所のLa Porta, Lopez-De-Silanes, Shleifer & Vishnyら、いわゆるLLSVグループによる「法の起源」論（Legal Origin）にその傾向は顕著である[7]。しかしLLSVグループの議論は、ロシアを嚆矢とする旧社会主義諸国を、中南米やアジアの累積債務諸国ともども「フランス法系」に入れ込むなど法系のグルーピングが恣意的であること、また体制転換直後のロシアが累積債務諸国とともに経済的混迷の底にあった1993年時点の経済データを固定的に用いる点などで、結論誘導的である。LLSVの議論は結果として、「フランス法を継受した諸国は英米法を継受した諸国よりも経済パフォーマンスが低い」などの示唆を引き出し、学術的難点に

---

[4] "Legal Transplant"は比較法学者Watson（1974/1993）による用語である。
[5] Reimann（1998）参照。
[6] たとえばPosner（1998）参照。
[7] La Porta, Lopez-De-Silanes, Shleifer & Vishny（1997），同（2008）等。

拘らず著しく注目を浴びることとなり、民法典を中核として体系的法整備を進めようとする諸国にとって障害であった。

同じく1990年代中盤、世界銀行やEBRDなどの国際機関が、担保法、倒産法、コーポレート・ガバナンス、競争法などの主要な経済法制分野で、モデル法を打ち出し、同時に、改革対象諸国におけるモデル法の導入度を格付け評価する法整備指標（legal indicators）を導入する動きがあった。EBRDによる"Legal Indicators Survey"や、世銀・IMFの推進する"Report on the Observance of Standards and Codes（ROSC）"は、そうした法整備指標の代表例である。モデル法の内容は、上記LLSVグループの論調と同様に、アメリカ法の中でもとくに規制緩和型・新自由主義的な路線を代表する制度設計であった[8]。また法整備支援は、しばしばWTO加盟交渉やFTA（自由貿易協定）・BIT（二国間投資協定）などの通商交渉とリンクして提供された。

ロシアの1990年代は、まさにこれらのモデル法や法整備指標、またWTO加盟交渉などの圧力装置に翻弄された法整備の激動期であったといえる。大統領府経由で流入する米国法モデルと、議会を中心とするロシア法の独自路線が拮抗し、法整備のバトル・フィールドともいうべき状況を呈していたと考えられる。ソ連崩壊直後の1991年に競争法や証券取引法、1992年の倒産法や担保法、1995年の民事訴訟法改正と、足早な法整備が起こったが、じきに1995年の競争法改正、1998年の担保法改正、1999年の倒産法改正、2002年民事訴訟法、などの揺り戻しが続いた。

1995年ロシア民法典第一編は、まさに、このような法制度の激動のさなかに導入をみた。1996年の民法典第二編（債務法各論）、2001年の第三編（相続）、2006年の第四編（知的財産権）、また2013年改正が後を追った。

その特色は、民事・商事・消費者法の境界を区別しない包括性にあったといえよう。経済体制の移行に揺らぐロシア全域で、社会空間のあらゆる面に及ぼされる私法の根本規範としての位置づけが期待されていたと考えられる[9]。このような民法典の包括性は、続々と流入する米国型モデルに対して、法規範の自立的秩序を防衛する防波堤を築く意図として理解することも可能であろう。

---

[8] 金子（2004a），同（2010）。
[9] 金子（2004b）。

当時、外国ドナーが商法分野の整備を促していたことは知られている。なかでも米国の支援チームが、定款自治・規制緩和色の強い会社法モデルのロシアへの移植に情熱を注いでいたが[10]、1995年民法典第一編が独自の会社規定を置いたことで、その意図を阻んだ。米国支援はさらにこれに対抗して1998年有限会社法の成立を促したが、その結果、ロシアの会社法制は二元構造を呈することとなった。民法典が規定する株式会社制度が、株主総会の権限強化、労働者や債権者などステークホルダーの重視など、独自のコーポレート・ガバナンスを作り込んだ一方で、米国支援を受けた1998年有限会社法は規制緩和型のコーポレート・ガバナンスを定めたことから、投機志向の外資はもっぱら後者を活用していくこととなった。あたかも一国の立法主権が分裂し、外圧の介入によって法多元主義的な社会現象が引き起こされようとしていた。

　一国の法制秩序が外圧によって震撼するさなか、ロシアの法曹たちが、私法基本法たる「民法典」の定立を通じて、規範秩序の混迷を乗り越えようと望みをつないだ選択は、注目に値しよう。その背景には、ソ連時代の社会主義法の改革路線において、民法典が果たしていた重要な位置づけがあった。社会主義民法の第一段階は革命後の過渡期ネップ時代に成立した1922年民法典であったが、そのブルジョア的性格を超克する「経済法典」編纂をめざす経済法派の登場、スターリン時代の民法典準備過程の論争を経て、1960年代の経済改革路線のもとで1961年民事基本原則や1964年ロシア民法典他の各共和国民法典が登場した。そこでは、従来から指令性計画経済の生産関係を担う「経済契約」と、狭義の消費関係を担う「民事契約」を併存させてきた社会主義法の二元主義を克服し、当事者自治を進める方向で契約概念の一元化が志向された[11]。ソ連崩壊後に成立したロシア1995年民法典は、一朝一夕の法移植ではなく、従来からの改革路線の延長線上で起草されたものであったからこそ、ソ連崩壊後の規範的混迷を救う基本法規としての役割を担うことができたと考えられる。

---

[10] Hansmann and Kraakman（2000）参照。

[11] 1964年民法典1～2条参照。なお社会主義民法典の軌跡について、藤田（1982）p.267-302, p.365-370、藤田・畑中（1983）。

（2） オランダによるロシア民法典支援

　ロシア「民法学派」の努力を背後で支えた陰の立役者は、オランダ・ライデン大学により提供された法整備支援であった[12]。

　この時期、米国の上記LLSVグループが「フランス法系は英米法系よりも経済パフォーマンスが低い」とする声高な主張を展開したが、その一つの背景として、ロシアにおける民法典定立への警戒、さらにはそれを背後で支えたオランダ・ライデン大学への対決姿勢が覗われる。しかしLLSVグループが「法の起源」論を執筆当時、オランダはすでに、ナポレオン民法典の引き写しと言われてきた1938年民法典を廃止し、1992年オランダ民法典を導入していたので、オランダ法をフランス法系に含ましめたLLSVグループの法系分類は誤りである。むしろ1992年オランダ民法典は、総則を頂点とする演繹的なパンデクテン方式を採用し、ドイツの「法律行為」概念を取り入れるなど、すでに独自の道を歩んでいた。また比較法的に争点とされてきた諸点についてあえて詳述せず、判例法による一般原則の形成に委ねた点では、英国法の影響を感じさせるハイブリッドな性格が指摘されている[13]。オランダ・ライデン大学グループがロシア民法典を支援した理由は、国旗を背負った法整備支援の陣取り合戦に打って出る意図ではなく、1992年オランダ民法典の起草過程において蓄積された比較法的知見を、ロシアの立法過程に役立てたいとする純然たる学術的意図であったことが知られている[14]。

　たしかにロシア1995年民法典の一つの特色は、民事・商事・消費者法の規範的境界を設けない包括的な射程であり[15]、オランダ民法典と共通する。オランダ1992民法典は、民事・商事・消費者保護法・労働法を一元化する私法の統一秩序の試みとして、当時注目を集めていた。従来のオランダの母法とされてきたフランス法では、民法典・商法典を並立し、また消費者法を外付けしている。ドイツ法も、2002年の債務法改革で民法典に消費者法を取込んだものの、民法典・商法典の二元構成は維持している。イタリアでは1942年民法典は民商一元

---

[12] Feldbrugge（2008）, Snijders（2008）参照。
[13] ハートカンプ（1994）, ホンディウス（1994）他。
[14] 前掲 Snijders（2008）参照。
[15] 1992年消費者保護法が別途定められているが、民法典の下部法規としての位置づけを明記しており（1条）、主に売買契約の強行法規を加えている。

主義だが、消費者法は外付けし、ロシア民法典と構造が似る。このような多元的な民法典の趨勢は、各国の規範秩序がいまなお、当事者の対等性を前提する民事規範の建前論とは別に、商事取引法の独自性を尊重する経済促進志向を持ち、生活者の利益に沿った持続的成長路線に一元的に向かうことができない複雑な実情を描き出している。

その意味では、現代の資本主義諸国の民法典は、民法・商法の二元体制を踏襲し、統一的な法秩序として自己完結していない。生活者利益と商事的利潤追求が乖離する局面では、市場メカニズムが機能不全を示し、競争法（独占禁止法）に基づく行政的介入が必要となってしまう。しかしこの限界に対してロシアでは、民法典という土俵じたいの射程を最大化し、そのもとで民商規範の一元化を図っていこうという、社会主義民法改革の前衛的な試みを承継したと考えられる。

(3) ロシア民法典の規範選択

しかし、では、ロシア1995年民法典の一元的な規範選択は、民事・商事・消費者保護法のいずれに軸足を置くものとなったのか。

社会主義法においては、上記のように、指令性計画による生産関係の実施手段たる「経済契約」と、狭義の消費関係たる「民事契約」が観念され、前者は公法的・計画原理で、後者は私法的・等価交換原理で規律されるとする二元主義的な説明が行われていた。訴訟手続についても仲裁裁判所と民事裁判所とに二分化し、今日に至る。学説では、計画経済の完成と共に民法は最終的に消滅へ向かうとみる経済法派がある一方で、計画経済が完成しても自治的経済単位による等価交換原理は残らざるを得ないと分析する議論があった[16]。1960年代以降の社会主義民法の展開は、後者の自治的な経済活動を推奨する立場から、「経済契約」を推進する改革派の試みであった。そこでは、公法的生産関係に自治的要素を組み込み「計画」から「契約」へと向かう文脈と、契約手法を便法として計画の実施を促進する文脈とが、併存していたと考えられる。そのような「経済契約」を中核に据える民法典ならではの具体的な特色として、計画

---

16) 藤田・前掲p.283以下、伊藤（2008）。

指令に沿った契約の締結（1964年ロシア民法典159条）、計画の実現のために契約を厳密に履行する現実履行原則（同168条）、一方的解約の禁止（同169条）、契約不履行の救済手段として特定履行を重んじ（218条）、完全賠償原則による損害賠償に現実履行を促す違約罰の性格を与え（同219条）、したがって損害賠償を行っても計画指令による現実履行義務を免れない等の特色があった（同191条・221条）[17]。このように、計画の実施手段としての「経済契約」の要請が、民法典を既定していたといえる。

　では、1991年のソ連崩壊により計画経済体制が資本主義へと移行した際、「経済契約」に由来する旧民法典の諸原則はどのように変化したのか。1995年制定のロシア民法典第一部・第3編債務総論では、債務不履行について不完全履行と履行不能を分類し、前者について原則として損害賠償・違約金を支払っても現実履行義務を免れないとし、ただし法律・特約による例外余地を認める（396項1条）。損害賠償・違約金は詳述されている（393-406条）。契約各論では、売買規定において、特定物の不完全履行について過失があれば完全履行原則（478条）、過失がなければ不可抗力による免責とに二分したうえで（459・476条）、消費者売買については損害賠償・違約金を支払っても現実履行義務を免れないと明記する（505条）。1992年消費者保護法もこの趣旨を規定するが（13条3項）、ただし不可抗力の抗弁を別途規定する（同4項）。

　このように1995年民法典は、社会主義時代の計画実施を促す「経済契約」の骨格を維持しながら、民事・商事・消費者保護に共通する原則として展開させようとしているとみられる。このことは一見、契約自治に逆行する、社会主義的な強行法規による過剰介入と映るかもしれないが、消費者や中小企業等の交渉劣位の当事者を擁護する現代的文脈につながる可能性がある。

　また他方、社会主義民法では、当事者の真意と対等性を重んじる古典的な民事ルールが堅持されてきた。元来の意図は、公有制・指令性計画の下での占有移転に対する厳密な管理にあったと考えられる。ロシア1995年民法典もまた、当事者の真意を重視する旧民法典の規定傾向を、受け継いでいる。たとえば法律行為の一般規定において、詐欺・強迫等による意思瑕疵は無効であり善意の

---

17) 1961年民事基本原則36条が同旨。

第三者の保護に顧慮せず（179条）、また表見代理制度を採用しない（183条）。不動産物権変動で登記を効力発生要件とし、登記を信頼した善意第三者について公信原則により保護を与えるとしながらも（223条2項）、原所有者の真意に反して占有離脱した場合には真の所有権を回復させる（302条）[18]。債務総則でも、真の所有権に基づく現実履行原則が堅持されている（398条）。このように取引の安全よりも真意性・真実性を重んじる基本的態度は、市場取引の柔軟性を損なう守旧的立場と解されるかもしれない。しかし、商取引の便宜よりも生活利益を擁護する現代的政策志向につながる可能性がある。

　このようにロシア民法典は、計画指令経済に由来する契約自治への介入色を引きずるように見えながらも、しかしそれは同時に、現代的な規範衝突の局面における交渉劣位者の保護に向けて、世界的な民法典改革の閉塞状況を切り開く示唆が見出される。

　では規範調整は、現実にどのような仕組みで可能だろうか。ロシア民法典が影響を受けたオランダ民法典では、信義則を初めとする上位の解釈規定に依拠しながら、裁判所による柔軟な判例法形成に規範選択を委ねている。しかしロシア民法典は信義則に言及しておらず、司法解釈による規範調整に多くを期待するようではない[19]。他方で、ロシア民法典の条文数は多く、日本民法典の契約法の条文数が180カ条程であるのに対して、ロシアの契約規定は650カ条に余る。社会主義的合法性の伝統を引き継ぎ、人民代表たる立法府が準則化を重ね続けていくことが想定されているのであろう。しかもロシアの訴訟手続法では今なお社会主義時代以来、経済紛争を扱う仲裁裁判所と、民事を扱う普通裁判所とが分離しているから、裁判所による司法解釈が展開するとしても、規範形成の二元化を避けられないだろう。民法典を私法の統一規範のシンボルとしながらも、紛争解決現場で民事紛争・経済紛争の規範形成が乖離してしまうならば矛盾である。立法府による絶ゆまぬ準則化の継続によって、その溝を埋めていかざるを得ない。

---

[18] 土地上の権利の使用・処分には特別の制限が及ぶ（260条以下）。
[19] ロシア民法典は主要原則として平等・契約自由・民事不介入・民事救済・法令遵守等に言及するが（1〜3条）、信義則には言及がない。法令・契約の文言が不明確な場合の解釈準則として信義・条理に言及するのみである（6条2項）。

（4）アジア市場経済化諸国の民法典

　アジアの市場経済化諸国においても、ロシアにおける1995年民法典第1編・1996年第2編・2001年第3編・2006年第4編・2013年改正等をまさに後追いするようにして、中国1997年の民商統一契約法や2007年物権法、ベトナム1995年・2005年・2015年民法典、カンボジア2007年民法典（2011年末より施行開始）が登場し、ラオスにおいても2017年以降に民法典草案を国会審議し2018年末に成立した。ロシア法が残した規範選択の問題を、これら諸国の民法典がどのように受け止めているのかは注目に値する。

　このうちベトナムに対しては、日本の法整備支援が20年来、深く関与を続けている。ベトナムでは民法典（1995年・2005年・2015年）とは別に、商法（1997年・2005年）が併存し、さらに2010年消費者保護法、2011年労働法典、2013年土地法、などを外付けする多元的構造を採る。市場経済化ドイモイ政策の開始当初は、1989年経済契約法と1991民事契約法とを二元的に分離する、守旧的な方針がうかがわれた。上記のようにロシア1995年民法典が経済関係・民事関係を統べる包括的基本法として登場してのちも、ベトナム1995民法典は契約各論で伝統的な経済契約の類型である納入契約を削除し、これとは別に1997年に「商法」において物品売買・広告・仲買・代理・競売などの典型的経済契約の各論規定を置くなど、民事契約と商事（経済）契約の二元構造を採用したことが注目される[20]。資本主義諸国のドナーからみれば、このような二元構造は、独・仏・日本などと同様に民法と商法の二元的法典体系を採用するものと映ったが、その本質は、ソ連時代の指令性計画に支配された「経済契約」分野を民法典から抜き出し、「商法」として独立的に規定した守旧的態度に他なるまい。民法典による規範統一を推進したロシア「民法学派」に対峙する、ロシア守旧派「経済法派」へのベトナム流の目配りであったとも考えられる。

　しかし2015年民法典の準備過程では、民法典を改めて最高位の抽象的規範の淵源と位置づけ、商法・消費者法などの下編法規に具体的な細目規定を落とし込むとする方針が示された（2013年公開の司法省民法改正論点(1)）。そのため2015年民法典では、2005年民法典の総則冒頭第1条が民法典の射程領域につい

---

[20] 金子（1998）p.83-84参照。

て明記していた限定列挙を削除し、また第三編「債務・契約」編でも、2005年民法典の用いていた「民事」債務や「民事」契約の用語を削除した。このような2015年民法典の態度は、社会主義的な経済法・民法の二元主義を離脱し、民法典を私法全般に及ぶ最高規範として高く位置づけるものと説明されている[21]。しかし反面、民法典の外枠では、商法等の特別法を並立させる構造は維持されている。結果として、民法典が抽象規範化したことにより、民法典が単独で規定する「民事」の社会的局面について規範が希薄化し、他方で商法・消費者保護法・土地法などの細分化された各領域で異なる規範が併存しあうという、規範の多元主義が深まることとなったと考えられる。このような規範の多元化は、各領域が接する境界で、相互の規範調整を難しくしていく困難な方向性でもあると考えられる。

　このようなベトナム民法典の最高規範性の建前と限界は、手続法の側面にも見受けられる。上記ロシアの民商二元的な紛争処理制度を踏襲するようにして、ベトナムでは当初、1994年制定の民事訴訟法と経済事件処理令が二元的に並立していた。2004年民事訴訟法によって両者は統一されたが、今なお裁判所内部で民事部と経済部が分かれている。

　アジア市場経済化諸国の民法典は、私法体系の構造上で民事・商事・消費者保護等の規範が多元的に設計される傾向にある。さらに外国ドナーの持ち込むモデル法や国際協定による商事法規の多様化、また消費者保護分野におけるアセアン共通法形成など、規範の多岐化の動きは強まる一方である。社会的現実の各層にこのような多元的な規範が及ぶとき、起こりうる規範対立を司法・行政現場がどのように解決しようとしているのか、関心を呼ぶ。

3. 解釈規範としての一般条項

　規範の対立局面の解決基準を、立法で精緻化するのか、司法判断を重ねるのか、あるいは行政の裁量的介入で処理するのか。アジア市場経済化諸国の民法典は当初、立法で精緻化する方針を示していたが、ロシア1995年民法典が遵法

---

21) ベトナム2015年民法典起草委員によるNguyen（2019）参照。

義務（1〜3条）を強調した影響が考えられる。しかし日本の法整備支援等の関与を受けて、しだいに司法解釈の解釈根拠となりうる包括的な一般条項を、民法典総則にしきりと挿入する傾向を見せた。最近では、民法典の各論において、一般条項を敷衍する準則化も見受けられる。

（1）ベトナム民法典

　ベトナム2005年民法典は第一編総則において10か条に及ぶ「一般原則」（4-13条）を掲げる点が特色であったが、2015年民法典（3条）はこれを5項目に減らした。削除された規定は「遵法義務」や「公序良俗」である。削除の理由は契約自治の障害となりかねないとするものであるが[22]、ロシア民法典が強調する社会主義的合法性の重視から一線を画したものといえる。また伝統的な「和解の促進」条項も削除された。

　残された原則は「平等」「契約自治」「信義誠実」「国益・公益」「民事責任」である。このうち「平等」については契約上の地位の実質的平等を図る解釈介入の根拠であると考えられ、各論で政府機関が契約当事者である場合を明記するなどの準則化が行われている[23]。「信義則」についても、民法典中でその内容を敷衍する準則化を図ったとする[24]。

　また法令・契約の文言が明解でない場合の解釈基準として、ベトナム2015年民法典総則では、慣習および条理からの類推に言及し（5-6条）、これはロシア民法典（6条）と同様である。しかしベトナム2015年民法典はさらに、日本の法律行為概念に相当する「民事取引」の総則規定を置き、その解釈基準として、取引時点の当事者の真意、取引の目的、取引地における慣習、の優先順位を規定する（121条）。2005年民法典（126条）は解釈基準として「文言」を重視していたが、2015年民法典ではこれを削除し、新たに「取引の目的」なる抽象的な基準を採用したことが目立つ。さらに契約総論の契約解釈基準に下り至ると、

---

[22] ベトナム民法典起草委員Nguyen Hong Hai氏に対する筆者の2017年10月時点の聴取りによる。

[23] 97〜100条など。ベトナム2015年民法典起草委員による本書第2章Nguyen論文脚注13参照。

[24] 前掲 Nguyen 論文脚注25。担保実行における事前通知制度（300条）、損害賠償における相手方の被害最小化義務（362条・585条5項）、契約総則における事情変更の原則（400条）などがその例であるとする。

当事者の文言ではなく真意、便宜、契約の性格、契約地の慣行、また契約上の地位が非対称的である際に弱者の便宜を尊重するとする（404条）。

このようにベトナム2015年民法典は、立法による準則化志向を後退させ、「契約自治」を強調する方向性にあること、他方でその契約自治に対する監視機能を司法解釈に委ねていく基盤として、信義則、契約の目的・性格、弱者保護の見地などの抽象的な解釈原則を置くこと、またそれら原則の準則化に関心を向ける傾向が見出される。これは日本による法整備支援の影響であろう。

しかし、司法による高度な準則化が現実に機能するのか、疑問なしとしない。またたとえ民法典が司法による準則化機能を重視するとしても、商法・消費者保護法等の下部法規が詳細な準則化を続ける可能性は残る。現在、これら法規の改正が準備されておりその動向が見守られる。

（2）カンボジア民法典

カンボジア民法典は、日本チームによる4年間（1999〜2003年）の起草支援の成果として2003年時点で草案がカンボジア司法省に手交されたが、その後の調整作業に時間を要し、2008年に立法化、2011年末から施行された。8編構成（総則，人，物権，債権，契約各論・不法行為，担保，親族，相続）で編成され、全体を通じて各冒頭に総則規定が置かれている。物権と債権の峻別を図る点など日本民法典の編成に近く、一見いわゆるパンデクテン方式を思わせる。

第1編・総則は抽象的な一般原則として、個人の尊厳・平等（2条）、私的自治（3条）、権利濫用の禁止（4条）、信義誠実（5条）の4カ条を規定している。これらの一般原則は法解釈規範として民法全体に及ぶ位置づけだが、準則化は見られない。また財産法・家族法に関しては特別法で排除できるとする点で体系的意味が薄められている（1条）。

総則の内容面の注目点として、日本民法典における「法律行為」概念は置かれていない。債務・意思表示・期間・瑕疵ある意思表示・無効・取消・代理などの法概念の演繹的な整理は、第1編・総則ではなく、第4編の債務総論で提供されている。

したがって司法の場における法解釈は、民法典の編別編成をまたぐ大掛かりな理論構築に拘泥する必要なく、物権・債権それぞれの編において済ませるこ

第1章 民法典による市場経済化の規範調整

とのできる仕組みであるともいえ、ある意味、使い勝手の良さが志向されているように思われる。

(3) ラオス民法典

ラオス民法典草案は2018年末、国会で成立した。公定訳は公開されていないが、草案起草過程に関与した日本の支援チームがその概要を紹介している[25]。既存の民事単行法（2003年土地法、2005年担保法、2005年相続法、2008年契約・契約外債務法等）を集めて加筆修正し、その上位に総則規定を乗せる方法による体系化であり、9編（総則、人・法人、家族、財・所有権、契約上の義務、担保、不法行為債務、相続、最終規定）から編成されている。全615カ条中、112カ条が既存の民事単行法を踏襲して法典風に編纂したものであり、251カ条が既存の条文を修正しており、252カ条が新設条文であるという。編成としては人・法人のあとに家族法が続くインスティトゥティオネス方式を示すが、冒頭に総則が置かれ、各編の冒頭にも総則が置かれる演繹的構造、また物権（第4編財産権・第6編担保権）と債権（第5編）を分離する点でパンデクテン方式の要素も多く、「ハイブリッド型」であるとされる[26]。

とくに注目される点として、第1編総則に「法律行為」規定が新設されており、この概念を介して、既存の2008年契約・契約外債務法の諸規定を総則に吸い上げ、加筆修正する形で、一般規定が起草されたことがわかる。2008年契約・契約外債務法ではすでに総則5条で、一般原則として「合意の任意性」、「平等」、「信義誠実」、「法・慣行・伝統の遵守」を挙げていたので、民法典草案に踏襲されているとみられる。また「法律行為」の要件について、筆者が入手した起草段階の検討資料によれば[27]、民法典草案16条が2008年契約・契約外債務法10条を受けて、目的の合法性、任意性、行為能力、様式の合法性の要件を明記している。さらにこれら要件についてより具体的に準則化が試みられている。同民法典草案17条は契約・契約外債務法13条を受けて、法律行為の「目的」とは当事者が実現しようとする目標であると定義づける。また同18条は、契約・契約外

25) 松尾（2015）参照。
26) 松尾・前掲p.109。
27) 民法典起草委員会関係者により本邦研修時（2016年2月時点）に入手。

31

債務法11条を受けて、法律行為の「任意性」とは錯誤・詐欺・強迫に寄らずに法律行為を行うことであるとし、続けて錯誤・詐欺・強迫の概念定義に向かっている。

さらに契約編では契約の解釈基準が明記される予定である（民法典草案390条）。

これらの一般規定は司法適用における解釈規範ではなく、当事者の行為規範に過ぎないとする見解も示されている[28]。しかし司法による当事者間の適用規範の発見のために準則化が試みられていると考えれば、解釈規範と行為規範の差は相対的な問題と考えられる。いずれにせよ民法典の登場は、司法の場に体系的な解釈課題を委ねていくことは間違いない。

(4) 総則規定の限界

以上のように、日本の法整備支援の影響により、ベトナム・カンボジア・ラオスではロシアとは異なり、民法総則規定を充実させ、信義則・公序良俗等の一般原則を組み込んだ。そのため、司法の場がこれらの一般規定に依拠した法解釈の蓄積によって、民法典を頂点とする規範調整に乗り出すことは構造的には可能である。しかしながら、ベトナムやラオスでは民主集中制の原則により、規範適用は人民代表府である国会の意思に拘束されるべきであって、司法による法創造を許さないとする立場が今なお影響力を有している。ベトナムでは、2005年の共産党政治局決定48号・49号を受けた2015年改正の民事訴訟法により、最高人民裁判所の選定公表する判例の先例拘束性が明記されたが[29]、このことは司法による法解釈判例の形成を促すという文脈よりも、下級審の法解釈を統制する文脈で理解されるべきであろう。カンボジアについても、日本ODAが長年提供してきた司法訓練支援に拘らず、裁判現場では実体法の条文に沿った要件事実の解析が行われるまでに至っておらず、法解釈判例の形成には程遠い現状が報告されている[30]。

---

[28] 大川（2015），p.111参照。

[29] ベトナム2015年民事訴訟法（45条2項）で最高人民裁判所裁判官会議が選抜し長官が公表する判例の先例拘束性を明記した。詳しくは2015裁判官会議決定3号等がある。若干の手続判例は出ているが（たとえば民事訴訟法に関する決定No.4/2012/NQ-HDTP）、実体法の解釈に踏み込むものではない。

4. 真意性 vs. 取引の安全

　社会主義民法においては、当事者の意思瑕疵が認定されれば法律行為は無効であり、取引の安全を促進する第三者保護の制度はなかった。指令性計画の貫徹を旨とする経済契約の要請とともに、狭義の民事関係における当事者の真意性を重んじる民事契約の古典的契約観も反映しているのであろう。民事・経済一元的な私法一般法として登場した1995年ロシア民法典においても、上記のように表見代理制度を採らない点、また不動産物権変動で公信原則を記しつつも原所有者の真意に反する占有離脱については例外とする点など、取引の安全よりも真意性・真実性を重んじる基本的態度が維持されている。これに対して、経済開発を焦るアジア市場経済化諸国の民法典では、当初はロシア民法典の態度を踏襲していたが、しだいに取引の安全重視へと転換しつつある傾向が見出される。その背後では日本からの法整備支援の働きかけが続いてきたことが注目される。

(1) ベトナム民法典

　ベトナム2015年民法典の起草における明白な政策方針は、取引の安全の促進であったという[31]。たとえば第1編総則で、日本でいう法律行為に当たる「民事取引」の抽象概念を立てているが、この総則規定に新たに表見代理制度が盛り込まれた。代理権授与の表示について（142条1項c）、また権限外の行為について（142条2項）、本人に外観作出について一定の帰責事由を認める場合に、有権代理と同様の効果を生じる制度である。表見代理制度は、合意の真意性を重んじる社会主義民法の伝統に照らして、1990年代に日本側によるベトナム民法典支援が開始した当初から受け入れにくい論点とされてきただけに、2015年民法典の態度変更は、たしかに取引の安全の重視を象徴する転換である。

　一方、第2編「所有権とその他の物権」編では、「物権」概念の確立が2015年民法典の成果として強調されている[32]。ベトナム1995年民法典・2005年民法

---

30) 神木（2011）参照。
31) ベトナム民法典起草委員Nguyen Hong Hai氏に対する筆者の2017年10月25日時点の聴取りによる。

典では、第2編を「財産と所有権」と題し、民法学派が率いたロシア1995年民法典には見られない守旧的な所有概念のカテゴリー分類に拘泥するばかりで、具体的な物権体系を示し得ていなかった。担保権は債務・契約編の一部で規定され、また「土地使用権」の変動は別に独立の編で扱われていた。これに対してベトナム2015年民法典は、ロシア民法典と同様に所有権とその制限物権を限定列挙する「所有権とその他の物権」編なる編名を採用し、これに伴いロシア民法典が採用した、ドイツ・日本とも共通する「物権と債権の峻別」形式を採用した。ベトナムの起草委員はこのような編成変更は、ロシア法に倣う意図ではなく、積極的に取引の安全を促進することにより経済開発を進める改正方針を受けたものだとする[33]。

　2015年民法典は物権法の内容面においても、動産即時取得制度（133条1項）を明示するとともに、不動産の物権変動における善意の第三者の保護を打ち出した（133条2項）。不動産物権変動は、当事者間の契約、引渡し、登記による対世的効力発生、の3つのステップで展開するものとし、この際にたとえ第一ステップの債権契約に瑕疵があっても引渡しと登記の要式行為が完了していれば、善意の第三者に対して原契約の無効を主張できないとする。いわゆる公信の原則であるが、ベトナム起草者はこれを物権行為の独立性による「無因主義」と表現している。

　また第2編「所有権とその他の物権」編では、ベトナムにおける不動産物権変動の主要な客体である「土地使用権」を、明示的に定義してはいないが、所有権の一要素である使用権と観念しているとみられ（191条）、地上権規定でも言及がある（269条以下）。全土国有制を前提とする私人の「土地使用権」の内容は、ドイモイ開始以降におりおりの土地法典によって公法的に規定され、変遷し、民法典はそれを単に踏襲する関係にあった。1993年土地法のもとでは処分権が規制されていたが、その後の土地法改革（2003年・2013年）で自由化され、金融担保を初めとする実体経済の根幹を担うに至っている（Kaneko 2009）。2015年民法典は土地使用権を改めて物権体系に位置づけることで、物権変動の

---

[32] 前掲Nguyen論文3.参照。
[33] ベトナム民法典起草委員Nguyen Hong Hai氏に対する筆者の2017年10月25日時点の聴取りによる。

一般ルールに取り込む再編を行ったといえる。

このように取引の安全が強調される反面、社会主義的な介入の側面も見出される。たとえば第一編総則で「民事取引」について錯誤・詐欺・強迫・様式違反などの意思瑕疵ルールを定め（127〜138条）、さらに第三編債務・契約総論（410条）でこれらの意思瑕疵ルールを演繹的に当てはめるが、そこでは社会主義民法典の真意性重視の方針が明確であって、意思瑕疵による契約は端的に無効である（錯誤では当事者の真意に従う修正合意がない限り無効とされ、要素の錯誤や動機の錯誤といった限定を行わない。詐欺・強迫による契約は無効である）。その救済は原状回復措置である（131条）。民法典の外枠に置かれた2010年消費者保護法（10〜11条）ではさらに、詐欺・強迫などの意思瑕疵に行政罰・刑事罰を適用し、またこれに付帯する民事損害賠償を規定しているが、これは当事者による不法行為の主張・立証責任を行政・検察が肩代わりする救済制度を意味している。

ベトナム民法典はこのように、取引の安全を強調する経済開発志向と、消費者保護の趣旨で契約介入を強める政策志向とが入り乱れる様子である。

(2) カンボジア民法典

日本の積極的な起草支援を受けたカンボジア民法典においては、取引の安全の重視は確立したスタンスであると見受けられる。

第4編債務編の契約総論で代理権の権限外の行為について、また代理権消滅後について、表見代理の規定がある（372条）。

第3編財産法では、動産の善意取得制度（134条2項、192条）の規定がある。一方、不動産物権変動については、日本の法整備支援チームが起草支援した当初草案（134条1項）では登記を不動産物権変動の対抗要件として規定していたが、世界銀行・アジア開発銀行等の支援した2001年土地法がトーレンズ式権原確定登記制度を導入したことから、これとの矛盾を解消する趣旨で民法典草案が修正され、最終的に成立した民法典（135条）では登記は不動産物権変動の効力要件とされた[34]。トーレンズ式確定登記制度を前提すれば、登記名義人から移転を受けた第三取得者は不動産上の完全な権利を取得するため、たとえ原契約や登記に瑕疵があったとしても取引の安全が優先される制度選択で

ある。

(3) ラオス民法典草案

2018年末ラオス国会で成立した民法典では、従来の契約・契約外債務法にはなかった表見代理について規定を新設する選択を行なったとみられる[35]。

他方で物権変動における善意取得者の保護については、動産の即時取得制度の規定はない。また不動産物権変動では、登記を効力要件としつつも、債権行為（売買契約）の瑕疵と物権行為（登記）とを切り分ける無因主義の発想はない[36]。2003年土地法（45条）では登記済権利証を確定証拠としているが、下部法規では反証による登記の修正余地を広く認めていることから（首相府土地管理庁規則2008年500号・土地関連法律行為登記規則8.1条）、登記の権原確定効果は想定されていない[37]。二重譲渡の対抗問題について起草委員会は登記を有する第三取得者を優先させる立場を採ったが、反対説が根強いという[38]。ラオス法は、少なくとも日本側支援関係者の間では真の権利者の静的秩序を侵してまで取引の安全を推進する政策判断には、未だ踏み切っていないとみられる。

5. 債務不履行における救済

社会主義時代のロシア民法典では上記のように、指令性経済計画の実施手段としての「経済契約」の要請を契約法の骨格に据えてきたため、「現実履行原則」を重んじ、損害賠償を支払って解約し履行を免れるという発想を認めない。損害賠償制度はあくまで履行を促す違約罰の性格であった。ロシア1995年民法典も、第3編債務総論（393条以下）に債務不履行の損害賠償に関する詳細な強行法規をおいてその性格を留めている。比較法的に、債務不履行の救済において解除・損害賠償による解決を主とする英米法の文脈と、解除を限定し特定履行を重視する大陸法の文脈を対比できるとすれば、社会主義法は後者と親和性

---

[34] 詳しくは金子2010, 2章、Kaneko 2010b。
[35] 大川・前掲，p.118。
[36] 松尾2015，p.130。
[37] 松尾2015，p.131。
[38] 松尾2012，p.170。

があった。現代の契約法の議論では、商事取引促進のために売主の契約履行責任を緩和する英米法的な潮流がある一方で、消費者保護の文脈で特定履行を強化する文脈もあり、国際的な契約法統一化の場面でもなかなか政策論的な収斂が進まない。そのなかで、ロシア民法典の姿勢は現代的な消費者保護の文脈に重なると考えられる[39]。ではアジア市場経済化諸国は、ロシア法の影響、また各種の法整備支援ドナーの影響の下で、どのような規定傾向を示しているのだろうか。

(1) ベトナム民法典

　ベトナム2015年民法典債務編の起草過程では、裁判所の契約不履行責任に関する判断が指令性経済計画の遵守という経済契約の発想にいまだ拘束されているとの批判から、柔軟な司法判断を導くための立法的な準則化に工夫を要したという[40]。まず民事債務不履行責任の一般原則について、債務編4章では帰責事由の有無を基準に、履行遅滞や不完全履行の規定群と（351条1項）、不可抗力の問題とを分類する（351条2項・441条）。その上で前者について、債務不履行における債権者の追完請求権を明記し現実履行主義を維持し（352条）、損害賠償規定では完全賠償主義による賠償基準を準則化するなど（360-364条）、社会主義民法の骨格を継承している。契約総論でも債務総論の賠償原則を踏襲しており（419条）、事情変更原則が明記されたが当事者（その不調の場合は裁判所）に契約を維持するために柔軟な修正を行う義務を課すものであって損害賠償の免責根拠ではない（420条）。しかし売買契約の各論では、不完全履行の救済として追完請求（修復・交換）、受領・損害賠償請求、解除が三択として並列されている（437-445条）。このようにベトナム民法典は、あたかもパンデクテン方式の演繹的構造を逆手にとって利用しながら、債務総論の上位規程では現実履行原則に基づく社会主義民法の伝統を維持し、下部の売買契約各論では例外を盛り込む独特な手法が伺われる。

　しかし民法典の外枠では、2005年商法が、債務不履行においては追完による

---

[39] 伊藤（2008）p.20以下の紹介するロシア民法学者の見解はこのような立場である。
[40] ベトナム民法典起草委員Nguyen Hong Hai氏に対する筆者の2017年10月時点の聴取りによる。

現実履行主義を原則とし、損害賠償はあくまで付帯的に買主の善意を基準として認めるに過ぎない（39-41条）。民法典が債務不履行の救済を当事者自治に委ねても、商法や消費者保護法などの下部法規では社会主義計画経済時代の「経済契約」分野を彷彿とさせる現実履行主義や行政的監督を維持する傾向が見受けられる。このような規定方針の齟齬は、ベトナムにおける政策論の揺れを示唆していよう。

(2) カンボジア民法典

　カンボジア民法典第4編債務編の第4章は契約不履行に関する救済規定である。履行遅滞・履行不能・不完全履行の3類型を想定し（389条）、救済として追完履行・損害賠償・解除を想定し（390条）、債権者が自由に選択しうる（395条）。損害賠償は過失主義による（398条）。さらに売買契約の各論で、売主の瑕疵担保責任として買主の代替物給付・修補請求権（542条）・解除権（543条）・代金減額請求権（544条）・追完請求権（545条）・損害賠償請求権（546条）を規定する。

　全般的に、契約不履行の救済の選択肢を多様に定め、またその選択を債権者に委ねる当事者自治的な制度設計であり、日本による法整備支援の影響と考えられる。民法典は2011年末に適用開始して数年を経るが、カンボジアの実体経済のなかでどのように機能しているか、司法の場でいかなる解釈問題が浮上しているかはなお検証課題である[41]。

(3) ラオス民法典草案

　ラオスで2017年国会審議中の民法典草案債務編の原型となった2008年契約・契約外債務法は、債務不履行についてわずか数条を簡素に規定するのみである。不可抗力による場合を除き債務不履行は損害賠償責任を生じるとし（33条）、これとは別に法の準則や合意に基づく違約罰を課すとし（36条）、また債務不履行で不利益を蒙った側の当事者が単独で契約の更改・解除を発動できる（37条）。売買契約の各論では、契約の品質上の瑕疵について代物交換・代金減額・解除を選択でき、損害賠償も併求しうる（40条）。売主による債務不履行の一

---

[41] 2015年3月時点のJICA法整備支援現地事務所に対する筆者の聴取りによれば、カンボジア弁護士会に対する研修事業を通じて、民法典の実施上の検証活動が続けられている。

般規定では、買主が解除権と損害賠償を行使するとする（43条）。

　日本による民法典起草支援関係者は、2008年契約・契約外債務法が簡素ながらもウィーン国際物品売買条約に依拠していると評価しつつ、これとの対比で2015年6月末時点のラオス民法典草案には起草者の理解不足が目立つとする厳しい指摘を行っている[42]。とくに不可抗力による免責について、ウィーン物品売買条約（79条1-5項）が損害賠償についてのみ不可抗力免責を認め、代金減額・解除その他の救済手段を免責対象としないのは、契約責任制度と危険負担制度を帰責事由の有無で分類したうえで、瑕疵担保責任制度を後者に吸収しているためであるとする理解に立ち、ラオス民法典草案（408条）がこの点を混同し不可抗力免責を損害賠償以外のすべての請求権に及ぼしている点を批判する。

　たしかに起草者の概念的理解が不足するなか日本の支援チームが起草支援の困難を抱えてきたことが想像に難くない。いずれにせよラオス民法典起草がそもそも日本側の強い働きかけを通じて展開した事業であるだけに、最後まで突き放すことなく寄り添う姿勢が期待される。アセアン域内で工業化の後発国であるラオスが域内製品の最終消費市場として受け身の立場に立つ現実に鑑みれば、国際商事条約に依拠しているか否かの技術的視点に加えて、消費者保護等の政策論に依拠した支援姿勢が説得的であると考えられる。

6.　結語

　以上本章では、アジア市場経済化諸国の民法典起草支援の成果を検討するために、第一にロシア民法典を初めとする社会主義民法の文脈を確認し、経済法・公法的規制と民法・私法的自治のかつての二元軸が、民法典のもとで一元化されてきた経緯、またそこには消費者保護等の介入的な規範調整へ向けた可能性が含まれることをもみた。アジア市場経済化諸国の民法典もこのような社会主義民法の展開のなかに位置づけられる。

　日本のアジア市場経済化諸国向けの法整備支援は、日本の国益からする民法典体系の輸出であると誤解を受けやすい傾向は冒頭で述べた。しかし日本の支

---

42) 野澤2015, p.143参照。

援は基本的に、アジア市場経済化諸国が自ら選んで開始した民法典の整備という課題について、技術的な側面支援を行う立ち位置を維持してきたと考えられる。その意味では日本の支援は、ロシア民法典起草を側面支援したオランダ・ライデン大学の関与姿勢と重なるものがある。ただし両者の大きな違いとして、オランダ支援の対象であったロシアには数十年来の民法典の起草・実施実績があったのに対して、日本支援の対象諸国の側は初めての民法典定立をめざすものであり、法典起草の技術的な経験知識を欠いたことから、日本側が起草作業の中核に深く関与せざるを得なかった点が挙げられるであろう。そのため、自ずと、日本自身の2017年債権法改正を初めとする改革議論を相手国の草案に投影する影響が避けられなかったと考えられる。その意味で、相手国の実情に沿った政策論的な探究が不足しがちな側面はあったと思われる。

　本稿では具体的な論点として、民事的な真意性重視と商事的取引促進の対立軸、また消費者保護法制と国際商事取引ルールの対立軸など、民・商事の二元的対立局面に着眼した。そこには、WTO加盟交渉や国際ドナーの開発支援を受けつつ外資促進型法整備を進めるアジア市場経済化諸国にとって、民法典の設計じたいが取引の安全志向へ傾斜していく流れが見出された。ロシア民法典はそうした潮流に逆らうかのように真意性の重視や買主の保護など現代的な政策課題に向き合っているかに見えるが、アジア市場経済化諸国は、ロシア民法典とは一線を画する方向へ展開していく姿がある。

　このような「民法の商化」ともいうべき現象の背後で、日本の法整備支援がいかなる影響を与えてきたかは、残された検証課題である。日本支援は果たして世上言われるように、あくまでも技術的支援にとどまり、各国の政策選択を側面支援する意味しか持たなかっただろうか、本稿が結論付けることはできない。しかし同じく日本の支援チームが牽引した法整備支援でありながら、ベトナム、カンボジア、ラオスそれぞれの民法典（草案）は政策選択の相違を示している。このような相違は、日本支援が伴走者的な技術支援の立ち位置を維持してきたことの傍証の一つであるかもしれない。

　さらなる問いは、世銀等の英米法系ドナーと日本との、ドナー間調整のテーマである。これら市場経済化諸国の民法典は、日本支援のもたらした大陸法系の議論動向を反映して、信義則を重視し、契約前の交渉経緯に配慮し、事情変

| 第1章 | 民法典による市場経済化の規範調整

更の原則を認め、契約違反における過失の抗弁を認め、解除・損害賠償による解決を制限し、特定履行を重んじるなど、英米法の傾向とは異なる多くの側面をも含んでいる。このような条項は、一方で英米法系ドナーが進める商事領域の単行法支援や経済実務と乖離し、今後の民法典の実施過程で、現地社会の規範空間の矛盾を広げていくことだろう。

　その際に、現地の司法に、どこまで政策的見地から契約自治に介入し、民法典の規定精神を行使していく力があるかが問われていくことになろう。

　さらに民法典の実施過程では、司法的実施より以上に、行政的・公法的規制との接合が強まる展開も予想される。商法や消費者保護法など各論的分野で行政規制が強まるベトナムが顕著な例である。そのような状況では、民法典は、公的規制をも拘束する一般規範としての実施をめざさねばならないのではないか。行政規制に対して民法典が掲げる抽象的準則を及ぼしうるのでなければ、市場経済の最高法規とは名ばかりの存在となる。その意味では今後の民法典実施のための支援対象は、司法部門・私法的規制にとどまらず、行政部門・公法的規制への助言的関与が不可避となっていくと考えられる。

　おそらく民法典支援のゴール地点は、法典整備の完成時点ではあるまい。市場経済化支援という、相手国の安定的な市場機能を育てあげる究極目標を掲げて開始した日本の法整備支援にとって、立法化の実現は単なる入口に過ぎない。とくに十年置きに民法典改正を重ねるベトナムの例に顕著であるように、対象諸国が、法典を不磨の大典として法解釈に委ねる日本のあり方とは異なり、立法過程を通じて社会的ニーズに応える不断の民法典修正を意図していることに理解を向ける必要がある。法典の実施過程に寄り添う今後の法整備支援にとって、めざすべきは外部モデルの技術的移植ではなく、むしろ市場経済化の進行とともに相手国が抱える経済社会の生々しい現実への理解を深めたうえで、政策論的な視点からする関与が今後ますます重要性を持つと予想される。そのプロセスは、これら諸国の独立以来の悲願である独自の法体系の構築という、長い歴史軸に位置づけられる営為ともなるはずである。

41

| 参考文献 |

- 伊藤知義（2008）「ロシア民法典における現実履行主義と体制転換」、『社会体制と法』9号
- 奥平龍二（2002）『ビルマ法制史研究入門—伝統法の歴史と役割』
- 大川謙蔵（2015）「ラオスにおける民法典編纂と法整備支援—総則、人・法人」比較法研究77号、p.111-119
- 香川孝三・金子由芳『法整備支援論—制度構築の国際協力入門』ミネルヴァ書房
- 金子由芳（1998）「ベトナムの経済契約をめぐる問題状況」、『広島法学』22巻2号、p.79-103
- 金子由芳（2004a）『アジア危機と金融法制改革』信山社
- 金子由芳（2004b）「市場経済化における法整備の比較考察—ベトナム・ロシア・中国—（1）（2）」、『国際協力論集』12巻2号15-44・3号65-84
- 金子由芳（2010）『アジアの法整備と法発展』大学教育出版
- 金子由芳（2017）「ミャンマー契約法に関する一考察」『神戸法学雑誌』、67巻1号、p.9-47
- 神木篤（2011）『カンボジアにおける判決調査報告書』法務省法務総合研究所国際協力編
- 楠本英隆（1970）「19世紀インドにおける法典化の一断面」早稲田比較法学6巻1号、p.79-109
- 武田洋子（2003）「法と植民地主義—ベトナムにおけるフランス近代法導入をめぐる一考察」敬愛大学国際研究12号、p.1-22
- 野澤正充（2015）「ラオスにおける民法典編纂と法整備支援—契約及び契約外債務、人的担保」比較法研究77号、p.137-144
- ハートカンプ，A.S.（1994）「オランダ私法の発展—ヨーロッパ法の視座に立って」民商法雑誌109巻4-5号、p.623-660
- 藤田勇（1982）『ソビエト法史研究』東大出版会
- 藤田勇・畑中和夫（1983）『ソビエト法概説』有斐閣
- ホンディウス，E.（1994）「契約法における弱者保護」民商法雑誌109巻4-5号、p.661-691
- 牧野巽（1944）「安南の黎朝刑律にあらわれた家族制度」『支那家族研究』生活社
- 松尾弘（2012）「ラオスにおける民法典の発展」アジア法研究6号
- 松尾弘（2015a）「ラオスにおける民法典編纂と法整備支援—序説」比較法研究77号、p.106-110
- 松尾弘（2015b）「ラオスにおける民法典編纂と法整備支援—財及び所有権、物的担保」比較法研究77号、p.128-136
- Benda-Beckmann, F.（2006）"The Multiple Edges of Law: Dealing with Legal Pluralism in Development Practice," *in World Bank Legal Review*, Vol.2.
- Black, B. & Kraakman, R.（1996）"A Self-Enforcing Model of Corporate Law," 109

Harvard L. Rev. 1911.

- Davis, K. & Trebelicock, M.（2008）"The Relationship between Law and Development: Optimists versus Skeptics," 56 *Am. J. Comp. L.* 895.
- Feldbrugge, F.J.M.（2008）"The codification process of Russian civil law," in Arnscheidt, J., Van Rooij, B., and Otto, J.M., *Law Making for Development: Exploration into the Theory and Practice of International Legislative Projects*, Leiden University Press 2008
- Hammergren, L.（2015）*Justice Reform and Development: Rethinking Donor Assistance to Developing and Transitional Countries, Routledge*
- Hansmann, H. and Kraakman, R.（2000）"The End of History for Corporate Law," Yale Law School Working Paper No.235; Harvard Law School Discussion Paper No.280
- Kaneko, Y.（2009a）"A Review of Model Law in the Context of Financial Crisis: Implications for Procedural Legitimacy and Substantial Fairness of Soft Laws," Journal of International Cooperation Studies, Kobe University, Vol.17, No.3, p.1-16
- Kaneko, Y.（2009b）"An Asian Perspective on Law and Development, in Symposium: the Future of Law and Development, Part III," 104 NW. U. L. REV. COLLOQUY 186
- Kaneko, Y.（2010a）"A Procedural Approach to Judicial Reform in Asia: Implications from Japanese Involvement in Vietnam," Columbia Journal of Asian Law 23:2, 315-358.
- Kaneko, Y.（2010b）An Alternative Way of Harmonizing Ownership with Customary Rights: Japanese Approach to Cambodian Land Reform, Journal of International Cooperation Studies, Kobe University, Vol.18, No.2, p. 1-21.
- Kaneko, Y.（2011）"Accompanying Legal Transformation: Japanese Involvement in Legal and Judicial Reform," in Cordero, J. A. S. eds., *Legal Culture and Legal Transplants*, Vol. I & II, International Academy of Comparative Law, 2012
- Kaneko, Y.（2012）"Reevaluating Model Laws: Transplant and Change of Financial Law in Vietnam," Journal of International Cooperation Studies, Kobe University, Vol.19, No.2-3, p.1-37.
- La Porta, R., Lopez-De-Silanes, F., Shleifer, A. & Vishny, R. W.（1996）"Law and Finance," NBER Working Papers No.5661.
- La Porta, R., Lopez-De-Silanes, F. & Shleifer, A.（2007）"The Economic Consequences of Legal Origins," NBER Working Papers No.13608.
- Nguyen Hon Hai（2019）"Some Fundamental Studies on the Revised Civil Code of Vietnam 2015," in Yuka Kaneko, eds. *Civil Law Reforms in Post-Colonial Asia: Beyond Western Capitalism*, Springer, 2018
- Pistor, K., Raiser, M. & Gelfer, S.（2000）"Law and Finance in Transition Economies," 8 *Economics of Transition* 325.
- Pistor, K. & Wellons, P.（1999）*The Role of Law and Legal Institutions in Asian Economic Development 1960-1995*, New York, Oxford University Press.
- Posner, R.（1998）"Creating a Legal Framework for Economic Development," World

Bank Research Observer, 13 (1) February, p.1-11.

- Reimann, M. (1998) "Stepping Out of the European Shadow: Why Comparative Law in the United States Must Develop Its Own Agenda," 46 *Am. J. Com. L.* 637.
- Snijders, W. (2008) "Russian Experience: A Dutch perspective on legislative collaboration," in Arnscheidt, J., Van Rooij, B., and Otto, J.M., *Law Making for Development: Exploration into the Theory and Practice of International Legislative Projects*, Leiden University Press 2008
- Taylor, V. (2005) "New Markets, New Commodity: Japanese Legal Technical Assistance," 23 (2) *Wisconsin Intl. L. J.* 251-281.
- Trubek, D. & Gualanter M. (1974) "Scholars in Self-Estrangement: Some Reflection on the Crisis in Law and Development Studies in the United States," *Wisconsin Law Review*, 162-1102.
- Trubek, D. M. (2006) "The Rule of Law in Development Assistance: Past, Present, and Future," in *The New Law and Development: A Critical Appraisal*, (Trubek, D. M. & Santos, A. eds. 2006).
- Watson, A. (1974/1993) *Legal Transplants: An Approach to Comparative Law*.
- World Bank (2001), *Initiatives in Legal and Judicial Reform*, World Bank.

第2章

アジア民事訴訟法改革の基本スタンス
―ベトナムにおける民事訴訟法改正支援等に焦点を当てて

川嶋 四郎

1. はじめに―問題の限定

　近年、東南アジアにおける経済発展は著しい。市場経済の急速な展開は、国家の壁を越えて、共通ルールの普及とそのための制度整備を不可避的に促すことになる。民事紛争解決手続の中核に位置する民事訴訟法も、その整備対象に含まれる。

　東南アジアは、民族も歴史も政治体制も異なるいくつかの国家が、それぞれの経済発展の度合いには差異があるものの、現在、国家の基本政策の下で、自国の経済的・社会的発展ひいては国民の福利や幸福の増進に向けて邁進している。経済活動の展開や社会的な安定性の維持向上のためには、法の整備は不可欠である。個人の尊重や民主主義の原理に基づいた豊かで安定した社会を築き上げるには、社会・経済活動の基礎となる法の整備が必要となるのである。

　市民法秩序が、国家固有の歴史や伝統に基づくものであっても、その合理的な近代化や可視化は、法を通じた社会のセーフティ・ネットの創造と確立のためには、必然的に要請されることになる。グローバル化の波に洗われながら、社会・経済の発展のために、国家は、民事紛争の公正な機構を通じた適正かつ迅速な解決による事後的救済システムを用意しなければならず、その完備と活用可能性が、人や企業等の自由闊達な経済活動を保障することになるのである。すなわち、法を通じた信頼の可視化である。

　そのような法的救済システムの中核に位置するのが、民事訴訟法である。手続法の基本法であるこの法の領域においても、東南アジア各国が、それぞれの歴史的な背景の下で形成され活用されてきた手続の大改革が、今世紀に入ってみられることとなった。たとえば、2004年にはベトナムで、2006年にはカンボジアで、新しい民事訴訟法が制定されたのである。いずれも、法整備支援[1]の

成果として新たに制定された法律である。法典の上では、基本的に「当事者主義」を採用し、現代民事訴訟法典（民事訴訟法の近代法典）としての基本的な姿を有している。

　ベトナムについてもカンボジアについても、日本が法整備支援に関与したが、この2つの民事訴訟法典の成立過程には顕著な差異がみられる。また、出来上がった法典の具体的な内容にも、差異がみられる。法典の成立過程それ自体が、その後の民事訴訟法の現実的な活用・運営とその後の発展にも影響を与えているようにも思われる。本稿では、当初、この2つの民事訴訟法典に関する法整備支援について論じる予定でいたが、諸般の事情から、さしあたりベトナムの基本スタンスとその法整備の具体的な内容に限定して論じたい。

　ところで、日本における法整備支援は、新たな形態のODA（政府開発援助）の一環として実施されているが、日本国憲法がその前文で標榜する国際協調主義の具体的実践という側面をも有する。また、法整備支援は、2001年に公表された『司法制度改革審議会意見書』で具体的に提言された「21世紀の日本を支える司法制度」の一項目をなす。そこには、日本の司法の「国際化への対応」として、「法整備支援の推進」が挙げられていたのである[2]。しかも、日本における法整備支援活動は、他国における立法作業の支援という活動を超えて、

---

[1] 法整備支援に関しては、様々な著作がみられるが、たとえば、その全貌を概観するハイ・レベルの入門書として、香川孝三＝金子由芳編（2007）を挙げておきたい。
　　法務省法務総合研究所によれば、「『法整備支援』とは、『開発途上国が行う法令及びこれを運用する体制の整備を支援する活動』ということができ、……具体的な法令案作成への助言・参画及び立案担当者の育成のみならず、法令の適用・執行のための体制の整備及びこれらに従事する法律を専門とする人材の育成等への支援を広く含む」とされ、「このような支援を効果的に行うために必要な、支援対象国の法制度とその運用の実情やその背景をなす社会・経済・政治の実情等に冠する調査研究も、その活動の重要な一部をな」すとされている。尾崎道明（2002）p.5。
[2] 『意見書』では、「発展途上国に対する法整備支援を推進すべきである」として、日本が、これまで「諸外国から近代的な法体系を受け継ぎつつ、国情に即した法制度及び運用を確立してきた経験を活かし、民商事法や刑事司法の分野において、アジア等の発展途上国の研修生の受入れ、専門家の派遣、現地セミナーの実施等による法整備支援を実施してきた」とし、こうした支援への取組が、国際社会の一員として日本が主体的な役割を果たす上で重要であるとともに、経済社会のグローバル化が進む中で、円滑な民間経済活動の進展にも資するものであると位置づける。そして、法整備支援については、政府も、弁護士・弁護士会も、連携を図りつつ、引き続き積極的にこれを推進していくべきであり、司法制度等に関する情報を一層積極的に海外へ提供し、共有していくべきであるとの提言がなされていた。なお、法科大学院への留学生の受入れも、法整備支援の一環として提言されていた。

支援のあり方次第では、回顧的には日本法のあり方自体を内省させてくれる契機ともなると考えられる[3]。法制度の一方的な移植や教示ではなく、情報を共有しながら共に考え制度構築や制度改善を行っていくことの重要性でもある。

　一般に、民事手続法の領域は、法整備支援の重要な対象領域である。民事訴訟法の法整備支援のほかにも、現在、たとえば、中国における民事訴訟法整備支援、インドネシアや東ティモールにおける和解・調停制度への支援、ベトナムを含むいくつかの国への倒産法制の整備の支援等、国際協力機構（JICA）・法務省法務総合研究所を通じた日本の民事手続法領域における法整備支援は、広範多岐にわたり、現在進行形のものも数多く存在する[4]。本稿は、そのすべてを網羅することはできないので、ベトナムにおける民事訴訟法制定支援について、若干の考察を加えたい。

　そのさい、手続法である民事訴訟法の場合には、いわば形式と実質の統合の促進が要請される。民事訴訟法自体、最も重厚な民事紛争処理手続として、専門技術的な色彩を濃厚にもつものの、国家の統治政策が具体的に発現する局面でもあり、民主国家の重要な要素の一つである。それは、単に形式的な条文の上に形式的に顕在化するだけではなく、その実務運用面におけるプロセスにおいても当事者の主体性を尊重した具体的な民主的法実践が望まれる[5]。これは、理論と実践との有機的な統合を意味し、社会的なニーズに即応し、国民に利用しやすく分かりやすく頼りがいのある手続法の実現の問題でもある。裁判所サイドにとっても同様である。民事訴訟法の法領域における法整備支援の到達点は、その国民や企業等が、いわば自家薬籠中のものとして手続を活用し、法的救済を獲得できる制度環境が国家全土で定着することと考えられる。それは日本における民事訴訟法に関する課題でもあり、未来に実現されるべき理想であるとしても、ともかく、興味深い民事訴訟法の制定過程とその後の過程を一瞥することを通じて、法整備支援のあり方をみていきたい*。

----

[3] たとえば、戒能通厚（2001）p.70等。もちろんこれは、法整備支援主体（それを構成する具体的な個々人）の基本的な考え方や基本姿勢にも依存する。
[4] 日本におけるこれまでの法整備支援を、年表形式にした一覧表として、たとえば、「法整備支援活動年表」（ただし、2005年1月14日現在。ICD NEWS 20号p.196-197〔2005年〕）がある。
[5] 川嶋四郎（2007）p.685、700も参照。

＊　本稿は、神戸大学大学院国際協力研究科、金子由芳教授を研究代表者とする科学研究費による研究成果の一部である。この研究を通じて、日本国内における民事訴訟法研究や欧米民事訴訟法との比較民事訴訟法研究だけでは決して得ることができない貴重な知見を得る機会を与えていただいたことに、心から感謝を申し上げたい。また、何度か東南アジアにご同行させていただきました、近畿大学法科大学院、赤西芳文教授らをはじめ、多くの方々にも、心から感謝を申し上げたい。

2.　ベトナムにおける2004年の民事訴訟法改革

（1）民事訴訟法改正の前史

①　改正への道程と旧法

日本の法整備支援のなかでは、ベトナムに対するものが最も早かった[6]。

まず、ベトナムにおける民事訴訟法の全面改正（新法の制定）に至る前史を簡潔に振り返りたい。

1986年に、ベトナムは、ドイモイ政策を採用した。これは、社会主義の下で、計画経済を修正（大転換）し、市場経済化政策を推進することを目標とするものであった。その基本政策に基づき、1992年には、私有財産制を認める憲法を制定し、2001年の憲法改正を通じて、市場経済に対応できる具体的な法制度を構築する必要に迫られることとなった。

そこで、1993年に、最高人民裁判所に民事訴訟法編纂員会が設置され、また、2002年1月2日付の「ベトナム共産党中央執行委員会政治局決議」（08-NQ/TV）は、迅速に民事訴訟法を制定すべきことを要請した。

この時代、民事裁判手続を規律するものとしては、国会常任委員会が定めた法令がいくつか存在した。すなわち、1989年の民事事件解決手続法令、1992年の経済事件解決手続法令、1996年の労働事件解決手続法令が、それであった。これらの法令は、当初から、後年には国会の制定する法律の形式に改めることが予定されていた。

---

6)　稲葉一生（2008）p.2、4。

これらの法令は、いくつかの違いがあるが、次のような訴訟手続としての共通性を有していた[7]。すなわち、概して、訴訟物のサイズが広く、審理判断の対象となる訴訟上の請求の範囲の制限がなく広い範囲で判決を行い（申立拘束主義の不存在）、職権証拠調べの原則を採用し、口頭弁論前の準備手続において当事者の立会いなしに詳しい証拠調べを行い、口頭弁論期日は原則として1回で終了して迅速に訴訟を終了させ、判決の効力は原告・被告以外にも広く及ぶなどといった手続的な特徴であった。しかも、社会主義法の特徴として、民事事件と経済事件における手続の区別、検察院の訴訟提起の許容、人民参審員を含む合議体の構成、検察官の口頭弁論期日における立会権、検察官の控訴権、監督審制度、再審制度などが規定されていた。

②　日本とアメリカの支援

　日本側のベトナムへの民商事法分野への法整備支援は、1994年（平成6年）から始まったが[8]、先に述べたベトナムでの決議を受け、2002年から、新しい民事訴訟法起草に向けた日本の法整備支援が現実に開始された[9]。その法律の草案作成にさいしては、2つの基本方針が立てられた。1つは、現在のベトナムの要請に応えるという目的と、もう1つは、民事訴訟法の持続的な発展を可能とするという目的であり、それは、国際化の潮流にもかなう民事訴訟法を制定することを目指すものであった[10]。

　そのような国際化の要請をベトナム政府に提示したのは、アメリカであった。しかも、具体的な形式で、ベトナムにおける新しい民事訴訟法の制定のために直接的な契機を与えたのも、アメリカであった[11]。

　2001年に、ベトナムはアメリカとの間で「米越貿易協定」を締結したが、その第2章11-13条には、両国が知的財産権の保護につき、民事訴訟と民事保全に関して条約締結国が制定すべき訴訟法規の内容が規定され、第6章3条には、経済活動に関する立法について、両国は意見を提出することができるとされて

----

[7] 以下については、井関正裕（2007）p.85-86を参照。
[8] 尾崎・前掲論文注1）p.8。
[9] 丸山毅（2005）p.5、7。
[10] ダン・クァン・フォン（2005）p.32、34。〔フォン氏は、ベトナム最高人民裁判所副長官〕。
[11] 金子由芳「ベトナム民事訴訟と裁判動態−規範体系の模索」（同2010、p.79、81）。

いた。アメリカは、それに基づいて、一定の条件の下での民事訴訟法の制定を要求したのである。

　この起草支援は、USAID（米国国際開発庁）によるSTAR事業（Support for Trade Accele Ration Project）の一環として行われた[12]。

　その起草目的には、①知的財産権の保護を強化するための緊急保全措置（民事保全）の導入、②検察官の提訴権の廃止による「司法権の独立」の強化、③当事者・弁護士の権利強化、および、公開法廷で採用した証拠のみに基づく裁判を行うという、「職権主義（Inquisitorial System）から当事者主義（Adversary System）への劇的な転換」などが挙げられていた。

　このようなアメリカのSTAR事業が行った民事訴訟法草案の起草支援は、日本のそれとは異なったものであることが指摘されている[13]。つまり、アメリカにとって、民事訴訟法についての「支援」は、協定を根拠とした自国の利益を擁護する性格があったとされるのである。STARは、草案についてセミナーを行い、意見を記した書面を提出したが、その内容は当事者の訴訟手続上の権利の保護、公正な手続など、日本側のコメントと一致するところが多かったとされる。ただし、その「支援」は、日本のような継続的な支援ではなく、単発的なものであり、アメリカ側の意見内容はアメリカ法と同様の内容であったという。たとえば、法典の構成を、総則と第一審、控訴審、非訟などの各編に分けるのではなく、第1章から第25章までを並べる構成を勧め、アメリカ法的な民事保全を勧めたとされるのである。

　ところで、ベトナムの立法作業にさいしては、その作業に外国人を直接関与させることはなかった[14]。ベトナム人の官僚が、外国の法令資料や実務を調査研究し、ベトナムの実情に最も適する内容の法律を作るという原則が遵守されていたのである。それゆえ、日本の法整備支援は、そのための参考資料や助言の提供にとどめられた。3名の専門家が、支援を担当したが、ベトナム側作成

----

12) 以下は、金子・前掲論文注11）p.81、85による。米越貿易協定では、ベトナムのWTO加盟の条件としての法制改革目標が掲げられ、特に知的財産権法の実施強化の一環として、民商事手続法の強化が求められた。同書同頁を参照。
13) 以下、井関・前掲論文注7）p.90を参照。なお、USAIDは、"From the American People"と明記されている。
14) 以下、丸山・前掲論文注9）p.8-9、井関・前掲論文注7）p.86による。

草案にコメント（助言）を行う方法で、支援が行われた。これに対して、ベトナム側は、そのコメントを参考にして、草案の改訂作業を順次行っていった。ベトナム側は、特に関心をもつ具体的な問題点についてコメントを求めたが、日本側は、それらの点に限定することなく、草案全体につき日本側が必要と考える点についてコメントを行った。

それらのコメントが、法律に取り入れられたところが多かったとされるが、しかし、日本側は、監督審制度や合議制など、憲法が規定する制度については、ほとんどコメントを行わず、ベトナム側の改正方針を前提に支援を進めたとされる[15]。

約2年間という注目すべき速さで、民事訴訟法案が起草され、2004年6月に、新しい民事訴訟法が、国会で可決成立した。民事訴訟法の施行にともない、先に述べた3法令は廃止された[16]。なお、2015年に、さらに新たな民事訴訟法が制定されていることから、本稿ではこの民事訴訟法を、2004年民事訴訟法と呼ぶ。

③ 民事訴訟法の制定における具体的な課題

この民事訴訟法の制定にさいして、具体的な課題となったのは、ベトナム側の説明によれば、以下の通りである[17]。

第1に、「民事訴訟法の規定の範囲」が問題となった。いくつかの事件類型、すなわち、選挙人名簿関係事件、戸籍登録関係事件、ストライキ関係事件を民事訴訟法に組み込むか否かの問題であった。

第2に、「事件に利害関係をもつ関係当事者の権利・義務」が問題となった。すなわち、関係当事者が権利・利益を擁護するために裁判所に申立てができるか、検察院はそのための申立てが可能か等の問題であった。

------

15) 井関・前掲論文注7）p.87。
16) ベトナムは、結局、アメリカ法独自のものを民事訴訟法に取り入れることはなかったといえると指摘されている。井関・前掲論文注7）p.90。しかしそれでも、その後にベトナムのWTO加盟が実現したことから、2004年ベトナム民事訴訟法は、アメリカの課した条件をクリアーしたものであったと考えられる。このことは、現代における民事訴訟法が備えるべき基本原理（現代民事訴訟法を支える基本要素）のありようを、英米法か大陸法か、資本主義法か社会主義法かを問わず示唆するようで興味深い。
17) フォン・前掲講演注10）p.34-38。

第3に、「当事者の自己決定権」、つまり処分権主義の問題であった。訴えの提起や訴訟の終了の局面で、当事者の自己決定をどの程度認めるかに関する問題であった。なお、提訴に関しては、個人の権利・利益を擁護するために、国家機関や組織（例、女性や子どもの権利を擁護する組織、労働組合等）の提訴権を認めるか否かも問題となった。また、申立拘束主義の採否も課題となった。これは、当事者主義の問題である。

　第4に、「当事者の証拠提出義務」の問題である。ここでは、当事者の証拠提出に期限を設けるべきか、また、どのような場合に裁判所が証拠収集を行うことが許されるかなどが問題となった。これは、弁論主義の問題であり、当事者主義の問題である。

　第5に、「緊急保全措置（民事保全）」の問題である。これは、特に国際化の要請から（ベトナムのWTO加盟の条件として）不可避の課題となった。

　第6に、「訴訟上の和解等の承認決定」の問題である。これは、当事者の合意に至るプロセスやその内容に関わる問題である。

　第7に、「判決の効力の実効性確保」の問題である。これは、強制執行法（判決執行法）の問題である。

　第8に、「指導文書」の作成である。これは、民事訴訟法の制定後、最高人民裁判所の裁判官評議会が、たとえば、判決書フォーマット等、法律を具体化するより詳細な「指導文書」を作成するという課題である。

(2) 2004年民事訴訟法の制定：民事訴訟法典の概観

① 当事者主義の原則的採用

　2004年民事訴訟法に関する本格的な検討は、後日に譲らざるを得ないが、概観すれば、民事訴訟において当事者の私的自治・自己決定権が尊重されるべき領域では、日本側のコメントの多くが取り入れられたとされる[18]。これは、当事者主義的民事訴訟法の基本構造を示すものである。ただし、従前の基本構造を色濃く残す規律もみられる。

---

[18] 以下は、井関・前掲論文注7）p.87-88による。なお、ベトナム民事訴訟法の起草支援に関しては、3名の日本人の短期間における多大な尽力がみられるが、幸いなことに、3名が次のような論文を残している。吉村徳重（2005）p.10、同（2006）p.2、井関正裕（2005）p.58、同（2006）p.13、酒井一（2005）p.85、同（2006）p.27等。

1) 処分権主義（当事者の自己決定尊重原則）の採用

旧法時代の民事訴訟では、処分権主義における申立拘束主義が採用されていなかった。たとえば、裁判所は、所有者による家屋の明渡請求訴訟において、その家屋に住んでいる被告以外の者（第三者）に対しても明渡しを命じることができたとされる。また、そのさいに、被告による反訴の提起がなくても、裁判所は、原告に対して居住者が支出した有益費の償還を命じていた。旧法には、処分権主義における申立拘束主義がなく、訴訟物を社会的紛争と捉え、それに含まれる法律的問題の全部を解決するのが裁判所の役割であるという、紛争の全面的解決を志向した職権的・後見的な訴訟観に基づいた訴訟運営がなされていたと考えられる[19]。

これに対して、2004年民事訴訟法では、裁判所は訴えの提起のさいの申立事項の範囲でのみ判決する旨の規定（申立拘束主義。2004年ベ民訴5条〔以下、本項では、2004年法〕）が置かれ、また、反訴とその手続に関する規定（ベ民訴172～178条）も設けられた[20]。これにより、裁判所の審理判断の範囲が限定されることになり、民事紛争解決手続の領域での当事者による自己決定が尊重され、私的自治が裁判所においても認められることとなったのである。

また、当事者の提訴に関する自己決定権が規定され（ベ民訴5条）、当事者の意思による訴訟の終了に関係する規定（訴訟上の和解等。ベ民訴10条、180～188条。控訴審では、270条）なども置かれた。これらはいずれも不告不理の原則と表現される処分権主義が、その基礎の部分において、2004年民事訴訟法において採用されたことを意味する（上述の（1）③も参照）。

2) 弁論主義の一部採用（職権証拠調べの禁止の原則と自白の原則）

旧法下では、職権証拠調べの原則がとられ、口頭弁論（公判）[21]の準備を行う裁判官が、職権で事案を詳細に調査していた。これは、いわば刑事事件にお

---

19) 以上は、井関・前掲論文注7）p.87による。井関論文では、これを、「社会福祉的訴訟観」と呼んでいる。また、金子・前掲論文注11）p.92では、社会主義ならではの公益的な「社会的紛争処理観」と呼んでいる。

20) このほかに、日本側は、訴状には裁判所に求める判決主文を記載すべきことを勧めたとされるが、訴状の記載事項における請求に関する部分は、「被告に対し裁判所に処理を求める特定の事項」（ベ民訴164条）と規定された。「この規定がどう運用されるかは今のところはわからない。」とコメントされている。井関・前掲論文注7）p.87参照。

21) ベトナム新民事訴訟法の起草過程でも、また、その日本語訳でも「公判」と表現されているが、民事訴訟の中核的審理手続として、日本法の場合と同様に、以下では口頭弁論と呼ぶ。

ける「予審」的な手続であった。

　これに対して、2004年民事訴訟法は、証拠の収集・提出を当事者の権限と責任とし、証拠不十分の結果につき当事者が責任を負う旨の規定（ベ民訴84条。同7条も参照）を置いた。ただし、当事者が、自ら証拠を収集できない場合に限って、当事者の申立てにより、裁判所は、証人尋問の実施や文書提出命令の発令をすることができるものと規定された（ベ民訴85条）。これは、当事者証拠提出原則の採用であり、補充的・限定的な職権証拠調べの許容である（これらの規定は、弁論主義の第3原則に対応する）。

　また、当事者の自白がある場合は、不要証事実となる旨が規定された（ベ民訴80条2項・3項。これは、弁論主義の第2原則に相当する）。

　これらの規律は、裁判所の負担軽減をも目的としてなされたものであるが、当事者の自己決定権を認め、私的自治を訴訟上認めるという意味合いをもつ。ただし、判決確定後の新証拠発見が再審事由となること（ベ民訴304条）や、監督審への異議申立ての要件として、客観的真実との離齬があることが挙げられていること（ベ民訴283条1号）は、確定判決による当事者の地位の安定よりも絶対的真実指向を優先させた一面が残っていることを示している[22]。

　しかし、日本法における弁論主義では、第1原則であり最も重要である「事実」に関する原則（当事者が主張しない主要事実は判決の基礎にできないという主張責任の原則）[23]は、条文上明記されなかった[24]。

　3）広範な判決効制度の維持

　判決の効力は、訴訟構造、とりわけ当事者構造や審理構造に関係する。日本側は、判決の効力に関する規定を設けることを提案したとされるが、しかし、2004年民事訴訟法では、すべての市民、国家機関および組織が、法的効力を有する判決を遵守すべきであるとする、憲法136条と同様の規定（ベ民訴19条）が、存置されたにすぎなかった。この場合の国家機関には、後訴裁判所も含まれると考えられることから、これは既判力に類するものと考えられる。2004年民事訴訟法には、判決の既判力に関する客観的範囲や主観的範囲を制限的に明記し

----

[22] 井関・前掲論文注7) p.88。
[23] たとえば、川嶋四郎（2013）p.431などを参照。
[24] 金子・前掲論文注11) p.97。

た規定は設けられなかったのである。

　このような規律は、国家の裁判所が言い渡した判決の効力の広範な通用性を意味することから、判決効が原告・被告以外の者に及ぶことを前提とした関係当事者に関する規定（ベ民訴56条）や訴訟参加の規定（ベ民訴61条）が設けられ、また、判決効が判決理由の部分にも生じることを前提とした規定（ベ民訴80条1項a)号）さえも置かれることとなった。

　②　具体的な手続規定の整備

　訴訟の運営に関する分野では、日本側のコメントが取り入れられたものが多いと指摘されている[25]。

　その具体例として、たとえば、民事裁判権の及ぶ範囲（上述の（1）③も参照）、事物管轄、土地管轄、移送等、管轄に関する規定が整備された（ベ民訴25〜38条）。

　また、旧法では規定が不十分であった緊急保全処分（民事保全。上述の（1）②も参照）が整備され、そのさいの担保の提供に関する規定や、不服申立の規定等が整備された（ベ民訴99〜126条）。このような緊急保全処分は、提訴前に利用できて初めてその本来の効用を発揮するが、しかし、2004年民事訴訟法における緊急保全処分は、提訴後に初めて利用できることとされている（上述の（1）③も参照）[26]。

　また、旧法では規定が存在しなかった証拠調べにおける各種の強制（証拠収集の妨害や証明妨害等に対する処置）や、法廷秩序維持に関する規定が、「民事手続の妨害行為の処理」という章の下に、新たに設けられた（ベ民訴384〜390条）。特に、文書提出命令（ベ民訴389条）などは、日本の場合よりも強制力を強化した法形式で規定されている（さらに、ベ民訴7条も参照）。

----

25) 井関・前掲論文注7）p.88。
26) 井関・前掲論文注7）p.88では、2004年民事訴訟法における緊急保全処分の規定に関して、次のように言及されている。すなわち、＜多くの問題点が残っている。従前は民事保全があまり使われていなかったので、私たちの助言が不消化に終わったのであろうか。2005年に成立した知的財産権法に保全処分に関する部分があるが、これは民事訴訟法よりも良く整備されている。ただ、本来は、知的財産権法ではなく、一般法である民事訴訟法を整備すべきであったと考える。＞ この点については、知的財産権法の成果が、より洗練され、一般法化されることは、期待できるであろう。しかし、そのためには、民事保全があくまで暫定的な措置であり、訴訟における判決とは異なる暫定的な救済命令であることの意味が十分に理解される必要があるであろう。本案化の回避である。

さらに、民事訴訟における審理の核心的な手続である口頭弁論において、当事者尋問や証人尋問等の証拠調べや最終弁論を行うこととする基本構造が定められた（ベ民訴213〜235条）。

ただし、口頭弁論の準備段階（準備手続の段階）の手続については、ほとんど規定が置かれていない（ベ民訴179条以下を参照）。したがって、準備手続での証拠調べについては不透明であり、当事者の手続関与の問題が存在したが、準備手続での証拠調べ結果の利用を制限する方法により、必ずしも十分ではないものの、一応の決着がつけられた（ベ民訴227条・236条を参照）[27]。

また、判決書に記載すべき内容が整備され、比較的詳しく規定された（ベ民訴238条、279条、301条）。これは、日本法の規律よりも詳しいが、民事訴訟規則がなく民事訴訟法ですべてを規定するベトナムの場合の特徴であり、また、裁判官の判決書起案のための指針ともなるであろう。しかも、判決書でどのような記載を行うかは、民事訴訟の過程、すなわち、準備手続や口頭弁論手続で何をどのように審理し認定していくかに関わり、審理過程および裁判官の訴訟指揮に一定の指針を与えることになる。

③　社会主義法領域の事項

先に述べたように、2004年民事訴訟法の制定にさいしては、社会主義法の特徴である監督審、再審、合議体による裁判などの点について、日本側はほとんど制度関連的なコメントを行うことはなかった[28]。この民事訴訟法では、従前の制度が維持されたのである。

監督審の制度は、社会主義法特有のものであり、監督審は、確定判決に法適用の誤りがあるとき、最高人民裁判所長官、最高人民検察院長官の異議により判決を破棄し、破棄判決の効力を当事者に及ぼすことにより、正しい判断を通用させることを目的とする。ベトナムの民事訴訟は2審制をとっている（ベ民訴17条）が、監督審は、文字通り、その確定判決の正しさを担保するために、監督する役割を有している。

監督審の制度自体、憲法に根拠をもつものであるが（ベ憲法134条）、その手

27）井関・前掲論文注7）p.88。
28）井関・前掲論文注7）p.89。

続等の具体的な内容は、民事訴訟法において定められている（ベ民訴282条以下）。

旧法下の監督審は、判決当事者が満足していても最高人民裁判所長官や最高人民検察院長官が異議を提起でき、しかも異議期間が判決確定から3年と長く、また口頭弁論が公開されず、当事者に弁論権がない点にも問題があった。

それゆえ、日本側から監督審の手続に対してコメントがなされた。たとえば、最高人民裁判所長官は判決当事者の申請がある場合に限り異議の申立てをできるようにすべきこと、異議申立てが可能な期間を大幅に短縮すること、当事者を監督審の手続に関与させ弁論権を与えること、監督審における手続を公開とすべきことなどが提案されたが、これらは起草過程のある一時期の草案では取り入れられたものの、最終的には、2004年民事訴訟法には取り入れられなかった[29]（これらについては、ベ民訴288条、292条、285条を参照。さらに、後述の3.（4）参照）。監督審の制度は、国家としては、誤った法適用を許さないとの考えに基づくものであり、社会主義法に特有の制度であるが、日本法等の資本主義法のなかにも、これに類する制度は見出すことができる（後述⑥参照）。

また、誤った裁判を許さず是正するという司法の役割は、再審の制度（その手続については、ベ民訴304条以下）についても、同様に妥当する。

検察院による裁判所活動の監察権は、憲法137条に根拠があるが、2004年の民事訴訟法の制定により、検察官が権利者に代わって提訴できる制度は廃止され（ベ民訴162条参照）、口頭弁論の立会いは証拠調べにつき当事者から異議があった場合に限られる（ベ民訴21条）ことになった。この点では、先に述べた当事者の自己決定権が保障され尊重されることとなった。しかし、検察官の控訴権（ベ民訴250条）と監督審への異議申立権（ベ民訴285条）は、旧来どおり維持された。

そのほか、日本側は、2004年民事訴訟法案の作成支援過程で、簡易手続の紹介も行った[30]。ベトナムでは、あらゆる民事事件について、3人の合議体（裁判官1名、人民参審員2名）で審理判決が行われている（ベ憲129条、ベ民訴11条）が、これでは簡易な民事訴訟審理が行えないゆえに、効率的な事件処理を行う

---

[29] 井関・前掲論文注7）p.89。
[30] 以下、井関・前掲論文注7）p.90を参照。

ために、単独裁判官による簡易手続に関する日本の制度が紹介されたのである。これを参考に、2004年民事訴訟法の起草過程のある段階の草案では、日本の督促手続に類する制度や、少額訴訟手続に似た制度が設けられたが、結局、2004年民事訴訟法には採用されなかった。しかし、この成果は、後日ベトナムで具体化することになる（→3.（3））。

④　民事手続の一般法としての2004年民事訴訟法

　ところで、原理的なレベルにおいて、社会主義国においては、生産関係と消費関係との二元論が維持され、それに対応して、実体法の構造も、経済契約関係と民事契約関係とに二分され、手続法もそれに呼応する形式で、別個の手続規律が準備されていた[31]。経済契約関係は、国有セクター・集団セクターが牽引する領域であり、私有セクターに関わる民事契約関係は、社会主義経済下では限定的な存在であったと考えられる。それが、訴訟手続にも反映し、先に述べた旧法令下の訴訟手続は、先に述べた経済事件解決手続法令と民事事件解決手続法令とに分離して規律されていた。

　このような法状況で、社会主義経済の下での市場経済の導入とはされながらも、法形式面で、2004年の民事訴訟法は、実体法横断的な民事訴訟法（transsubstantive civil procedure）を制定したことには、大きな意義がある。それは、金子教授の指摘のように、「ささやかな私的消費生活関係の紛争解決制度であった民事訴訟手続を、国有・集団・私有セクターいずれを問わず高度な商事紛争をも含む民商事一般の紛争解決制度として、その体系的位置づけを大きく広げた意味がある」[32]であろう。しかも、このような実体法横断的ないわば統一民事訴訟法の制定は、最終的には、司法の一般法としての「民法典」の制定につながったのである[33]。そのような規律は、法令の体系面での資本主義法への接近あるいは和合であり、法を通じて共通の経済基盤が獲得されたことを意味する。私的自治を基盤とした一般民事訴訟法の誕生だからである。国家の形式としては社会主義国家に分類されるとしても、法形式・法体系面では、

31) 以下、金子・前掲論文注11) p.82による。
32) 金子・前掲論文注11) p.82。
33) 金子・前掲論文注11) p.82。

資本主義・自由主義経済面の法制と基本的には変わりがないからである。ただ問題は、その法運用であり、当事者主義的民事訴訟法における裁判所の後見的役割の程度いかんで、社会主義国家が訴訟手続を通じて社会福祉国家を具体化する方向性が残されることになるであろう。実際、2004年の民事訴訟法規は、そのことを可能にする余地を十分に残しているように思われる。

なお、2004年民事訴訟法制定のさいの最大のトピックである当事者主義は、最後に一瞥したい。

⑤　民事訴訟の審理・「和解的判決」の現実

2004年民事訴訟法が施行された後、日本側の起草支援者の一人は、裁判の傍聴を行った。その民事訴訟法に従った手続が適切におこなわれていたのに満足したと、その所感を記した[34]。

ところが一般に、ベトナム民事訴訟審理の現実は、必ずしも明らかではない。

そのなかで、ベトナムにおいても、訴訟上の和解のもつ意味は重要である。民事訴訟法においても、和解前置主義が採られ（ベ民訴180条1項）、和解が推奨されている[35]が、日本でも、現在、訴訟上の和解が隆盛を極めている。判決のもつ機能を超えた和解独自の意義と価値が、声高に喧伝されているのである[36]。ベトナムの裁判官にとっては（も）、和解の成功率はプラスの人事評価につながり、社会的に有能な裁判官として尊敬を集めることになり、「出世志向のつよい若い裁判官らが和解にこだわる動機のほどは十分に理解できる」との調査報告もみられる[37]。

さまざまな背景はあるものの、現実の民事訴訟審理においても、たとえ和解が成立しない場合でも、「和解的判決」が言い渡されていることも、フィールドワークの結果として指摘されている。私が、いくつかの民事事件を傍聴したときも、裁判官が熱心に和解を勧試しているのが印象的であった。ここでいう「和解的判決」とは、口頭弁論において裁判官と人民参審員が当事者間に譲歩

---

34) 井関・前掲論文注7) p.92。
35) ベトナムには住民共同体の和解組における「草の根和解（グラスルーツ和解）」という紛争解決システムも存在する。1998年のグラスルーツ和解の組織と活動に関する法令（『ベトナム六法〔2013.03〕』に所収）を参照。
36) たとえば、草野芳郎（2003）等を参照。

を迫り和解を勧試するものの、訴訟上の和解に至らなかった場合には、あたか
も和解に代わる判決[38]を言い渡すかのように、和解的な内容で言い渡された
判決をいう（一部認容判決的な判決でもある）。このような和解涵養的な審理は、
かつての日本における弁論兼和解（和解兼弁論）を想い起こさせる。ベトナム
の審理は、公開法廷で行われているものの、訴訟事件の審理というより、訴訟
事件の非訟的処理の如しである。当事者主体の申立て・主張・立証を実質化す
る志向が弱いことや、実体法整備の遅れから事実認定・法適用の焦点を定めに
くく裁判官の和解志向がさらに強まる傾向さえ指摘されているのである[39]。

　日本的な意味での「訴訟と非訟の区別」[40]がとられていないベトナム[41]では、
口頭弁論という審理形式で、日本ならば非訟事件に分類される相続関係に関す
る事件なども扱う。そのことから、日本的にみれば非訟事件ゆえに、確かにそ
の種の事件では、ある程度の和解的な内容の判断を含む処理も有用かと思われ
る（訴訟の非訟化以前の日本では、遺産分割事件等は訴訟事件であった）。た
だし、非訟的処理は、裁判官の後見的・裁量的・合目的処理の具現化であり、
その種の事件処理には適切かもしれないが、純然たる訴訟事件における当事者
主義から乖離することになるように思われる。

　このようなベトナムにおける民事訴訟審理を可能とする仕組みは、実のとこ
ろ、2004年の民事訴訟法制定時期に、したたかにもすでに条文上織り込まれて

----

37) 金子・前掲論文注11）p.116。この点は、私もベトナムで同様の感想をもった。参加した
　セミナーで、日本における和解による事件の終結率に関する質問を何度か受けた。家事事
　件に関するセミナーでは、離婚訴訟における訴訟上の和解率に話が及び、日本よりもベト
　ナムの方がその率が高いことに、出席裁判官は満足気だったようである。ただし、ベトナ
　ムは離婚事件の全件が訴訟事件であるのに対して、日本では、離婚届の受理で離婚が
　認められ、また、調停前置主義ゆえに離婚調停レベルでも調停離婚が成立し（なお、特別
　な場合には審判離婚もあり）、訴訟にまで至らないケースが多く、離婚訴訟にまで至る事
　件はそもそもそれまでに合意に至らなかった事例であるので、純粋に訴訟レベルでの和解
　率の比較は、あまり参考にならないであろう。
38) 日本では、簡易裁判所の訴訟手続に限定されており、要件も明記されているが、「和解に
　代わる決定」の制度（日民訴275条の2）がある。
39) 金子・前掲論文注11）p.119。フィールドワークの所感として、「民事裁判の場は準備手続
　から口頭弁論へかけての一連の裁判官主導の和解の場として運営される傾向」が指摘され
　ており、また、実体法の整備の遅れから、事実認定や法適用の焦点を定めにくく、裁判官
　の和解志向がさらに強まるとの予言もなされている。
40) 日本の議論については、川嶋・前掲書注23）p.22以下。
41) ベトナムでは、争訟性の有無で、訴訟と非訟を分ける。したがって、たとえば、日本法に
　おける家事事件手続法別表第二の事件（例、遺産分割事件）も訴訟事件となる。

いたのではないかとさえ考えられる。このような和解的審理および和解的判決
を可能とするように思われるのは、たとえば、和解前置主義が採用され、準備
手続の手続規律があまり具体化されず、関係当事者参加型の手続が準備され、
訴えの変更に日本法とは異なり「請求の基礎」や「書面」の要件を置かず（ベ民
訴217条、218条を参照）、事実主張に関する明文の規定（主張原則に関する規定）
の設置を回避し、判決書の記載事項が詳しい割に抽象的な感を否めない規定ぶ
りなどである。これらは、新法施行後も実務上は従前の職権主義的訴訟運営を
持続させる意図が存在していたのかもしれず、また、新法の円滑な実務への受
容を意図していたのかもしれない[42]。手続の可視化・透明化の課題でもある。

　なお、このように必ずしも適正な法適用が行われず、和解が強制されかねな
い民事訴訟審理が頻繁に行われているであろうと推測されるベトナムの民事訴
訟に、日本の和解の技法等が安易に移入されることには、消極的とならざるを
得ない。まずは、きちんとした民事訴訟審理が行われ、適正な事実認定の下で
的確な法適用が行われ、法に従った判決書が作成され言い渡される手続環境が
創出されることが望ましい。判決マニュアル作成事業や、判例制度の発展が望
まれるゆえんである[43]。

⑥　監督審の位置づけ

　日本側の法整備支援においては、監督審自体に対して消極的な評価がなされ
ている[44]。それが、社会主義民事訴訟法に特有の制度として位置づけられてお
り、しかも、当事者自己決定を中核とする当事者主義にはそぐわない制度と考

---

[42] なお、日本では、「和解的判決」という用語は、ベトナムとは相当異なる意味で用いられ
ている。日本では、「和解的判決」といえば、たとえば、「事件の背景事情や訴訟前の交渉
経過、当事者間の利害の共通点や相違点が明らかにされ、将来の事情や条件もとり込んだ
ふくらみのある疎通が行われ」た結果、弁論過程を反映した良き判決として理解されてい
るのである。井上治典「弁論の条件」同（1993）p.87、116を参照。

[43] 日本的な和解の隆盛の背景には、きちんとした民事訴訟制度の判決手続が存在し、法を遵
守し、法的三段論法（判決三段論法）を正確に用いることができる能力のある裁判官が存
在し、また、民事訴訟法下で多数創造されてきた判例法の準則が存在し、それが、訴訟上
の和解における和解内容形成の指針となっていると考えられるからである。一般に、たと
え、人事考課で和解率の高い裁判官が優遇されるとしても、それはややもすれば判決回避
の和解強制に陥る危険もある。しかも、賄賂が行われているともいわれている国の裁判所
の世界で、非公開の交互面接方式による和解の試みほど、司法のインテグリティーの維持
確保にとって危険な場はないであろう。

[44] 井関・前掲論注7）〔ICD NEWS 26号〕p.15等。

えられている。

　ただし、それを、（制度目的は異なるものの）非常の救済手段として位置づけた場合には、日本法にも、刑事訴訟法においてであるが、類似の制度を見出すことができる。

　それが、「非常上告」の制度であり、法令違反をただすための、非常救済手続である。ここでは、「上告」という用語が用いられてはいるが、再審手続の場合と同様に、判決確定後における救済手続である。しかし、再審手続と異なり、事実ではなく法令の誤りをもっぱら対象とする。当事者に申立権はなく、非常上告できるのは、検事総長だけである（日刑訴454条）。この制度は、沿革的には、フランス法の「法律の利益のための上告」（仏刑訴620条）に由来するものとされているが、しかし、フランス法と異なり、法令解釈の誤りが被告人に不利益を及ぼしているときは、その部分が破棄されるので、被告人の救済機能を果たすことになるとされている（日刑訴458条1号但書）。

　監督審は、非常の救済制度として、今後手続的にも整備されることが望まれる。

3. 2004年民事訴訟法制定以後の動き：民事訴訟法に関連して

(1) 人材育成

　2004年に民事訴訟法が制定されてからも、ベトナムにおける民事手続法の改革は間断なく続けられた。たとえば、判決執行法（日本の強制執行法に相当）や破産法（再建型倒産手続を含む倒産法）の制定・整備、家事事件の処理方策等、民事手続法の様々な局面に及んだ。以下では、民事訴訟法（判決手続法）に関連するその後の展開について、一瞥したい。

　まず、法曹の育成に関しては、日本の司法研修所をモデルに、裁判官・検察官・弁護士の統一的な修習制度を設けることが検討された。それは、訴訟手続に関する情報の共有でもあり、当事者主義を採用した2004年民事訴訟法の下で、円滑な手続運営を実現できる人材の育成を目的としていたとも考えられる。

　日本人の短期専門家による講演も行われたが、そこにおける主要なテーマは、「当事者主義」の具体的なありようなどであり、特に日本の司法研修所教育における「証人尋問（交互尋問）」の教育等に関心が向けられていた。これは、

今に続く「争訟原則」（2013年ベトナム憲法103条5項）の課題（当事者主義の実質化）を提示するものであった。それは、民事訴訟法典を通じて実定法化され、形式的には「当事者主義的民事訴訟法」を有することとなったベトナムが、その実質化のための本格的な方途の模索を開始したことを意味した。とりわけ当事者主義下の民事訴訟審理において、裁判官の釈明権の行使をどのように具体的に行うべきかなども、具体的な事件（例、消滅時効関係事案等）との関係で、ベトナムでは大きな関心事となっていた。

しかし、民事訴訟法の制定期に議論されていたこの「司法研修所構想」（日本の司法研修所のような、裁判官、検察官、弁護士の各志望者が同じ研修機関で司法修習を行うこと）は、その後、日の目を見ることはなかった。そのような帰結は、法曹三者の利害と思惑の不一致に由来すると思われるが、そのことは、「当事者主義的民事訴訟イメージの共有化」の機会を失わせたようにも思われる。

(2) 判例の発展への動き

その後、監督審の判例が、初めて『監督審決定判例集』（2002年から2006年の期間分）として公開された。日本の法整備支援としては、2004年に新たな民事訴訟法が制定されて以降、判決書の作成支援も行われた。その成果の一端として、2007年には、報告書[45]が公刊された（この報告書は、ベトナム語、日本語、英語による）。

これは、「ベトナムにおける判例の発展に関する越日共同研究」という日本語の表題が示すように、越日共同研究の成果であり、最高人民裁判所の幹部のために、判例制度および裁判所を中心とする司法改革における判例制度導入の重要性についての情報を提供することを目的としている。

これは、現在における「判例制度」（「同種事案において、国の最上級裁判所が行った裁判に示された法律的見解と矛盾しない裁判を行う制度」[46]）の構築のための日本の法整備支援につながっている。

---

45) 『ベトナムにおける判例の発展に関する越日共同研究』（JICA, 2007年）。
46) 前掲書注45) p.112。

(3) 2011年の民事訴訟法一部改正

　ベトナムは、2004年民事訴訟法の制定の後も、より利便性の高い民事訴訟法を構築するために、2011年に改正を行った。改正項目は以下の通りである[47]。

1．管轄－民事訴訟事件・非訟事件の追加、県級人民裁判所の管轄の拡大等
2．裁判所による他機関の個別決定の破棄権限
3．検察官の手続関与の拡大
4．当事者の権利－当事者の自己決定権の明記、当事者の論争権（弁論権）の保障
5．当事者の適法な権利利益の保護人
6．訴訟事件の提訴時効、非訟事件の要求時効の規定の修正
7．訴状の返却に関する規定の修正
8．証拠収集－裁判所による証拠収集、財産査定等
9．和解促進のための和解手続の規定
10．手続の停止決定
11．口頭弁論期日の欠席
12．控訴審の手続
13．監督審の手続－当事者に異議申立人への提議権の付与等、提議申立ての期間制限等
14．最高人民裁判所裁判官評議会の決定を再検討する特別な手続
15．民事非訟事件の手続

　これらは、確かに日本の専門家の意見をも参考にしたものではあるが、ベトナム側が独自に改正条文を作成し立法した改正規定である。そこには、自己内発的で主体的な民事訴訟法改革の姿を垣間見ることができる。一方で、当事者主義的側面を強化した部分もあるが、他方で、職権主義を強化（回復）した側面もある。当事者の論争権（弁論権）の保障については、その内容の具体化や実質化が望まれるであろう[48]。

47) 詳しくは、多々良周作（2013）。
48) 川嶋四郎（2018）p.189、230。

（4）2015年の民事訴訟法一部改正

2013年に新たな憲法が制定され、それを受け、ベトナムの国会では、新憲法に適合した法体系の実現に向けて、多くの法改正が行われた[49]。

2015年民事訴訟法の全体構成としては、根本から従前の民事訴訟制度・非訟制度を変更するものではなく、2004年民事訴訟法の基本的な枠組みが維持されている。改正項目は、以下の通りである。

1．争訟原則の充実化　2013年憲法で、人民裁判所の審理で保障されるべき原則として「争訟原則」が規定された（ベ憲法103条5項）ことから、旧法の論争権の規定（旧ベ民訴23a条）を承継しつつ（ベ民訴24条1項）、当事者の証拠等収集権、相手方への通知義務、証拠等に関する意見陳述義務などが規定された（ベ民訴24条2項・3項）。証拠に着目した弁論権である。また、口頭弁論期日における争訟権のなかには、口頭弁論期日における事実に関する主張や証拠の提出権だけではなく、証拠に関する意見や法令適用に関する意見の陳述権も含まれることが明記された（ベ民訴247条1項）。

このような証拠を中心とした弁論権の保障は、自ずからその証明対象としての事実の大切さをクローズ・アップし、日本におけるように、弁論主義の第1原則（事実に関する原則）の明確化を要請することになるであろう。

2．事件処理において裁判所が適用すべき規範、および、法の統一的な適用を目指すための権限の整理　これには、適用すべき法令の条項に関する基準、判例制度の導入（→(5)）、修正等を要する法規範文書を発見した場合の処理が含まれる。

3．簡易手続による事件処理　これには、裁判官単独による訴訟手続（2名の人民参審員を除外した単独体での訴訟手続）（ベ民訴103条1項・3項、317条）と裁判外の和解の裁判所による承認の手続（ベ民訴416条以下）の導入がある。これは、2004年の民事訴訟法制定時からの課題であった。

4．管轄規定の整理　2014年の人民裁判所組織法の制定にともない、裁判所の組織改革が行われた。それまで最高人民裁判所の一部門として存在していた

---

[49] 以下、酒井直樹「2015年ベトナム民事訴訟法の概要」ICD NEWS68号p.43（2016年）による。これによれば、2011年の改正（→(3)）を経て、2015年の改正で、2004年民事訴訟法と比較して、約100か条分増えたとされる。

控訴審法廷が、全国３カ所（ハノイ、ダナン、ホーチミン）の高級人民裁判所として独立し、家庭・未成年者法廷が、刑事法廷、民事法廷、経済法廷、労働法廷および行政法廷に加え、６番目の専門法廷として規定された。それにともない、民事訴訟法の一部改正が行われた。

なお、家庭関係事件の手続改革も進行しており、一時は、日本における家庭裁判所に相当する裁判所の設置も検討されたようであるが、しかし、結局のところ、裁判所における専門部（家庭・未成年者法廷）の設置にとどめられることになった。なお、家事事件、人事訴訟事件の手続については、現在でも通常民事訴訟の手続と同一である。

５．監督審に関する規律の整理　監督審の手続開始要件は、①判決の結論が客観的事実と矛盾する場合、②重大な手続違反の場合、または、③法律の適用の過誤の場合であり、この類型に変更はないが（2015年民事訴訟法326条１項参照）、いずれの要件についても、当事者の権利もしくは合法的権利の侵害または国家もしくは公共の利益の侵害という要件が新たに付加された（べ民訴326条１項）。また、監督審が、取消し（破棄）だけではなく自判できる規定も設けられた（べ民訴343条５項）。

これまでの改正については、裁判所の主導的な地位を維持しながらも、当事者の訴訟手続上の権利を充実させる方向性は一貫しており、裁判官は、当事者の権利、当事者の意思の尊重に言及しているが、それと同時に、当事者よりも自らが主導しなければならないという感覚が、根強いように感じられるとの指摘もみられる[50]。追跡調査が望まれるゆえんである。

(5) 判例制度の構築への動き

すでに言及したように、2004年における民事訴訟法制定の直後から、制度を担う人材育成のための研修制度の統合が構想されていた（→(1)）。それとともに、日本の法整備支援の下で、ベトナムにおける判例の発展に関する調査研究も行われていた（→(2)）。

2014年に制定され翌年から施行された人民裁判所組織法には、最高人民裁判

---

[50] 酒井・前掲論文注49) p.48。

所の職務として、「判例制度」の発展が明文で規定された。つまり、最高人民裁判所は、各裁判所が研究し、審理において適用することができるように、最高人民裁判所裁判官評議会の監督審決定、各裁判所の法的効力を生じた判決・決定で標準性を有するものを選択し、総括し、判例として発展させ、判例を公表する旨が規定されたのである（人民裁判所組織法22条2項c号）。これに従い、最高人民裁判所は、「判例の選定、公布及び適用の手続に関する議決」（2015年12月施行）を制定した。

　ベトナムでは、国会（国会常務委員会）が「法律解釈」の権限を有し（ベ憲法74条2項）、裁判所には「解釈」の権限がないという基本的な考え方が存在することもあって、これまでは、裁判所が法解釈の準則を示すという発想が、生まれなかったようである。これは、三権分立の考え方、判例の定義、意義、法源性等に関する問題でもあり、法解釈の意義や役割にも関わる問題でもあった。

　それでも、判例法主義をとらず、成文法主義の国であっても、法がすべての社会的事象を事前に書き尽くすことは不可能であり、法文の用語をその語義の許す範囲内で具体化していくこと、すなわち、その意味で「解釈準則」を示すことは、裁判官の職責として許されるものと考えられる。また、個別具体的な事件の解決に当たり、特定の条文を特定の認定事実に当てはめる「法適用準則」を示すことも、裁判官の日常的な判決言渡しの方法であると考えられる。これらはいずれも一定の汎用性を有するルールを含むことから、他の裁判所（裁判官）の判断にさいしても、有益な指針となりえると考えられるので、「判例」として公表されることが望ましいであろう。さらに、個別具体的事件における特別な判断を示す「事例判決」（救済判例）も、汎用性こそ無いものの民事紛争解決に関するアイデアの参考資料となる可能性はあり、やはり公表することが望ましいであろう。判例は、「公共財（public goods）」なのである。

　現在、ベトナムの裁判所が置かれている特殊条件の下で、法の支配を具体化し、法の下の平等（ベトナム憲法52条）を確保し、判断の予測可能性を高め、裁判官の判断の標準化などを可能とするために、ベトナム側における判例となるべき判決の選定作業や、判例制度の基本的な考え方などに関する法整備支援が行われている。そのさいには、民事法領域としては、民法学における判例に関する研究成果[51]や、1996年の日本民事訴訟法の制定のさいに、法律上初め

て明文化された「判例」（日民訴318条1項参照）の研究成果[52]などが、活用されることが望まれる。

4. おわりに―当事者主義の実現？

　ベトナムにおける民事訴訟法起草支援は、興味深いドナー間競合（支援国間競合）の実践例を示している。ベトナムは、アメリカ・日本それぞれからの法整備支援を受けて、2004年民事訴訟法の制定に漕ぎ着けた。このような複数の国が支援を行う場合には、受入国側の対応の混乱やドナー間対立の問題を避けることができないこと[53]も推測される。

　しかし、この点に関して、内部的な仔細は明らかではないが、ベトナム側は柔軟に対応し、いわゆるドナー間対立（支援国間対立）を巧妙に回避したように思われる。もちろん、ベトナムの場合にも、支援国が一堂に会して支援を行うといったスタイルは取られておらず、しかも、草案はベトナム側が作成し、支援国はそれに関して検討を行いかつ助言をするにとどまっていたことから、本来的に、支援国間の直接的な対立が回避されるシステムがとられていたともいえる。

　しかも、興味深いことに、金子教授の研究[54]によれば、ベトナム側の民事訴訟法草案の起草には、ソビエト・ロシアの民事訴訟法（1961年法〔ソ連民事訴訟基本原則〕、1964年法〔ロシア共和国民事訴訟法典〕）の影響が大きいという。同法は、当事者主義的な民事訴訟法であった（処分権主義、弁論主義の採用）。そのことは、ベトナムにとって社会主義国における良き先例を見出したことになる。アメリカの要請を満たし得るものだからである。そうすると、国家の政治体制とそれを具現化する法制度、とりわけ訴訟法原則との結合度は必ずしも強くはなく、ベトナムがアメリカの提示した条件をクリアーすることも、法形式の上ではそれほど困難ではなかったのではないかと思われる。

　そこで、最後に、最大の懸案であったと考えられる当事者主義についてみて

51）たとえば、平井宜雄（2010）p.325などを参照。
52）たとえば、高田裕成＝三木浩一＝山本克己＝山本和彦編（2016）p.315などを参照。
53）一般的な指摘として、たとえば、香川＝金子編・前掲書注1）p.2-3〔金子由芳執筆〕。
54）金子・前掲論文注11）p.89以下。

いきたい。

2004年民事訴訟法の制定過程において、アメリカがベトナムに要求した条件のなかには、先に述べたように、「職権主義から当事者主義への転換」という要請が存在した。しかし、その要求項目はやや抽象的であり、また、当事者主義という考え方自体が多義的であり、しかも、現在の世界の資本主義国における民事訴訟法においては、当事者主義的要素が中心を占めてはいるものの、職権主義が完全に退潮させられているわけではなく、歴史と伝統の下で、当事者主義と職権主義がいわば相互補完的に共存しつつ、適正かつ迅速な民事訴訟の審理判断に貢献していると考えられるからである[55]。

アメリカ民事訴訟を彩る中心的な基本原理は、アドヴァーサリー・システム（Adversary System）である。これは、「当事者対抗主義」とも「当事者対立主義」とも「論争主義」とも訳されるが、アメリカ民事訴訟の当事者主義を表現する基本的な考え方として用いられている（刑事訴訟でも同様に、この表現が用いられる）。訴訟上、相対立する両当事者が自己に有利な法律上・事実上の主張・証拠を相互に提出し合い、それに基づいて、中立公平な第三者である裁判官が判断を下すという裁判の基本的な考え方をいう。アメリカでは、この制度の下でこそ、民事訴訟法を、実体的真実を発見する手段として正当化できると考えられており、訴訟が単なる紛争解決の手段にすぎないものではなく、権利を実現するためのものとして捉える啓蒙主義的観念でもあると評価されている[56]。

日本法（およびドイツ法等の大陸法）と比較して、アメリカ法で興味深いのは、判例法主義ゆえにやむを得ない面はあるものの、当事者主義の具体的な内容である処分権主義・弁論主義に対応する基本的な準則が、そこには存在しないようにもみえる点である。

たとえば、処分権主義のなかの申立拘束主義（日民訴246条）は、形式面で厳格にみた場合には、アメリカには存在しないことが明らかになる。連邦民事訴訟規則54条（c）項は、欠席判決ではない限り（つまり、当事者が在廷し弁

---

[55] 日本では、これを「当事者主義と職権主義の交錯」と呼び、相互補完の関係が指摘されている。つまり、一方で、事件の実体形成の側面では、当事者主義（処分権主義、弁論主義）が妥当し、手続形成の側面では、職権主義（職権進行主義）が採用されているのである。川嶋・前掲書注23）p.297以下参照。

[56] 浅香吉幹（2016）p.6。

論権が現実に保障されている限り〔right to day in courtが、現実に実現されている限り〕）、裁判所は、申立てに拘束されることなく、救済が与えられることが規定されている[57]。ただし、このような規律については、判例法上、そのような救済付与（判決言渡し）の前提として、当事者間での対論過程で「不意打ち（surprise）」が存在しないことが前提条件となっていること、すなわち、そのような救済付与に対する相手方の反論の機会が実質的に保障されていることが、救済付与の前提条件とされていることが明らかにされている[58]。

　このような形式面では不徹底ではあるが審理の実質面でそれを機能的に補い、当事者の自己決定権を保障するアメリカの手続手法は、興味深いことに、日本法等の志向する紛争の相対的解決（日民訴115条1項参照）とは異なり、いわば社会的な紛争を全面的な解決に導く契機を創出するであろう[59]。それは、先に述べたベトナムの旧法下における訴訟的解決のあり方に近似する面もある。しかし、アメリカで行われているような実質的な当事者の自己決定・私的自治の保障および紛争の実質的な全面的解決を実現するためには、裁判官の力量だけではなく、両当事者、とりわけ両弁護士（訴訟代理人）の能力に依拠するところが大きいであろう。そうであるとすると、法改正の成果の実務的な浸潤と人材育成の課題が顕在化することになる。

　また、2004年のベトナム民事訴訟法は、先に述べたように、弁論主義の第1原則である「主張責任の原則」を規定していない[60]。当事者の証拠提出権と証明責任の規定（ベ民訴6条1項・79条）等を前提とすれば、事実と証拠との区別、すなわち、訴訟資料と証拠資料の区別の原則が貫徹されていないようにも

----

57) 同条項は、次のように規定している。「欠席判決は、請求の趣旨において原告が求めたものと異なる種類のものであってはならず、また、金額において原告の申立てを超えてはならない。欠席当事者に対して欠席判決がなされる場合を除き、すべて終局判決は、勝訴者がそのような救済をプリーディングにおいて求めていない場合においても、勝訴者が得ることができる救済を与えなければならない。」

58) 谷口安平「アメリカ民訴における新しい権利の生成」同（2013）p.125。

59) 谷口・前掲論文注58）p.152では、現代のアメリカ民事訴訟法が、社会的な紛争（原告が人為的に切り取って持ち出したものではない生の紛争）の全面的な解決を志向しており、しかもそれが、単に既判力の拡張による解決の擬制ではなく、審理の内実を充実化することによって実質的な解決を実現しようとしていることを示唆していると指摘されている。
　　なお、アメリカにおけるインディアン法での民事訴訟手続は、いわば「全員集合型公開裁判」である。川嶋・前掲論文注48）p.244-245注69）を参照。

60) 吉村・前掲論文注18）〔ICD NEWS 26号〕p.6、金子・前掲論文注11）p.88等。

思われるのである。ただし実際には、事実主張がなければ争点は明らかにならず、証明の対象も明らかにはならない。証拠とは争点となっている事実に関するものであり、証明責任を考える以上、証明対象である事実を観念せざるを得ず、また、判決書の記載事項（ベ民訴238条5項）等をみれば、実質的には事実主張の重みを看取できるであろう。日本法でも、この点は確かに規定がないが、判例・学説上、その基本原則は認められている（主要事実のとらえ方〔主要事実と間接事実の区別の基準〕には、学説上議論はある）[61]。これも、審理の過程で不意打ち防止の機能を実現すれば、実質的に満たすことができる基本的な考え方といえる。したがって、弁論主義の第1原則に関する規定の不存在によって、ただちに弁論主義が否定されているとは考えられないであろう。ただし、審理の実際に依存する原理原則の個別事件の手続における確保は、同時に、大きな問題も孕んでいる。

　しかも、この点について、アメリカ法でも、必ずしも連邦民事訴訟規則上、明確ではないからである[62]。

　ところで、アメリカにおける当事者主義は、民事訴訟の基礎をめぐる古典的な議論に裏打ちされているように思われる。アメリカで、特に著名な「裁判の方式」についての基礎研究は、フラーの古典的著作[63]である。これによれば、本質的な「裁判の方式」は、「証拠と合理的な議論による参加」であり、この方式は、たとえば、当事者主義（アドヴァーサリー・システム）、中立で理解

61）川嶋・前掲書注23）p.436以下参照。
62）たとえば、連邦民事訴訟規則15条(b)項は、プリーディング（訴答書面）と事実記載について、次のように規定する。「プリーディングにおいて提起されなかった争点が当事者の明示または黙示の同意の下にトライアルにおいて争われた場合には、この争点はいかなる関係においてもプリーディングにおいて提起されていたものとみなされる。プリーディングを証拠に一致させ当該争点を提起するために必要なプリーディングの訂正は、当事者の申立てにより何時でも、判決の後においても、行うことができる。しかし、このような訂正をしなくても、これら争点の裁判の結果に何ら影響はない。もし、ある証拠に対しプリーディングによって提起された争点の範囲内にないとの理由で異議が述べられた場合にも、裁判所は、プリーディングの訂正を許すことができ、その訂正によって事件の実質がよりよく提示されうる場合においては、異議者の側において、このような証拠の許容により、本案の防御に不当な不利益を被ることを明らかにしないかぎり、裁判所は訂正を寛大に許さなければならない。裁判所は、異議者がその証拠に対処することを可能にするために、期日の続行を許すことができる。」これもまた、申立事項の場合と同様に、形式的な書面記載というよりも、審理における実質的な事実主張の重要性を示唆するように思われる。このことは、次に述べる「証拠提出権」の重要性を示唆するもののようにも思われる。
63）Lon L. Fuller（1978）。

72

力のある判断者、および、判断の理由付けおよび回顧的な判断といった一定の訴訟上の属性により、最もよく達成されるとするのである。そうであるとすると、アメリカにおける当事者主義は、「証拠と合理的な議論による参加」を基本要素とするものであり、それを保障する民事訴訟の基本構造が備わっていれば、司法権・裁判官の独立や回顧的な理由をもった判決の言渡しの保障とともに、当事者主義の要請（職権主義の排除要請）を満たすことになると考えられる。この「フラーの方式」には、申立拘束主義も主張原則も入っておらず、証拠と参加が中核的要素であるとすると、関係当事者をも広く訴訟手続に巻き込んだ「熟議の場」を提供するかにみえるベトナム2004年民事訴訟法は、アメリカの指示した基本条件をクリアーするものと評価されたのではないかと考えられる[64]。

しかも、アメリカでは、いわゆる公共訴訟の擡頭とともに、職権主義について、それほど否定的な評価を下せなかった背景もあるように思われる。これは、アメリカにおける当事者主義の変容でもあり、フラーが裁判の方式の本質的属性ではないとして民事訴訟の対象から排除した「多中心的な争い（poly-centric dispute）」も、れっきとした訴訟事件に取り込む契機を与えたのである[65]。

このようにみてきた場合に、支援国とベトナムとの間の同床異夢的なもどかしさ、あるいは、結果実現のための受入国のしたたかさが感じられる[66]。しかし、それは、ベトナム固有の諸事情・諸状況を基礎にしてなされた自己決定の所産であり、様々な情報提供によるサポートを主眼にした日本の法整備支援の基本スタンスからすれば、一定の満足の行く結果ではないかと考えられる。国家のモットーとして、「独立－自由－幸福」を揚げる国のことだからである。

その後の当事者権の強化、職権主義の補強など、一見相矛盾する法改正の中に、世界的なスタンダードを踏まえながらも、国民にとって分かりやすく利用

---

[64] なお、アメリカ民事訴訟における事実認定は、「証拠の優越」により行われるのであり、それは、日本法のように、「高度の蓋然性」による証明度よりは低いと解されている。川嶋・前掲書注23）p.467。アメリカでも、事実主張に関する規律の緩やかさと比較して、証拠の価値が重視されている。それは、ディスカバリーの価値でもある。

[65] Abram Chayes（1976）, Mirjan R. Damaška（1986）。また、川嶋四郎（2016）p.43も参照。

[66] 「当事者主義は、追加された形式要件にすぎない傾向」があるとの指摘されている。金子・前掲論文注11）p.119。
　　さらに、本稿を敷衍したものとして、川嶋・前掲論文注48）p.238以下を参照。

しやすく頼りがいがあり社会の要請に即応した独自の民事訴訟法の展開への志向が窺われる。ベトナム民事訴訟法の継続的な改革の過程には、民事訴訟法の実用化・実効化・充実化のための弛まぬ努力が感じられるのである。また、判例公開への動きなどは、民事訴訟審理の現実を結果からトレースし、監視監督する作業であったとも考えられる。

今後の展開を見守りたい[67]。

| 参考文献 |

・浅香吉幹（2016）『アメリカ民事手続法〔第3版〕』弘文堂。
・井関正裕（2007）「ベトナム民事訴訟法」、香川孝三・金子由芳編『法整備支援論－制度構築の国際協力入門』ミネルヴァ書房
・井関正裕（2005）「日本法と比較しての特徴－裁判官・監督審・緊急保全処分」ICD NEWS 21号
・井関正裕（2006）「ベトナム民事訴訟法の将来の問題」ICD NEWS 26号
・稲葉一生（2008）「法整備支援事業のいま」『ジュリスト』1358号。
・井上治典（1993）「弁論の条件」同『民事手続論』有斐閣（初出、1991）
・尾崎道明（2002）「法務総合研究所国際協力部における民商事法を中心とした法整備支援活動について」『法の支配』126号
・戒能通厚（2001）「法整備支援と比較法学の課題」『比較法研究』61号
・香川孝三・金子由芳編（2007）『法整備支援論－制度構築の国際協力入門』ミネルヴァ書房
・金子由芳（2010）「ベトナム民事訴訟と裁判動態－規範体系の模索」同『アジアの法整備と法発展』大学教育出版（初出、2009）
・川嶋四郎（2007）「日本における法整備支援の課題と展望について」『法政研究』（九州

67) 本稿を脱稿後、何度かベトナムの司法や行政を担当する方々と、お話をする機会を得た。その中の多くの方々が、日本の法整備支援に感謝するとともに、感慨深げにベトナム戦争以降の生活の劇的な変化を語る姿が印象的であった。ベトナムの戦後、ドイモイ以前の生活の苦しさ、その後、経済が発展するにつれて、徐々に豊かな生活を送れるようになったことを、しみじみと語られていたのである。しかし、それとともに民事紛争も増加し、また多様化していることから、公正な紛争解決手続の必要性、とりわけADRを含む多様な紛争解決手続の整備充実の必要性も、同時に指摘されていた。今後とも、日本の経験や比較法の知見を踏まえて、私自身も、ささやかながらも支援をし続けることができればと願っている。

（本稿については、執筆時期が重なった同志社法学396号p.189以下〔2018年〕所収の論文「アジアにおける民事訴訟法改革の一局面」と多くの部分が重複することを、お断りしたい。）

大学）73巻4号

・川嶋四郎（2011）「法整備支援とそのプロセスを通じた内省的視座の獲得－民事訴訟法研究者の視点から」ICD NEWS 48号
・川嶋四郎（2013）『民事訴訟法』日本評論社
・川嶋四郎（2016）『公共訴訟の救済法理』有斐閣
・川嶋四郎（2018）「アジアにおける民事訴訟法改革の一局面――ベトナムにおける民事訴訟法制定に関する法整備支援等に焦点を当てて」『同志社法学』396号
・草野芳郎（2003）『和解技術論〔第2版〕』信山社
・酒井一（2005）「ベトナム民事訴訟法制定－非訟・国際民事訴訟法及び判決執行手続の概説」ICD NEWS 21号
・酒井一（2006）「ベトナム民事訴訟法の将来の改正問題」ICD NEWS 26号
・高田裕成・三木浩一・山本克己・山本和彦編（2016）『注釈民事訴訟法〔第5巻〕』（p.315、勅使河原和彦執筆）有斐閣
・多々良周作（2013）「改正ベトナム民事訴訟法の概要」『ベトナム六法』所収
・谷口安平（2013）「アメリカ民訴における新しい権利の生成」同『民事手続法の基礎理論 I〔民事手続法論集・第1巻〕（上）』信山社（初出、1970）
・ダン・クァン・フォン（2005）「ベトナム民事訴訟法の制定と施行におけるベトナム最高人民裁判所の役割」ICD NEWS 20号
・平井宜雄（2010）「民法における『判例』論の新段階」同『法律学基礎論の研究』有斐閣
・丸山毅（2005）「ベトナム民事訴訟法制定－我が国の起草支援」ICD NEWS 21号
・吉村徳重（2005）「ベトナム民事訴訟法制定－成立の背景と特徴（第一審における審理手続を中心として）」ICD NEWS21号（後に、同『比較民事手続法』信山社、2011に所収）
・吉村徳重（2006）「ベトナム民事訴訟法の今後の課題－日本民事訴訟法との比較法的視点から」ICD NEWS 26号（後に、同『比較民事手続法』信山社、2011に所収）
・Abram Chayes（1976）The Role of the Judge in Public Law Litigation, 89 Harvard Law Review,1281
・Lon L. Fuller（1978）The Forms and Limits of Adjudication, 92 Harvard Law Review, 353
・Mirjan R. Damaška（1986）The Faces of Justice and State Authority

第**3**章

アジアにおける日本の法整備支援とその課題
—民法作成支援の視点から見える問題

大川　謙蔵

1.　はじめに

(1)　日本による法整備支援の概要

　日本による法整備支援は、法務省法務総合研究所国際協力部（以下、ICD）や国際協力機構（以下、JICA）が主導をし、アジア諸国を中心に基本法令の起草・改正、司法制度の整備、法曹人材の育成を目的として行われている[1]。支援活動は、アジア諸国からの要請を受け、その国の法の支配の確立、良い統治（グッド・ガバナンス）や市場経済化の発展を目指すものであり、活動内容について日本の主張を一方的に押し付けるような形をとらずに、支援対象国の主体性および自主性を尊重して、支援対象国の実情について調査を行いながら、各国の自助努力についての支援という形でなされている[2]。例えば、中央統制型計画経済政策を採っていた国が市場経済を導入し、これまでの法制度では対応ができない問題等に対処するために、国内の状況に適した法制度が必要とされ場合に支援を受けるといった形である。それゆえ、具体的な支援内容は、その詳細について各国の要請状況によって異なるものの、上述の目的に従って、中長期的な視野に立った支援がなされている。これらの活動の費用は、政府開発援助（以下、ODA）によりなされており、その基本方針として各機関との連携を採りながら、オールジャパンにより支援体制を強化していくとされている[3]。

---

[1] ICDによる法整備支援の概要および各国の支援内容等については、ICDのHP、http://www.moj.go.jp/housouken/houso_icd.html（2018年10月閲覧）、および、そこでの各国の資料等を参照。JICAによる法整備支援の全体像および支援内容等については、JICAのポータルサイト
http://gwweb.jica.go.jp/km/FSubject0401.nsf/3b8a2d403517ae4549256f2d002e1dcc/82defb180cfaf65d49257bc5002cef9f?OpenDocument（2018年10月閲覧）を参照。

[2] 前注（1）、JICA（2009）「法整備支援に関するプロジェクト研究・「法の支配」の実現を目指して－JICAの法整備支援の特色－」を参照。

ICDの支援対象国は、ベトナム、カンボジア、ラオス、インドネシア、モンゴル、ウズベキスタン、キルギス、カザフスタン、タジキスタン、中国、東ティモール（ICDのみ）、中央アジア、ネパールおよびミャンマーとなっている。それ以外に、JICAが、モンゴル、コートジボアール、バングラディシュ、コンゴ民主共和国およびイランにも支援を行っている。ODA基本方針では、インドネシア、ベトナム、ミャンマー、モンゴル、カンボジア、ラオス、ウズベキスタン、バングラディシュの8カ国を中心に支援を行うとされている。中国については、日本企業の円滑な活動および法の支配に基づいた健全なガバナンスの確立のために協力を行っていくとされている。

(2) 支援対象国の法状況

支援対象国といっても一様ではなく、各国には当然に様々な国家体制、立法事情、法状況が存在している。

国家体制との関係でみると、中国やラオスなど社会主義国家の場合、そもそも法令の解釈権限は国会にあり、裁判所は法を適用することのみが求められている。中国では、最高人民法院が司法解釈という形で細かな裁判規範を出し、そのような規範もない場合には、下級法院が最高法院に照会を行い個別に回答を得ることとなる。その結果、判例研究もおこなわれないとされる。

立法事情についてみると、日本のように民法典完成後に細かな解釈で問題に対応していくのではなく、少しずつ必要法案を作っていく形や、適時に改正を行っていく形もある（野村他2010、p.6)。

法状況として、例えばインドネシアでは、婚姻について、国民一般に適用される婚姻法（婚姻に関するインドネシア共和国法律1974年第1号）と、宗教裁判所において家族法関係に関しムスリムに限定して適用される法的指針であるイスラーム法集成（Kompilasi Hukum Islam）とが存在し、宗教により適用される法律が異なる。すなわち、人的不統一法国家であり、日本とは状況が異な

---

3) ODAにおける法制度整備支援に関する基本方針として、外務省HP「国際協力・政府開発援助ホームページ」
http://www.mofa.go.jp/mofaj/gaiko/oda/bunya/governance/hoshin_1305.html（2018年10月閲覧）を参照。

る。もちろん、法制度として大陸法系由来、英米法系由来といったような違い
も、各国には存在している。

(3) 本稿の目的およびその構成

　本稿の目的は、日本の行う法整備支援について、これまでの活動内容および
現状を確認し、とりわけ民事法または民法典に関する支援において、いかなる
点を重視すべきであるのかを、支援の現場等を通じて明確にすることにある。
そのために取り扱う国家として、現在の法整備支援の中核となっている東南ア
ジアを中心に確認を行う。具体的には、ベトナム、カンボジア、ラオス、イン
ドネシア、東ティモール、ネパール、ミャンマーへの支援を対象とし、特に、
民法典およびその周辺法に関する支援を中心に扱う。ネパールは南アジアとさ
れるが、民法典の作成支援がなされており、かつ、民法典の草案が作成され、
その作成に東南アジアでの支援に関与している日本の委員がいることからここ
に含める。なお、民法典作成支援がなされていない国家もあるが、民法典とい
う視点との関係で必要な限りで、以下で確認を行う。

2. ベトナム

(1) 概要

　ベトナムは、1986年にドイモイ（刷新）政策を採用し、市場経済が導入された。
1992年の改正憲法により土地使用権を譲渡する権利が認められ、土地法、民法、
外国投資法、民事訴訟法などの法律も整備された。民法典自体は、1992年に起
草が開始され1995年に成立しているものの[4]、その内容は計画経済的要素を残
していた。例えば、表見代理、即時取得など、第三者に対する保護が欠け、相
手方に対する責任追及にとどまる形となっていた。

　その後に、法令起草支援として民法、不動産登記法、担保取引登録法令、国

---

[4] ICD NEWS27号（2006）p.11以下によれば、1995年民法には、森島昭夫が起草段階に関与
　しており、そこではソ連崩壊後のロシアの民法典編纂を旧社会主義国が模倣する形でなさ
　れたことが示されている。その起草段階で、ベトナム側も法典内容に関する質問をしつつ
　も、その内容を理解しないままま質問しているといった状況であったようである。

78

家賠償法等が取り上げられ[5]、2005年に、1995年民法典を改正するという形で新民法典が制定された。野村他（2010）p.17によれば、起草支援として、日本法の情報や比較法の情報が相手方に伝えられ、それからベトナム側が草案を作り、それに対して日本側が意見を述べるという形で議論を進められた。この意見の内容について、司法省以外の人の理解不足、または、司法省が他の省庁・人民委員会等を上手く説得できずに、日本側の意見が通らないということがあり、最終的に国会においても理解がなされずに、結局改正前の規定へ戻ることもあったとされる。その後も支援が継続され、2015年11月での改正を経て2015年民法典が制定され、2017年1月1日より施行がなされた。

（2）2005年民法典作成支援の内容

　2005年民法典は、第1編：総則、第2編：財産及び所有権、第3編：民事義務及び民事契約、第4編：相続、第5編：土地使用権の移転、第6編：知的財産権及び技術移転、第7編：外国的要素を持つ民事関係の全777条から構成されている。ICD NEWS27号（2006）p.11以下のホアン・テェ・リエン、ベトナム司法省次官（当時）、森島昭夫および野村豊弘発言によると、2005年民法典では1995年法との関係で幾つかの議論および変更がなされた。

　第一に、三つの大きな基本的概念を策定したことである。これは、①各主体の平等、自主、自己合意、および、自己責任負担の原則に基づく関係を規律するということ、②各当事者の権利を尊重すること、③長期的な安定を確保しつつ、国際化にマッチする民法典を制定することである。

　第二に、民事取引につき、自由かつ自主的な約束が優先的に反映されなければならないということである。

　第三に、民事関係の主体に関する問題がある。95年法では、個人・法人・世帯・組合が法主体とされている。世帯と組合に関しては、ベトナムの伝統的経済単位ではあるが、その内容が不明確である。それらの主体による意思決定、

---

[5] 丸山（2004）p.5。丸山によると、ベトナムにおいては、アメリカ、カナダ、EU諸国、国連開発計画、世界銀行、アジア開発銀行などのドナーが法整備支援活動を行っており、2003年9月にはUNDP、デンマーク、スウェーデンが基金を拠出して、ベトナム政府の2010年までの法整備戦略を推進するマルチラテラル・スキームによる支援を開始している。

世帯への加入・脱退方法の法的構成について、社会主義的なものとベトナム古来の存在とが混在し、それを説明するベトナム側もその内容を把握していないという状況があった。この問題は、特に農村部において、土地使用権を、親族を中核としつつ、親族以外の農業従事者にもその使用を認めるとするものであり、その事情を無視して農業政策を進めることができないという背景があったとされる。しかし、土地使用権が市場価値を持つようになり、土地使用権を処分する世帯が激増し、処分の当否や対価の配分を巡る紛争が多発しているという。そこで日本側から、この法主体に関する内容につき削除提案がなされた。ただし、2005年法でも106条以下において維持がなされた（角2010、p.87以下）。

　第四に、所有権に関し、1995年民法典では全人民所有、私人所有、共有、政治組織所有、政治社会組織に属する所有、社会組織と社会・職業組織に属する所有および混合所有があった。日本側は、私人所有と共同所有の二つにするべきとの意見であったようだが、全人民所有が国家所有に、混合所有が共有と合併される形にとどまった。

　第五に、1995年民法典では不明確であった、契約の義務と民事債務履行の担保措置および債務不履行責任と不法行為責任の明確化がなされた。特に、過失の挙証責任について、被害者に過失を証明させることをデフォルト・ルールとしつつ、加害者に挙証責任を転換すべき問題については特別法に委ねるという形が採用された。

　第六に、「民事契約」の概念の問題である。これは、「経済契約」と対になる概念であり社会主義国特有のものである。社会主義国では、財産法を、国定企業等の法人が主体となる清算に関する大規模な財産関係を規律する経済法と、個人が主体となる消費と生活に関する小規模な財産関係を規律する民事法とに分け、前者に関する契約を経済契約、後者に関する契約を民事契約とする。しかし、両者の境界は曖昧であり、混乱が生じている部分がある（角2010、p.87以下）。ただし、この区別は2005年民法典では維持がなされた。

　第六に、相続について、同時死亡の問題、遺産分割後における相続人の出現、相続に関する訴権時効について明確化がなされた。

　第七に、土地使用権の移転に関し、民法典には民事取引の部分のみを規律し、土地使用に関する行政的規定は土地法に移行させたこと、および、土地使用者

の権利行使条件に関しても土地法に移された。以前の制度では、すべての土地使用権が人民委員会によって裁量的に認められており、その認可が人民委員会の収入源とされていたことを改めたものである。

　これら以外に、特に指摘すべきものとして、第1編第3章第2節に人格権に関する規定（24条乃至51条）、および、時効は訴権時効として規定されている点がある。人格権については、例えば、氏名に関する権利（26条）、民族確定の権利（28条）、出生届の権利（29条）、肖像に対する個人の権利（31条）、生命・健康・身体に対する安全を保障される権利（32条）、体の部分の提供権（33条）、性の再確認（36条）、名誉・人格・威信が尊重される権利（37条）、プライバシーの権利（39条）、信仰・宗教の自由権（48条）等が規定されている。

　民法典以外にも、判例につき最高人民裁判所をカウンターパートとして、判決書標準化と判例制度研究の支援が行われている（森永2008、p.12以下）。特に後者につき、ベトナムでは、これを集積しておいて一般に公開したり、裁判に際して他の同種の裁判例を参考にしたりするという意識も薄かった。しかし、1990年代末期ころから「判例」に関心が集まりはじめ、また、外国ドナーなどからは、司法の透明性の観点から裁判所の判決を一般公開すべきであるとの声が高まったこともあって、判決文の一般公開に向けた動きが始まり、さらに進んで判例を制定法等のいわば正式な法源を補完する作用をもつものとして利用することが可能か否かを検討することも始まったとされる[6]。1、（2）でも取り上げたように、社会主義国家では法解釈の権限が国会にあり、判例研究の意義が薄いが、公開が始まったことに法整備支援の一つの意義が見出されるといえる。

（3）2015年民法典の支援

　2015年民法典の草案が作成された際に、日本側から幾つか見解が出されている。JICAベトナム民法共同研究会見解（2015年）によると、草案には、市場

---

6)　森永（2008）注15によると、判決文の公開という点で大きな功績を残したのはアメリカ国際開発庁（USAID）が立ち上げた「STAR プロジェクト（Support for Trade Acceleration Project）」であるという。STAR プロジェクトは、判決文の一般公開の必要性についてベトナム側を説得し、その結果、最高位の裁判合議体である最高人民裁判所裁判官評議会の監督審判決を判決集として発刊させるまでにこぎ着けたとされる。

経済の基本的法原則に基づく多くの規定を採用し、現行法に残る伝統的または社会主義的な法概念や制度を改正したとされる。ここでは、草案の状況とそこでの議論を確認する。

第一に、法主体としての「世帯・組合」概念が残されたことである。研究会見解はこのような草案に対し、「世帯・組合」概念については、誰が世帯構成員なのか、どの財産が世帯の固有財産なのか等の問題が残ることから、これらに取引主体として法主体性を認めることは立法政策として適切でないとし、全人民所有は公法が規律するものであり、私法上の概念としては不要という見解が出された。その結果、草案の第3章以下で個人、第4章以下で法人を法主体として規定をしたが、2014年7月より施行されている土地法で、「世帯」を土地使用者として想定していることから、第6章以下において「世帯」の法主体性の規定を残している（塚原2018、p.42）。

第二に、所有形態が、全人民所有、単独所有、共同所有の三つに整理された。

第三に、無権代理行為の相手方（第三者）保護の規定等の導入により、取引の安全をより重視した規定がなされた[7]。

第四に、提訴時効を廃止し、時効を実体法上の権利得喪原因とする修正がなされた。

第五に、民法典において公法上の義務にかかわる規定がなされており、また人格権に関する規定も残されている。これに関して、共同研究会見解としては、「民法を私人間の権利義務に関する紛争を解決する際の裁判規範としてとらえるのではなく、市民の間の行為規範としても機能させようとするのであれば、上に挙げたような規定を民法に置いておく理由も理解できないわけではないが、その場合には、個人の自由を基本原則とする民法のなかで、国家が市民に対して、どのような根拠でどのような内容の規範の遵守を求めるのかについて、改めて問い直す必要が」あろうと指摘されている。

以上の草案および意見を受け、2015年民法典は、第1編：総則、第2編：所

---

[7] ただし、塚原（2018）p.41では、表見代理類似の規定と表現されており、その理由として、無権代理人の行為があった場合において、本人が悪意時に本人による相当期間内での異議の不提起の場合における効果が、本人への効果帰属という点から、表見代理と表現することに躊躇するからであるとする。

有権及び財産に対するその他の権利、第3編：義務及び契約、第4編：相続、第5編：外国的要素を持つ民事関係に適用する法令の全689条から成る。ここでは、法主体は個人と法人とに整理され、「世帯・組合」については削除された。所有形態は前述のように、全人民所有、単独所有、共同所収の三つとなった。また、人格権についてはその内容が整理された。すなわち、氏名を持つ権利（26条）、氏を変更する権利（27条）、名を変更する権利（28条）民族確定・再確定の権利（29条）、出生・死亡を届け出られる権利（30条）、国籍に対する権利（31条）、肖像に対する個人の権利（32条）、生存権、生命・健康・身体に対する安全を保障される権利（33条）、名誉・人格・威信を保護される権利（34条）、人体の組織・部分の提供と受領、死体の提供と取得の権利（35条）、性を再確定する権利（36条）、性転換（37条）、個人の私的生活、秘密、家族の秘密に関する権利（38条）、婚姻及び家族における人格権（39条）となっている。2005年民法に規定されていた、土地使用権の移転に関する規律と、知的所有権及び技術移転に関する規律が削除され、土地法ならびに知的所有権法および技術移転法に規律されることとなった。ただし、500条から503条において、土地使用権に関する契約について、民法典と土地法との関係のために一定の規律は残されている。さらに、第3編において、現行法では「民事契約」とされていた文言から「民事」の文言が削除されている。ただし、「民事取引」や「民事義務」という文言は残っていることから、内容的には更なる検証が必要とはいえる。また、約款や事情変更の原則に代表される現代的な条項も取り入れられている[8]。時効については、民事権享受時効（取得時効）（150条1項）、民事義務免除時効（消滅時効）（同条2項）、提訴時効（同条3項）、非訟事件解決請求時効（同条4項）の4種類が規律された。提訴時効等の廃止については最高人民裁判所を始めとする関係者からの異論も強く、立法の最終段階において現行法の構成を維持することが決まったとされる（松本2016、p.32）。

---

[8] 財産と登記については、松尾（2016）を参照。

3. カンボジア

(1) 概要

　カンボジアは、フランス保護国時代の1920年にフランス民法典に倣った民法典を有していたが、これはカンボジアに浸透しなかった（能見2007、p.54）。その後、ポル・ポト政権による社会主義体制による支配、内戦および国連カンボジア暫定統治機構（UNTAC）の活動を経て、1993年にカンボジア王国として成立し現在に至っている。ポル・ポト政権時代にこれまでの法制度の廃止や知識人の虐殺等があったため、法律の整備と法律家育成が国家的課題となった。

　上記のような歴史的背景のもと、1999年より民法典の起草支援のプロジェクトが開始され、民法の草案起草作業は12名の民法学者[9] をグループに分け、日本の民法典の内容を基準としてメンバー各人にテーマが割り当てられた。ポル・ポト政権時代にフランスに逃れていた人の関係から、フランス民法の考え方が相当程度尊重され、ボワソナードによる日本の旧民法も参考とされた（松本2010、p.79）[10]。さらに、内戦前のカンボジアのシアヌーク法典などの旧規定、日本、ドイツ、フランス、オランダなどの民法典、イギリス、アメリカの該当規定、債務編では、国連動産売買条約、ユニドロア国際商事契約原則、ヨーロッパ契約法原則などの規定も参酌された（山本2003、p.50以下）。その後に、カンボジアの裁判官や司法省専門家の参加を得てその後の起案に反映させたという（森島2003、11号p.7以下）[11]。最終的に、民法典は2007年に公布がなされ、2011年より施行がなされた[12]。現在でも、民法典の普及、関連法令の起草支援が継続している。

---

[9] 森島（2003、11号）p.7において、浦川道太郎、鎌田薫、佐藤恵太、棚村政行、新美育文、能見善久、野村豊弘、松本恒雄、本山敦、山本豊、南敏文および森島の名が挙げられている。

[10] ボワソナード民法を参照したものとして、第6編「債務担保」とした部分、および、土地法上、物権的効力の認められていた土地の長期賃貸借を民法上も物権としている部分が挙げられている。

[11] この点、時間がかかりすぎるので、日本側だけでできるだけ速やかに草案を作成してほしいという意見もあったが、共同作業を進めたとされる。

[12] カンボジアの法整備支援に関する沿革等については、森島（2003、7号）、森島（2003、11号）を参照。

（2）2007年民法典作成支援の内容および判例の公開

　2007年民法典では、第1編：総則、第2編：人、第3編：物権、第4編：債務、第5編：各種契約・不法行為等、第6編：債務担保、第7編：親族、第8編：相続、第9編：最終条項の全1305条から構成されており、ベトナムとは異なり、親族編が含められており、物権及び債権概念も導入されている。物的担保は物権に属するものの、債務担保編において、人的担保と物的担保とは合わせて規律されている。内容的には、日本法に類似しつつ、カンボジア独自の規律がなされている。

　特徴として、第一に、新美（2003）p.38によると、カンボジアにおいて、占有証明書が発行されているものの、地籍が未整備であり、所有権の登記をしていないことが多いとされる。それゆえ、所有権登記がなされるまでに今後もしばらく時間を必要とすることが予測されることから、民法典草案において、将来所有権者になるかもしれないこうした権利者を不動産に関する特別の占有者と位置づけ、物権的請求権に関して所有権者などと同様の権限を認めるという特殊な占有について規定が置かれたとされる。

　第二に、松本（2010）p.81以下によると、土地所有権については、ポル・ポト政権下において私有が認められておらず、1989年憲法において認められるに至ったものの、過去の登記簿や書類等が残っていないことから、1979年以前の土地の所有権を主張できないとされている。しかし、ポル・ポト政権崩壊後、故郷に戻ってきた人たちが我先にと土地や建物を占拠する状況が生じた。そこで、アジア開発銀行（ADB）の支援で、1992年および2001年土地法において、土地の所有権の存在を前提として、その権利内容、担保、売買などについて定める民法的部分と共に、現実に土地を占有している者に所有権を新たに認定するためのルールを規律するに至ったという。すなわち、所有権の移転は133条により合意のみで生じ、134条により不動産の登記、動産の占有の移転は対抗要件とされている。この重大な例外として、336条で不動産に関する売買等については公正証書による契約が必要とされ、135条で合意による不動産所有権の移転には、登記を効力要件として規定されている。これらは、登記が未整備の状態で登記を効力要件主義とすることは適切ではないとの日本側起草支援案と、効力要件主義を主張するアジア開発銀行の専門家との折衷案であるという。

そこで、不動産売買の場合に、登記がなされないと所有権移転の効果が生じないものの、所有権移転ではない抵当権の設定や時効取得のように、合意によらない所有権の移転については登記が対抗要件になるという[13]。

第三に、ベトナムと同じく人格権の規定が第2編にあり、そこでは、人格権の意義（10条）、差止請求権（11条）、侵害行為の結果の除去請求権（12条）、損害賠償請求権（13条）の規定がある。10条により、「人格権とは、生命・身体・健康・自由・氏名・名誉・プライバシーその他の人格的利益を内容とする権利をいう。」とされており、ベトナムと比べると分量・内容とも簡素であり、総論的規定となっている。山本（2003）p.48以下によると、列挙されたものに匹敵する法益を対象とする権利をも取り込むために「その他の人格的利益を内容とする権利」という文言を入れたとのことである。

第四に、親族編については、家族関係に関するカンボジア国内の意識や認識に多様性がみられることから、それらを取り込むためにも起草作業に最も時間がかかった部分とされている（新美2003、p.38）。

（3）問題点

森島（2003、11号）p.8以下によると、起草作業が始まる以前から、国際金融機関がカンボジアに対する融資を開始し、担保の設定を行っていた。もっとも、当時のカンボジアにはそのような規定がないことから、土地管理に当たる行政府を動かして英米法のトーレンス・システム類似の公示制度を創設させ、これに基づいて担保権を設定したとされる。これが、民法における抵当権等の公示を土地登記簿に記載する制度とどのような関係に立つのかが問題となるとされている[14]。

---

[13] カンボジアの不動産登記の状況等については、磯井（2014）参照。
[14] カンボジアでは、民法が成立すると、民法に先立って創設され、民法の原則とは相容れない制度は廃止するとしているが、既に利害関係が存在している状況で果たしてそのような措置を採ることが現実的にできるのかとの問題提起がなされている。

4. ラオス

（1）概要

　ラオス人民民主共和国は、1975年に社会主義国家として建国され、1986年にチンタナカーン・マイ（新思考）政策により市場の自由化を行い、1997年に東南アジア諸国連合（ASEAN）に加盟し、2013年には世界貿易機関（WTO）へ加盟した。法律についても、市場の自由化に合わせるため、世界銀行、国連開発計画（UNDP）、アジア開発銀行、スウェーデン、オーストラリア、フランス、ドイツ等の支援で立法がなされていった（金子2001、p.1）。民法典は作成されておらず、財産法、契約法、契約外債務法（2008年より契約内外債務法として統合）、親族法、相続法といったように単行法が規定されていった。しかし、一方的なモデル法案の押し付けに終始する世銀主導型の支援に疑問が上がり、日本に対する支援の期待が上がったとされる（金子2001、p.5）。また、このような形で支援過多に陥り、数多くのドナーが個々別々に支援を展開し、その結果、ラオス側カウンターパート機関の優秀な職員が一人で複数ドナーを同時に担当する、あるいは同じ時期に複数ドナーが同じようなテーマでセミナーを企画するということが生じているという。さらに、優秀な職員には各省庁の本来業務や党の仕事も集中しており、海外や地方への出張も多いこと、現地の翻訳業者の不足なども問題とされている（小宮2004、p.14以下）。

　こうして、2003年から2008年にかけて、民法および商法の教科書作成支援が行われ、カウンターパートとしては、現在では司法省、最高人民裁判所、最高人民検察院およびラオス国立大学となっている[15]。2010年より、JICAの法律人材育成強化プロジェクト（フェーズ1）が開始され、そこで民法典の起草支援が開始された。2014年からも同プロジェクトのフェーズ２が開始されており、引き続き民法典の起草支援がなされている。ラオスでは、現行法としての単行

---

[15] ラオス人民革命党第9回全国代表者大会が2011年３月に開催され、そこで、第７次５か年計画の主要方針と目標が報告され、後に国会において承認されている。そこでは、司法部門に関する主要目標として、民法典と刑法典の編纂、法律や必要な新しい法令の作成に重点を置くこと、裁判所の判決の実行を徹底すること、各種証明書の発行を正確に行うこと、および、経済紛争調停の敏速化をはかり公平性を保障することが挙げられている（山田編2012、p.139）。

法が既に存在しており、カンボジアのようにゼロから作成ということはなく、現行法および慣習を尊重する形での立法支援がなされている。具体的には、ラオス側が草案を作成し、日本側が質問を受け付け、疑義を提示し、法情報を提供するという形で法支援がなされている。なお、判例集についても支援の対象となり、2003年の本邦研修でもテーマとして取り上げられたものの、ラオス側が判例公開の意義をまだ十分に認識できず（小宮2004、p.13）、また、かつてUNDPなどの支援により判例集の公刊も試みられたが、定期的・継続的に行われるような形では制度化がなされなかった。ただし、裁判所に赴いての閲覧は可能である（松尾・大川2015、注34）。

(2) 民法典草案の内容

　民法典の草案では、第1編：総則、第2編：人、第3編：家族、第4編：物、所有権及び物に対するその他の権利、第5編：契約内債務、第6編：契約外債務、第7編：担保、第8編：相続、第9編：最終条項という構成を予定している。草案には以下のようないくつかの特徴がある。

　第一に、これまでの法体系では存在していなかった法律行為概念を導入することである。これは、隣国タイ（タイ民商法典149条以下）に存在しており、タイと同じ用語（ニティカム）にする予定であるが議論が継続している[16]。

　第二に、2015年ベトナム民法と同じくこれまで訴権時効とされていたものを、取得時効・消滅時効の形へと変更を行う予定である。

　第三に、代理に関する規定を導入予定である。代理に関する規定は現行法には存在しておらず、かつ、起草段階において委任制度との違いをラオスで理解されるかどうかで大きな議論がなされた。

　第四に、婚約および婚約申込みなどの、慣習法を基とする制度も導入予定である。ただし、これは、2008年現行法にも形としては存在する[17]。

　第五に、所有権の形態として、国家所有権、集団所有権、自営所有権、民間

[16) ニティカムという語は、ラオスではすでに「法律文書・書類」といった意味で使用されており、憲法にもそのような意味で翻訳がなされている。それゆえに、用語として混乱を招くのではないかとして、現在でも議論が行われている。
[17) 2008年家族法改正においては、それまで認められていなかった、協議離婚が認められた。

所有権の4つの規定がある。現行法ではこれに加え、個人所有権の規定がある。草案では、個人所有権は自営・民間所有権の双方を含む概念とされ、自営所有権は規模の小さな所有形態、民間所有権は自営所有権よりも規模の大きなものを対象とする概念とされる。ただし、これらの区別が明確にできるかどうかは議論がなされている。

第六に、人的担保と物的担保は共通して規定される予定である。

第七に、無効については、絶対無効（確定的無効）と相対無効（不確定的無効）とに区別されており、フランス法の影響が残っているところがある（野澤2012、p.958以下）。

第八に、ベトナムおよびカンボジアと同じく、現行法には存在しない人格権に関する規定を導入する予定である。具体的には、「第2編：人」の部分に置かれ、人格権（48条）と人格権の保護（49条）の2か条を置く予定である。48条の中に人格権の内容として、生きる権利、身体上および健康上の保護を受けること、自由、評判、尊厳その他の個人的権利が挙げられている。49条において、人格権の侵害があった場合に、侵害の差し止めまたは侵害の回復の請求を認めており、かつ損害賠償請求も認めている。

(3) 問題点

野澤（2012）p.961以下によると、例えば、ラオスの現行法では、債務不履行責任について緊急事態（不可抗力）によって損害が生じた場合にはその免責が認められる（契約内外債務法33条2項但書）。そして、瑕疵担保責任は債務不履行責任の一環としてとらえられており、瑕疵担保責任の効果である代物請求、代金減額請求および契約の解除については免責が認められない。これは、CISGの規定と合致している。野澤によると、これはアメリカのアドバイザーによるものと推測されている。しかし、この点に関し、草案起草時に、瑕疵担保責任に関する代物請求、代金減額および契約の解除についても不可抗力による免責を認めるべきという案が一時作成され、法制度に関する相手方の理解または草案作成に関しての課題が見いだされた。現在の草案ではこの点は修正がなされた。

このように、各国の法状況や国際的規律等を検討しながら起草されつつも、

それらの理解が不十分なまま起草している場合もありうる。このような問題に
対して、日本側が指摘を行うという点に法整備支援の意義も見出しえるともい
える。

5. インドネシア

(1) 概要

　インドネシアでは、1598年にオランダの商船隊が西部ジャワのバンテン港に
渡来し、1602年にジャワにおいて東インド会社がオランダにより設立される。
1799年にオランダがインドネシアを直接統治下に置くが、1942年から1945年に
かけては日本軍が占領を行っている。1945年8月17日インドネシアの独立が宣
言され、オランダとの独立戦争の後に、1949年にオランダがインドネシア独立
を承認する。なお、1999年に住民投票によって、当時のインドネシアの一部で
あった東ティモールが独立をしている[18] [19]。

　インドネシアの法は、大きく分けて、土着の慣習法（アダット法）、イスラ
ーム法を中心とする宗教法、西洋法および独立以降に制定された法がある。こ
れらは、それぞれが現在の法制度の中で併存している。また、1848年にオラン
ダ本国で成立した民法典および商法典等がインドネシアに施行されている。た
だし、オランダ人にはオランダ法を適用しつつ、植民地住民を人種集団に分類
し、それぞれに異なる法体系を適用することとした。すなわち、法的多元性を
持つ体系が作り上げられていった（島田2009、p.131、小林2008、p.130以下、
松尾2015・インドネシアp.74）。しかし、現在もオランダ植民地法が継承されて
おり、1847年に公布された民法典[20] が効力を有している。なお、婚姻等、家
族に関連する法律は民法典とは異なり、一般的に適用される婚姻に関するイン
ドネシア共和国法律1974年第1号、婚姻に関する法律1974年第1号の施行に関
するインドネシア共和国政令1975年第9号、宗教裁判に関するインドネシア共

---

[18] インドネシアの情報につき、外務省HP「国・地域（インドネシア）」
　http://www.mofa.go.jp/mofaj/area/indonesia/（2017年2月閲覧）参照。
[19] 島田（2009）p.133以下参照。
[20] インドネシア民法典については、日本インドネシア協会訳（1968）『インドネシア共和国
　民法典』日本インドネシア協会を参照。

和国法律1989年第7号[21] があり、さらに、イスラーム法集成と呼ばれる、宗教裁判所においてムスリムに限定して適用される法的指針がある[22]。

(2) 日本による法整備支援の状況

　インドネシアでは、司法関係者を含む公務員の汚職、上位法規と下位法規の矛盾、あるいは判例公開の不十分さ、手続、判断の不透明さが同国の司法に対する国内外の信頼に深刻な影を落としている。また、上訴制度およびADR諸制度の不備に起因して、裁判所、特に最高裁判所の未済事件数が極度に増加しており、その解消が緊急の課題となっている。それゆえ、司法の独立と透明性および効率性、さらには裁判所の未済事件解消に資すると考えられる上訴制度の合理化および代替的紛争解決手段（ADR）としての和解、調停の制度の整備に大きな関心が寄せられた（森永2003、p.191以下）。ただし、インドネシアでは資本主義制度およびオランダの支配による大陸法系の法制度が存在することなどから、ベトナム・カンボジア・ラオス等の国家とは違った対応が求められている（平石2004、p.17以下）。そこから、2007年4月から2009年3月までJICAによる「インドネシア和解・調停制度強化支援プロジェクト」が実施され（渡部2008、p.55、横幕2016、p.51以下）、和解、調停等に関しての支援がなされた。2015年からJICAによる「ビジネス環境改善のための知的財産権保護・法的整合性向上プロジェクト」が開始されている。

　民法典については、現在は直接の対象とはされていない。しかし、国家法と並存する多様な慣習法をどのように関係づけ、国家全体の中で整合的な法秩序を構築してゆくかが喫緊の課題であるとされる（松尾2015・インドネシアp.77）。

---

21) これら以外に、文民公務員にのみ適用される、文民公務員の婚姻及び離婚の許可に関するインドネシア共和国政令1983年第10号、文民公務員の婚姻及び離婚の許可に関するインドネシア共和国政令1983年第10号の改定に関するインドネシア共和国政令1990年第45号などもある。
22) イスラーム法集成は、正確には法ではないが、裁判官が対象分野について参照するように宗教省より強く奨励されているものである。内容として、婚姻、親子関係、後見、婚姻の解消、相続などが含まれる。婚姻に関する法律およびイスラーム法集成の翻訳については、小林（2007）p.112以下参照。

6. 東ティモール

(1) 概要

　ティモール島は16世紀にポルトガルにより植民地化され、オランダとの条約により東西に国境が分割されることとなった。西ティモールはインドネシアとして独立した後も、東ティモールはポルトガルに支配され、1975年にポルトガルから独立がなされた。しかし、その直後インドネシアの侵攻により、インドネシアの政権下に置かれ、その後の2002年に独立がなされた。ただ、法整備を行う対象となる人材、情報および経験が極端に不足していること、さらに、ASEAN加盟を目指すための基盤となる法整備が必要とされ、UNDP、オーストラリア国際開発庁（AusAID）、アメリカ国際開発庁（USAID）、国際連合東ティモール統合ミッション（UNMIT）、国連児童基金（UNICEF）、国連人口基金（UNFPA）、世界銀行などが司法分野での支援を行ってきた。また、ポルトガル、ブラジルが自国の法曹をアドバイザー、法律実務家として派遣し、法案起草、裁判官業務などに係る支援を行っている（平石2013、p.15以下）。

(2) 日本による法整備支援の概要および民法

　東ティモールにおける法律分野への支援として、2009年から2010年にかけてICDとJICAによって、司法省法律諮問・立法局の職員を対象に、法案起草能力強化のために３回の本邦研修が実施されている。当初は麻薬取締法の支援が行われ、その後、村落調停に関する法律の起草支援が行われている。この理由として、地方裁判所の存在しない地域の住民が、民事紛争の解決のために地方裁判所で訴訟を提起、遂行するのが地理的に極めて困難な状況であること、法曹の人数が少なく、刑事事件が優先されていること、民事訴訟は解決までに相当の時間と費用がかかること、テトゥン語に翻訳されていない法律があり、かつ、裁判手続きでポルトガル語が使用されることがあること、さらに、裁判制度による紛争解決が一般に周知されていないことが挙げられている（平石2013、p.17以下）。この村落調停に関する法律が論点とされるのは、ポルトガルの植民地、インドネシアによる占領、2002年の独立、2006年の騒乱（兵士による抗議デモ・首相辞任要求）という歴史を経て、土地に対する権利が重層的

に存在する状態をきたしたことから、土地に関する紛争が多発していることも理由として上げられる（平石2013、p.20以下）。これ以外にも、婚姻にはカトリック教に基づく婚姻、民法に基づく婚姻および慣習法に基づく婚姻の３種類があり、カトリック教に基づく婚姻に離婚が認めらず、それ以外の形態の婚姻では離婚が認められる。この離婚に関しても調停の対象となりうることから、この点に関しても日本側と東ティモール側で共同での研究がなされている[23]。

　現在、東ティモールにはポルトガル民法をもととした2011年民法典が存在している。これは、第１編：総則、第２編：債務法、第３編：財産法、第４編：家族法、第５編：相続法の全2195条から成っている。上記のように、婚姻に関する問題（例えば、東ティモール民法1494条に再婚禁止期間があるが、これが妥当か、など）の検討などがなされてはいるが、民法について現在直接の支援対象とはなっていない。

7.　ネパール

(1)　概要

　ネパールは、民主化運動を経て、2008年５月に王政廃止と連邦民主制への移行を宣言した。2015年に憲法が公布・施行され、法制度の抜本的な近代化を行っている。しかし、ネパール社会では、ヒンドゥーの伝統の中で支配層に対して極端に不利な状況に置かれていた人々が、王政の廃止により「権利」意識を刺激され、権益・利権争いの状態に陥っており、一面的な利己的利益の主張およびその自由が人権や民主化と取り違えられていることが問題とされている（南方他2013、p.3）。

(2)　日本による法整備支援の概要および民法草案の内容

　ネパールでは、1854年に編纂された「ムルキ・アイン法典」と呼ばれる、民事実体法・民事手続法・刑事実体法・刑事手続法を包摂する法典が存在している。ICDおよびJICAの支援のもと、このムルキ・アイン法典を分割し、個別法典

---

[23] 筆者もこの点から、婚姻に関する講義を行った。渡部吉俊（2015）p.41以下参照。

として整理再編成する作業が開始された。民法典については、ネパールの伝統、社会、法意識と国際標準とを調和させる試みを続けており、草案作成段階で日本民法も参考とされたことなどの経緯から、2008年の要望調査において起草支援を要請してきたとされる。JICAとしては、ネパールにおいて実施している民主化プロセス支援プログラムの一環として民法典の作成支援を位置づけている（森永2010、p.147）。その結果、2010年に民法草案が作成された。2014年には議会に提出され（長尾2016、p.87以下）、その後2017年10月にネパール新民法典が成立した。なお、民法以外にも、民事訴訟法・刑法・刑事訴訟法・量刑法という法律も、ムルキ・アイン法典を分割する形で制定されている。ただし、民法典以外の4法はUNDPの支援により成立している（石崎2017、p.80）。これらの法典は、2018年8月17日より施行されている。

2017年民法典は、第1部：序文（総則）、第2部：人の法、第3部：家族法、第4部：財産法、第5部：契約、その他の債権・債務法、第6部：国際私法の全751条から構成されている[24]。草案では以下のような特徴がある（以下の指摘内容につき、南方他2013、p.27以下を参照）。

第一に、家族問題の解決につき、ネパール社会の現実を反映したものとし地域の慣行に委ねるという条項を入れたとされる。

第二に、大陸法系諸国の民法典では一般的に契約類型として規律されることの多い法律関係が、財産法に編入されている。例えば、賃貸借一般が契約に規定されている一方で、建物の賃貸借は財産法に入れられている。このような編成は、インド等を介したイギリス法の影響とみることができるとされる（南方他2013、p.62）。

第三に、動産概念の中に知的財産（権）や有価証券を含むとされている。

第四に、所有主体ないし所有形態による財産（権）の分類にも、複雑な形がある。すなわち、私有財産、家族共同財産、共有財産、コミュニティ財産、公共財産、政府財産、信託財産の7種類に分類がなされている。

第五に、現行法にはない用益権（usufruct）・役権（servitude）[25]の規定を

---

[24] 詳細については、南方他2013、p.7以下参照。

[25] ただし、現行法においても相隣関係に関する規定のなかで、実質的に地役権に関する制度がある（南方他2013、p.68）。

設けたことである。ただし、用益権に対するどのような需要がネパール社会に
あるのか、この制度が導入されたとすると、どのような形で利用されるのかに
ついては現状では不明確である（南方他2013、p.67）。

　第六に、信託に関する規定が取り入れられている。ただし、これは、ムルキ・
アイン法典にも存在している（ムルキ・アイン第４部第６章）。

　第七に、即時取得制度が認められていないことである。盗品・遺失物が譲渡
されたときについては、一定の場合に取得者に対して返還請求することができ
るとされる。

　第八に、二重譲渡ができない法制度となっており、不動産の場合には、最初
に証書が作成・登記された譲渡が、動産の場合には最初に行われた取得が有効
であり、これらについて後に同じ甲がなされたとしても当該行為は無効とされ
る。

　第九に、「準契約」、「不当利得」、「不法行為」および「欠陥製品に対する責任」
などが新たに入れられている。

　草案における契約法の多くの部分が、現行の「2000年契約法」を踏襲して
おり、英米法（とりわけインド契約法）の影響を強く受けている。しかし、
CISGやPICCなども参照されており、かつ、ネパール慣習法やムルキ・アイン
法典の影響も残っている。不当利得については、英米法系の「準契約」と大陸
法系の「不当利得」の両制度を導入している点は比較法的に見てユニークであ
るとされる（南方他2013、p.99以下）。

　なお、草案ではムルキ・アイン法典に存在しなかった遺言制度を新たに規定
していたが、遺贈により、女性の権利を害する恐れがあるとして、野党議員・
女性団体から強い反対があったとされる。それゆえ、遺言制度についての導入
は見送られることとなった（石崎2017、p.80）。

8. ミャンマー

(1) 概要

　ミャンマーは、イギリスとの戦争後、1885年にイギリス領インドのビルマ
州となり、1935年に、インドからの分離が決定され、総督支配下に置かれた。

1948年にビルマ連邦として独立し、1962年より社会主義政権が始まり、1988年からの軍事政権時代を経て、2011年3月に軍事政権から民政移管を遂げて新政府が樹立された。2015年11月には、ミャンマーの選挙において、国民民主連盟（NLD）が圧勝した。

(2) 民事法に関する法制度および法整備支援の内容

　民法に関連する法律として、1862年以降の英国植民地時代に英領インドで形成された「インド法典」を移植した法典・法規の集成であり、1958年までの制定法を組み込んだビルマ法典（全13巻・計30編）が存在する。内容としては、総則、渉外関係、憲法、防衛、財政・歳入、一般行政、統治体制、運輸、刑法、不法行為、契約法、保険、代理、会社、土地、登記、財産移転、公有地分配・土地収用、動産、債権、知的財産権、私法、相続、破産、仲裁、特別救済、民事訴訟法、証拠法、特区・州自治に及ぶ。マレーシアやシンガポールが英国直轄時代の英国本国法の直接適用を受けて、独立後も長く英国判例法・制定法の自動的移植を続けてきた事情とは大いに異なっている。

　社会主義時代にビルマ法典は部分的に廃止されつつ、変化を全く凍結したとされ、家族法分野においては、現行の慣習を反映するものとして判例の法源性が重視されるとともに、英国統治以前の王国時代から引き継がれたダマタッ（法典）、ヤザタッ（国王判決）、ピャットン（司法判例集）といった成文化された古来の慣習法が参照されている。判例についてもイギリスのような判例法主義ではなく、家族法以外の分野では成文法や成文慣習法の適用解釈がなされており、さらに、家族法分野でも判例はあくまで慣習の発見としての役割に留まり、慣習が変われば判例も変更される。これに関し、最高裁が主要判例を抽出しイヤー・ブックを公表しており、法適用の基準として重要な役割を果たしている（金子2004、p.5以下）。

　法整備支援については、2013年11月より、社会経済及び国際標準に適合した法の整備および運用のための組織的・人的能力向上を通じて、ミャンマーにおける法の支配、民主主義、持続可能な経済成長を促進することを目的とした「ミャンマー法整備支援プロジェクト」が開始された（横幕2014、p.7以下）。ただし、民法典に関する起草は現在行われてはいない。

9. 日本の法整備支援から見える支援の意義および課題

　以上のように、各国とも当然のことながら独自の国家体制や歴史を有しつつも、一定の共通した法・社会状況や特有の事情が存在する。そこから、次の点が法整備支援の一般的な課題が挙げられる。

　第一に、経済発展にともない、これまでの社会・慣習との乖離をどのように調整するのかという点である。日本は各国の社会事情の調査等を行い、さらに諸外国等の法制度を紹介しつつ、対象国の起草支援を行っている。この点、日本での2017年の民法（債権法）改正の議論においても、各国の法制度が広く検討されている。そこでの議論において、「契約の重視」が指摘されている（松尾2012、「民法改正」p.230以下）。日本の支援による民法典（草案）等を見てもその点が意識されているといえよう。この契約という面からすると、国際的取引や外国企業の参入などの視点から、自国に固有の歴史的な発展経緯と現在の経済・政治・社会状況に照らして、市民の生活や意識の状態に最も適合的な方へと改革していくことが求められ（松尾2012、p.236）、かつ、それが妥当であるといえよう。しかし、契約システム以外の部分、とりわけ所有権法制と家族法制については各国の事情・慣習・歴史等が大きく影響を有しており、それらをどのように法典に取り込むかが課題となる。

　所有権法制として、ベトナムでは、1995年民法において7つ存在していた所有の形態が、3つに整理された。日本側は、さらに私人所有と共同所有の2つにすべきと提案したのに対して、現行法でも全人民所有が維持されている。諸外国からしても、所有形態が複雑であることは、それだけその国家への参入に一定の障害になりうるといえる。しかし、これは国家体制との関係でもあり、かつ、伝統を受け継いだものであるとも把握できる。カンボジアでは、ポル・ポト政権後の状況受け、それに対応する制度が必要となり、一定の法案が作成された。これも、カンボジア特有の事情を組入れた結果ともいえる。なお、ラオスは国家所有権、集団所有権、自営所有権、民間所有権の4つの所有形態を維持し、ネパールも7つの形での財産形態を維持している[26]。

---

[26] この点、土地法と法的多元主義について金子（2009）を参照。

家族法制としても、各国には独自の歴史や慣習があることから、ベトナムのように民法典に入れ込まなかった事例もある。それに対し、カンボジアやラオスのように日本の支援を受け、慣習を元として法典に取り入れていることも確認できる。それに関連し、直接の支援とはなっていないが、インドネシアのように特定の宗教（ムスリム）だけに適用される規範が存在しているような国家状況も視野に入れつつ、松尾（2015・インドネシア）p.77が指摘するように、「国家法と並存する多様な慣習法をどのように関係づけ、国家全体の中で整合的な法秩序を構築してゆくかが喫緊の課題」という点を視野に入れ、支援を行う必要があるといえる。

　第二に、特に社会主義体制との関係では、法令の解釈権限との関係が重要な課題をもたらす。すなわち、法解釈権限が裁判所にないと、判例の公開・検討が重視されない。これは法的安定性を阻害することとなりえることであり、実際にベトナムおよびラオスではその支援の形が十分に結実していない。

　第三に、人格権の規定が民法に明記される国家がある。ベトナム・カンボジア・ラオスにおいて規定されている（またはその予定である）。ベトナムは特に詳細な条文を作成し、カンボジアおよびラオスは簡素な形ではあるが、侵害に対しての対応規定も設けられている。日本においても不法行為において争われる問題でもあるが、人格権自体は公法的な意義を有するものでもある。この点、ベトナムに関し、角（2010）p.87以下では、これらは私権として位置付けるのが疑問とし、公法と私法の区別が曖昧であるというベトナムの特徴に由来すると指摘するものもある（新美2006、p.74）。しかし、野村他（2010）p.22以下のように、政治の関係から民主化を単純に推し進めることが困難ではあるが、民法という私法の枠内であれば、ある程度大胆なことができるという指摘は重要である[27]。それによると、例えば、中国の場合、人格権が民法通則にできたときに、「80年代中国の権利宣言」といわれ、民事法の中で民主化に代替するような機能を学者が期待しているという指摘がなされている。もちろん、人格権の規定を民法の中に積極的に入れ、日本による民法作成支援により民主主義をおしすすめていくべきであるという短絡的な発想と結びつけるべきではない。

[27) 鈴木賢による発言。

日本の支援はあくまでも相手国からの要請に基づくものであり、相手国の政治状況および法状況を混乱に陥れるものではないからである。しかし、これらの規定は、支援対象国により自発的または承認を得て入れられたものである点は重視すべきである。それゆえ、人格権のような規定が、今後各国の民法の中において、どのような意義を有していくのかは重要な検討課題と思われる[28]。

10. おわりに

日本による支援は、各国の制度や慣習を尊重しながら行われており、これはある意味で正当なものであろう。しかし、安田（1996）p.287が指摘するように、アジア法の多様性を認めつつ、アジア固有法の共通の原理としての共働法理が導き出されるという点も、特に契約などの取引という点では重視すべきである。さらに、ラオスにおけるように、各国の支援に対して、支援対象国から疑問が上がることもありうる。この点、金子（2009）p.98のように、多様な潜在的人間性の追求を可能にする「人間開発」を目標とすべきであり、「経済開発」一辺倒のグローバル・モデルに拘束されるべきでなく、特に契約法以外の部分では、まずは国家の事情や社会状況を尊重すべきであるという見解も重視すべきであろう。

| 参考文献 |

- ・石崎明人（2017）「ネパール新民法、遂に成立！」ICD NEWS 73号p.80以下
- ・磯井美葉（2014）「カンボジアの不動産登記について」ICD NEWS 60号p.33以下
- ・角紀代恵（2010）「ベトナム2005年民法」ジュリスト1406号p.87以下
- ・金子由芳（2001）『ラオスの経済関連法制の現状と協力の焦点』国際協力事業団国際協力総合研修所
- ・金子由芳（2004）「法の実施強化に資する立法支援のありかた－ミャンマー向け経済法制

---

[28] ラオスにおける起草内容の検討会議において、乱開発を止めるために民法において何らかの対応をとることはできるかという意見が聞かれた。これは、新民法に私法の一般法としての意義以上の何かを求めていると捉えることができるともいえる。

支援を素材として－」JICA研究所客員研究員報告書
https://www.jica.go.jp/jica-ri/IFIC_and_JBICI-Studies/jica-ri/publication/archives/jica/kyakuin/200403_01.html

- 金子由芳（2009）「土地法改革における法的多元主義の克服」国際協力論集16巻3号p.69以下
- 小林寧子（2007）「インドネシア」柳橋博之編『現代ムスリム家族法』日本加除出版、p.87以下
- 小林寧子（2008）『インドネシア　展開するイスラーム』名古屋大学出版会
- 小宮由美（2004）「各国法整備支援の状況・ラオス」ICD NEWS 16号p.11以下
- 島田弦「インドネシア」鮎京正訓編（2009）『アジア法ガイドブック』名古屋大学出版会、p.131以下
- 塚原正典（2018）「2015年ベトナム民法典の解釈・施行の現状」ICD NEWS 74号p.41以下
- 長尾貴子（2016）「新たな民法の制定に向けて～ネパール法整備支援の現場から（1）」ICD NEWS 68号p.87以下
- 新美育文（2003）「カンボディア民法典（草案）物権編、各種契約・不法行為編および債務担保編の概要」ICD NEWS 7号p.38以下
- 新美育文（2006）「ODA＝法整備支援の一斑（12）ベトナムとカンボジアでの経験」時の法令1768号p.73以下
- 能見喜久（2007）「カンボジア民法典と売買法」比較法研究68号、p.54以下
- 野澤正充「ラオスの契約法と日本民法（債権法）の改正」小野秀誠・滝沢昌彦・小粥太郎・角田美穂子編（2012）『松本恒雄先生還暦記念・民事法の現在的課題』商事法務、p.951以下
- 野村豊弘・青木清・大村敦志・鈴木賢（2010）「アジアの民法—その比較法的意義と特色」ジュリスト1406号p.4以下
- 平石努（2004）「各国法整備支援の状況・インドネシア」ICD NEWS 16号p.17以下
- 平石努（2013）「東ティモール民事司法制度に関する調査研究」ICD HP「東ティモール・調査研究報告」
- 松尾弘（2010）「ラオスと日本の新たな法整備協力の意義と課題」ICD NEWS 44号p.54以下
- 松尾弘（2012）『民法改正を読む—改正論から学ぶ民法』慶應義塾大学出版会
- 松尾弘（2012）「民法学と開発法学」小野秀誠・滝沢昌彦・小粥太郎・角田美穂子編（2012）『松本恒雄先生還暦記念・民事法の現在的課題』商事法務、p.969以下
- 松尾弘（2013）「ラオスにおける民法の発展」アジア法学会、p.161以下
- 松尾弘（2015）「開発法学のフロンティア・第13回社会主義国における法改革と経済・政治の発展（2）－ベトナムの場合」法学セミナー723号p.62以下、「同・第14回ラオスの場合」同724号p.66以下、「同・第16回法改革における伝統の連続と不連続— ミャンマーの場合」同726号p.70以下、「同・第17回多元的法体制の呪縛—インドネシアにおける経済・政治の発展と法改革」同727号p.73以下

- 松尾弘（2016）「2015年ベトナム民法と財産登記制度の課題」ICD NEWS 69号p.74以下
- 松尾弘・大川謙蔵（2015）「ラオスにおける民事関係法制に関する調査研究」ICD HP 「ラオス・調査研究報告」
- 松本恒雄（2010）「カンボジア民法典の制定とその特色」ジュリスト1406号p.79以下
- 松本剛（2016）「2015年ベトナム民法典の概要」ICD NEWS 67号p.25以下。
- 丸山毅（2004）「各国法整備支援の状況・ベトナム」ICD NEWS 16号p.4以下
- 三澤あずみ（2004）「各国法整備支援の状況・カンボジア」ICD NEWS 16号p.7以下
- 南方暁・木原浩之・松尾弘（2013）「ネパールにおける現行民事法の現状と今後の立法動向」ICD調査研究報告（執筆年の表示がないが、脚注より2013年と思われる）。
- 森島昭夫（2003）「カンボディア王国法整備支援事業及びカンボジア民法草案起草について」ICD NEWS 7号p.28以下。
- 森島昭夫（2003）「カンボジア民法草案の起草支援事業に携わって」ICD NEWS 11号p.4以下
- 森島昭夫（2006）「ベトナム民法典の改正と日本の法整備支援」ICDNEWS 27号p.16以下
- 森永太郎（2003）「2003年度日本・インドネシア司法制度比較研究セミナー」ICD NEWS 12号p.191以下
- 森永太郎（2008）「特集各国法整備支援の状況（ベトナム）」ICD NEWS 37号p.6以下
- 森永太郎（2010）「ネパール国別研修「民法及び関連法セミナー」」ICD NEWS 45号p.147以下
- 安田信之（1996）『ASEAN法』日本評論社
- 山田紀彦編（2012）『ラオス人民革命党第9回大会と今後の発展戦略』アジア経済研究所
- 山本豊（2003）「カンボディア王国民法草案の概要：人編と債務編」ICD NEWS 7号p.48以下
- 横幕孝介（2014）「ミャンマー法整備支援プロジェクトが開始されて」ICD NEWS 60号p.7以下
- 横幕孝介（2016）「インドネシア・ビジネス環境改善のための知的財産権保護・法的整合性向上プロジェクト」ICD NEWS 67号p.51
- 渡部洋子（2008）「各国法整備支援の状況・インドネシア」ICD NEWS 37号p.51以下
- 渡部吉俊（2015）「東ティモール共同法制研究」ICD NEWS 65号p.41以下
- JICA 法・司法制度改革支援プロジェクト（フェーズ2）民法共同研究会（2015）「2015年ベトナム民法改正ドラフトに対するJICA 民法共同研究会見解」JICA HP「参考資料・JICA作成資料」
http://gwweb.jica.go.jp/km/FSubject0401.nsf/VW0101X02W/172563F227BF87C449257BC60010B4BB?OpenDocument&sv=VW0101X15W

第2部

法の移植の歴史軸

第4章

アジアにおけるフランス植民地の民事法

Béatrice Jaluzot（和訳：金子 由芳）

1. はじめに

　東南アジア諸国は現在、法の変容過程にある。開発独裁が終了し、また社会主義モデルの大胆な改革による経済自由化（市民的権利の自由化にもつながる）が主流化している。ベトナムやラオスでは1986年に、またカンボジアでは1995年に、市場経済化が開始し、また政治体制の民主化はインドネシアで1998年に起こり、ミャンマーでも2012年以降に生起した。このような変化の成功は、この地域の経済成長が裏付けているところでもある。しかし、このようなパラダイムの変化は、植民地時代に遡る過去から踏襲される法的インフラの問題に直面している。

　これら諸国の民事法は、どの部分がフランス植民地統治に由来する遺産であるのか？ 解答は簡単ではないが、アジア植民地におけるフランスの立法者がどのような民事法を形成したのか、を語ることはできる。フランス植民地と帝国主義の遺産について最近の研究は多いが、東南アジア諸国については限られている。これら諸国に残したフランス法の影響は甚大であると思われるが、いかにも研究が不足している。

　フランスはベトナム、ラオス、カンボジアに跨ってインドシナ連邦を形成した。インドシナ総督Paul Doumer[1] が1887年から1900年にかけて実施した統合を目的とする植民地政策によるもので、法的地位の異なる6か国・地域を徐々に統合した。ベトナム南部のコーチシナは1862年に直轄地とされた。カンボジアは国王とフランスとのウドン条約により1863年に保護領となり、1867年のフ

---

[1] Paul Doumer（1857-1932）は、財務大臣を経て、1896年から1902年にかけてインドシナ総督として在任した。1931年にフランス共和国の大統領に就任したが、1932年に狙撃され死亡した。

第**4**章 アジアにおけるフランス植民地の民事法

ランス・タイ条約で安堵された。現在のベトナム中部に当たる安南は1883年に保護領となり、現在のベトナム北部に当たるトンキンは1884年に保護領とされ、現在の首都ハノイは、1901年にインドシナの首都と位置づけられた。ラオスは、長期化したフランス・シャム戦争の決着を受けた1893年の条約により[2]、1899年に直轄領として編入された。広州湾租借地は中国との99年間の租借契約により、1900年に連邦に組み込まれた。しかし1914年の第一次世界大戦の勃発を機に、インドシア連邦は衰退の道を辿り、1930年代に再興されるも、第二次世界大戦中の日本の占領により終了した。

　フランス側からみれば、東南アジア植民地は主に経済的関心の対象であった。フランス入植者の人口は微小であって、入植よりも、商業取引が関心事であった。統治体制の整備と共に法制度の整備が進められた。法整備は1928年から加速し、1939年までに15,000ページに及ぶ法令の導入をみた[3]。

　民事法のシステムは徐々に形成されたが、それは現地法とフランス法の混淆の賜物であり、各地の地域的な特性の違いから、統一化されることはなかった。民事法は、司法制度と不即不離に成り立っており、民事訴訟法がまずは主な法整備の対象であった。次なる段階は人事法であり、その次が財産法であった。法整備はさらに商事慣行や担保法にも一定程度及んだ。

　本章では、以上のような経緯を受けた仏領インドシナ植民地の民事法について、まずは一般的特色を現地法との混淆的な性格に注目して論じ、次に不動産法に焦点を当て、現在の法制度の由来を明らかにすることを目的とする。

2. アジアにおけるフランス植民地法の混淆的な性格

　アジアにおけるフランス植民地法は1862年から1939年にかけて形成された。短期間であり、成熟には至らなかった。たとえ各地の多様性が上位法による統合に向かおうとしていたとしても、主たる性格は、やはり各地の法の変動的で分裂的な状況であり、またそのような各種の現地法とフランス法が出会ったことによるハイブリッドな多様性であったといえる。

[2] OM. P. E. Cressent（1931）p.82。
[3] Gouvernement général d'Indochine（1939）

105

(1) 変動的かつ分裂的な法状況

　当時のインドシナの法状況は、安定性を目指す努力が行われてはいたが、なおも現象的な変容の過程にあったといえる。Christian Bruschiは、植民地法を「経験主義と地域的分断、歴史的・地理的に変容する情勢」として表現している[4]。

　確かに植民地法は進行中の不確かな環境下で形成されようとしていた。それはフランス本国の歴史的な変化に伴う、植民地主義のイデオロギーや開発政策の変動によるものであった。植民地法はまた、法の適用領域に関する厳密なルールによって分断されていた。

＜不確かな法状況＞

　植民地主義はイデオロギー変化と歴史的文脈の混乱のなかで展開した。植民地統治は、植民地主義という不安的な政治的事業を強いられた。当初は、それはフランス革命と人類平等の精神に導かれて開始した。しかし共和国はその理念を断念した。植民地統治は当初は軍により、のちに文民により実施された。その基本理念は「同一化（assimilation）」、つまり植民地の現地人をフランス市民と同一にみなすものであった[5]。この理念はフランスの入植地や直轄地における当初の原則であり[6]、立法者によって尊重された。しかし19世紀末にフランス共和国はこの原則を放棄し、フランス人と現地人の差別を設けた[7]。

　植民地主義は軍、特に海軍の実施した国家的事業である。それは多くの場合、フランス軍の侵略の結果であった。シャムや中国と抗争中であったラオスやカンボジアへの介入がその例である。そのため、植民地の当初の法制度は軍の法であり、文民化のプロセスが必要だった。文民統治においても、立法は統治行政に委ねられていた[8]。各地の行政権に正統化根拠を与えるべく、1887年にインドシナ連邦が成立した[9]。インドシナ政府の首都はハノイと定められ、行政体制は、経済・金融法制の整備と同様に、再編された[10]。35年の鉄道整備計画

---

[4] 例えば Bruschi（1987/88），No.18, p.29 以下は、各国法の視点からこの進化を分析している。
[5] 同上。
[6] A. F. Garrigues（1931）p.43, 44, 80参照。
[7] 例えば前掲Bruschi参照。
[8] E. Saada（2003）p.4-24.

が導入され、酒・塩・アヘンの国家独占によって資金調達がなされたが、大幅な財政赤字の原因となり、植民地政策への批判を惹起した。フランス統治は、現地の人々にとって目の見える成果を出そうと明らかに無理をしていた。

　フランス本国の歴史的な変動も、植民地政策を既定した。東南アジアへの植民地進出は、ナポレオン3世の治世に開始したが、彼は1870年の普仏戦争で敗れた。5年後の変動を経て1875年に第三共和国が成立し、第一次世界大戦を経て、第二次世界大戦中の1939年まで存続した。このようなフランス本国における変動のたびに植民地帝国は動揺し、また本国における問題の解決のたびに、植民地運営の強化が起こった。結果、植民地における法制度はドラマティックな変化を強いられたといえる。

　植民地におけるフランス法の強化は、法的紛争の増加につながり、情勢が緊迫すると法制度がさらに強化されていった。東南アジアでは日本による占領がフランス統治を遮り、戦後もフランス統治は従前の地位を取り戻せなかった。このことが各地の独立への道を可能にし、法の独立性を高める流れにもつながったといえる。たとえばカンボジアでは1947年憲法が成立し、また1956年に民法・商法・刑法の3法典が成立した[11]。植民地の民事法は、このような情勢の変化に既定されていた。

＜地域的な法の分断＞

　フランス植民地の法制度は、領土原則に厳密にしたがって実施されていた。しかもインドシナ植民地では上記のように現地法の地域的な分断が顕著であったから、領土原則の意味は甚大である。Lampueは、「フランス本国における法的行為の有効性は本国法で決定され、行為地の違いは問題にならなかった。しかし植民地における法的行為の有効性は、当該地の法が帰趨を分けた」とする[12]。植民地法には、保護領と直轄地で相違がある。保護領では、現地の主権・統治機構が維持され、また条約によって成立するので、条約の内容に応じて、

---

9) Décret du 17 octobre 1887, JO, 1887, 18 oct. 1887, p.4610（参照portal Gallica http://gallica.bnf.fr）

10) J. Godard（1994）p.16.

11) Khong Phirun, Crouzatier, Jean Marie（1997）p.83-90.

またその再交渉のたびに帰趨が異なった[13]。直轄領コーチシナでは現地の法制度をすべてフランス統治に転換することができたはずだが、現実的配慮として、現地人に対しては現地の裁判制度を存続し、そこでは現地法が適用された[14]。しかししだいにフランス系の裁判所が現地法の実施を担うことになっていった[15]。1863年に保護領となったカンボジアはその後1884年条約で植民地の地位に転じ、国王勅令による司法改革が起こった[16]。安南では、現地の裁判所が維持され安南法典を適用していたが、しかし現地の裁判所はフランス統治者の統制下に置かれた[17]。トンキンは1884年フエ条約でフランスに下り[18]、国王の主権は維持されたが裁判所はしだいにフランスの指示によって再編された[19]。ラオスは直轄領であり、インドシナ総督が1895年の指示により裁判制度の再編を実施したが、現地法の問題は現地の裁判所で処理された[20]。

　結果として、仏領インドシナの領土において、複数の裁判システムの管轄権が混在しつつ、法の実施を担うこととなった。それらの裁判所はフランス法を適用しながらも、現地法をも適用した。法の実施は極端に複雑化し、高額になり、安定性を欠いた。とはいえ、このような制度の混在は、フランス法と現地法との混淆を通じて、ハイブリッドな現地法の創出を促したといえる[21]。

(2) ハイブリッドな民事法

　民事法の実施は身分法のルールに依拠していたが、それは不安定なものであった。植民地主義の初期における基本原則は、フランス法がフランス人に、現

---

[12] Ortolland (1993, p.294) によれば «la validité des actes juridiques accomplis dans la métropole doit être examinée au regard de la loi métropolitaine en quelque lieu que la question puisse être posée devant le juge, mais les actes qui interviennent… dans un territoire d'outre-mer ne doivent être appréciés que suivant la loi ayant force obligatoire dans… ce territoir»としている。

[13] たとえば前掲 Bruschi, p.29以下。

[14] 前掲Garrigues, p.43参照。

[15] 同上Garrigues, p.45参照。

[16] Nicolas (1931) p.118.

[17] Bonhomme, A. (1931) p.155-174

[18] Habert, L.A. (1931) p.175-212

[19] 同上Habert, p.182.

[20] 前掲Cressent, p.84.

[21] 例えばBourgon, Jérôme (2001) p.125-143.

地法が現地人に適用されるとするものであった。フランス本国の立法者は現地の民事法領域に立ち入ることは避け、現地の機構を維持しようとした。植民地法はその両者の間隙を埋め、フランス領土と定住したフランス植民者にフランス本国の権力を押し及ぼす、植民地政策の実施手段であった。植民地法の性格は行政法であり、本国政府に支援のもとで、植民地行政の手で形成された。反植民地運動との抗争をつづけ、そのため植民地法は強行法規や刑事規則の束となり、その基本原理は公法上の権力的契機のそれであった。フランスの植民地法は、他の植民地法に比べて、プラグマティックで政治的な関心に彩られ、イデオロギー的要素は薄かった。しかし植民地裁判所は現地法の適用を任されたので、フランス人裁判官は、おのずと現地法の把握と構造化を委ねられることになった。このことが、フランス法と現地法の関係を強め、フランス法に強い影響を受けながらもしかし整合化することのない、新たな法の生成を促したといえる。

＜現地法の認識＞

　現地法を現地人に適用する方針は、現実的な要請に由来していた。植民地におけるフランス民法の適用は不可能に近い難題であったのである。そもそも法の適用言語が異なる。フランス法が実施されるためには、まずは現地社会に理解され受容されねばならない。しかもフランス民法典は文明の産物であり、アジア的伝統である祖先崇拝などを否定していた[22]。しかし特に保護領では、政治的ないし法的な状況を許容する条約上の特約があった。研究者Henry Solusは、「植民地の法律家にとって、植民地の社会状況の多くの側面に関わることのないフランス法を、全体に押し及ぼすという発想はありえなかった」とする[23]。

　現地法とフランス法の境界は、国籍の基準に従うものであった。フランス人ないしヨーロッパ人にフランス法が適用され、現地人に現地法が適用された。たとえばコーチシナでは1864年7月25日付の皇帝令で、ヨーロッパ人に関する商事・民事の紛争事項はフランス裁判所に委ねるとし（14条）、他方で、安南

---

[22] 例えば "Question de droit usuel", Phap-vien Bao, 1931, Mai 1931, Première année, n° 1, p.396-398を参照。
[23] Solus, H.（1927）p.228-234.。

律令が「現地人またアジア人の間のあらゆる伝統また民商事件」に及ぶとした（11条）。結果、フランスの植民地裁判所がフランス法を、現地の裁判システムが現地法を適用する、二重の裁判制度が生起した。

　そのような二重体制が長く続くはずはなく、実際、インドシナでは、フランスの他の植民地と同じく、フランス植民地裁判所は次第に現地法と関わっていくこととなった。そこにはいくつかの理由があった。まずは新たな統治者の役割として、フランス裁判所は、現地人間の紛争解決に乗り出していく必要があった。じっさいフランス裁判所はそのような役割に積極的に関心を示していた。これにより、司法の二重体制を架橋する植民地法が形成され始めたといえる。安南やカンボジアでは起こらなかったことだが、コーチシナでは、両当事者の合意があれば、非ヨーロッパ人が植民地裁判所で提訴することが可能であった[24]。さらに、フランス本国政府は、植民地の控訴審裁判所に現地法を適用する特別部門を設けていった。コーチシナでは1881年以降に[25]、トンキンでは1905年以降に[26]、安南では1913年及び1925年の国王勅令によってこの措置が実施された[27]。

　結果として、フランス裁判所は現地法の解釈権を手にしたといえる[28]。しかしその裁判官のほとんどはフランス生まれの法曹で偶々植民地に派遣されたに過ぎず、また現地法の法源へのアクセスは簡単ではなかったから、このような解釈権の行使は困難な役割であった。現地法に関する裁判所の知識は二つの方法で得られていた。すなわち一つは古来からの法典の翻訳であり、他の一つは現地の知識人・学者による不文法の証言であった。紛争解決の質的改善のために、裁判官らは固有法に関する文書の収集に努めた。その過程では、フランス人の法曹が現地の固有法を同定しようとするうえでのバイアスが避けられず、現地法はこうしたプロセスのなかで捨象され、また変化を余儀なくされたのである。

----

[24] 前掲Garrigues, p.71.
[25] "D. 25 mai 1881 portant réorganisation de la justice en Cochinchine", JO, 1881, 31 mai 1881, p.2994-2997, art. 10 al. 2.
[26] 前掲Habert, p.182.
[27] 前掲Bonhomme, p.172.
[28] E. Saada（2003）を参照。

第**4**章 アジアにおけるフランス植民地の民事法

そのようなバイアスの一つとして、フランスの権威者たちが古来の成文法の条文を選択・収集した際、東南アジア地域では、成文法の影響力が著しく法の統一適用が志向された中国とは異なることが十分認識されていなかった[29]。阮朝初代ザーロン帝（嘉隆帝）は1812年に中国の律令を翻訳・法典化した『皇越律例』を制定し、コーチシナ[30]、トンキン[31]、安南で実施され[32]、カンボジアでも一定の影響力を持った[33]。その後 "Le Code Annamite" としてフランス権力の手でフランス語に訳され、とくにPaul Philastreの貢献による翻訳は、フランス裁判所の多くの判決の根拠とされた。しかしこのような方針には欠点が多かった。『皇越律例』は主として刑法典であって、主な履行手段は刑事罰であり、それはしばしば身体刑であった。その体系は、フランス裁判官が慣れ親しんだ民法典とは大きく異なっていた[34]。さらにそれは、植民地化に伴い浮上した新たなタイプの紛争について解決を与えることができなかった。

カンボジアについては、Adhémar Leclèreがクメール法典の翻訳を行った。しかし1930年に、カンボジアで裁判官を担当していたL. P. Nicolasが記したところによれば、「フランス占領前の伝統的なクメール法を証言する者はもはやいない。Mg CordierとAdhémar Leclèreの仕事があるのみである」とする状況にあった[35]。

1930年代は植民地末期であるが、現地法とフランス法の交流はより活発化していたとみられる。たとえば1931年には現地の法曹の監修により、フランス語・ベトナム語併用による仏越法レビュー誌が刊行されるに及んだ[36]。

インドシナの一部では、法の多元性が問題化し、各地の法伝統の尊重が企図されていた。フランス権力は彼らに特別の地位を付与している。たとえば、コーチシナの植民地法はアジア人（Asiatiques）なる概念を置き、それは中国人

----

29) イスラム法について F. Renucci（2007）参照。
30) 前掲Garrigues, p.41.
31) 前掲Habert, p.196.
32) 前掲Bonhomme, p.173.
33) 前掲Nicolas, p.113.
34) 前掲Bonhomme, p.173
35) 前掲Nicolas（p.113）の引用によれば、«Il n'est plus aujourd'hui de témoins du passé qui pourraient évoquer la traditionnelle justice khmère avant l'occupation française»…«les seules sources accessibles sont les travaux de Mg Cordier et Adhémar Leclère »とある。
36) Pháp-Viên Báo - Revue judiciaire franco-annamite. Hanoi, 1931-1932, Gallica

111

を含み[37]、また安南ではMoï族を含んでいた[38]。公文書上では当初、各地の固有法は「法と現地慣行」と表現されていたが[39]、じきにフランス人法曹たちによって「慣習」と表現されるようになり、不明確であった。植民地裁判所は現地法の新たな法源を必要としていた。かくして現地の固有法とフランス法を融合させた、新たなハイブリッドな産物が生まれていくことになったのである。

＜フランス立法者の影響下でのハイブリッドな法形成＞

　そのような新たな法規は、インドシナ連邦の各地で登場した。その起草方針はとても不明確で、一部では現地法に言及することなくフランス民法をそのまま転用していたが、各地の特色ある文脈を取り入れ、各地の判例法を採用する面もあった。

　たとえばコーチシナでは、フランス民法典が1864年7月25日付で公布され、ヨーロッパ人向けに適用されていた。現地人に対しては1883月10月3日付の政令により[40]、ナポレオン民法典の婚姻・相続以外の身分法から大部分が移植されていた[41]。この政令によって、フランス法が現地法の文脈に適応して行く変化が起こったといえる。たとえば一夫多妻制が許容された。

　カンボジアでは1884年6月17日付の条約により、国王は、植民地権力に「共和国政府が必要と考えるあらゆる行政、司法、財政、および商業的改革」を実施する権能を賦与していた[42]。直轄化に伴い、コーチシナの制度とフランス民法典をモデルに身分法が形成され、1883年5月19日付の総督令によって民商法典が公布されたが[43]、これら法典は西洋人のみに適用された。1911年11月20日付で刑法典・刑事訴訟法典が国王によって公布された。さらに1920年2月25日

---

[37] Arrêté présidentiel du 23 août 1871 déterminant les individus de race asiatique soumis à la loi annamite, 1871.

[38] 前掲Bonhomme, p.172.

[39] See for instance the Decree of 25 July 1864, art. 29 : « lois et usages locaux ».

[40] Decree of 3 October 1883 "portant organisation de l'état civil des indigènes", suivi par un "précis de législation annamite" comportant le livre 1er du code civil français titres IV, V, VI, VII, VIII, IX, X & XI, 1883, JO 11 nov. 1883, p.5833-5840.

[41] 前掲Garrigues, p.76.

[42] Boudillon（p.99）は « toutes les réformes administratives, judiciaires, financières et commerciales auxquelles le gouvernement de la République jugera... utile de procéder... »とする。

[43] 同上p.102.

112

付の王令で、民法典が制定され、7月1日から適用された[44]。同法典は、人・物・債務・法的行為の4部構成であり、Leclère and Aymonierが翻訳した現地法をもとに宮廷高官らの協力により起草された[45]。

　安南では、フランス統治は現地の民事規範を尊重しようと努めたが、その立法化は遅れ、安南の法務担当であったAlbert Bonhommeが1931年時点で立法化の必要性を説いていた[46]。現地の法規、とくに『皇越律例』（Code Annamite）がトンキンで適用されていたが、1931年の植民地併合を機に、民事法が編纂され、刑法典・刑事訴訟法典・民商事訴訟法典がさっそく公布された[47]。これらの法典整備の背後では、植民地法の醸成がすでに展開し、インドシナ司法長官Habertによれば、控訴審裁判所の現地法部門で固有の判例法が整備され「大変尊重されていた」状況があった[48]。

　ラオスは、フランス統治が開始当初からフランス法の公布を決めた点で、特殊なケースである。それらの法の起草は、現地の人々が関与した点が特筆されるが、拙速に起草され、社会的な浸透にも失敗した。インドシナ総督は施行を度々延期した末に、1924年についに施行を中止した[49]。

　このように、インドシナにおける法整備は、各地の民事法規の差異が埋められぬまま、固有の法とフランス民法典とが綯い交ぜとなった混淆のすえに、結局は大陸法の伝統に沿ってフランス人裁判官によって書き変えられていくプロセスにあったといえよう。

　このような現象をよりよく理解するために、以下では具体的な例として最も重要な法分野の一つとなった土地法を取り上げ、観察を試みる。

---

[44] Ordonnance royale du 24 août 1924, entrée en vigueur le 25 novembre 1924 。また前掲 Nicolas, p.118参照。

[45] S. E. Chuun, ministre de la justice, M. Penn suppléant, M Keth, Président de la plus haute instance, M. Chéa suppléant du ministre de l'intérieur , Cf. Nicolas, op. cit., pp.113-154, disponible sur Gallica, p.148.

[46] 前掲Bonhomme, p.174.

[47] 前掲Habert, p.199.

[48] 同上: «une jurisprudence qui fait autorité».

[49] 前掲Cressent, p.89-91.

3. 土地法

アジア植民地に対するフランスの経済的関心は、土地法を法的紛争の中心的なテーマとさせることになった。この傾向は、植民地帝国の各地で共通していた[50]。インドシナでは、フランス統治行政は土地・登記総監であったAuguste Boudillonに特別報告書を書かせている[51]。Boudillonは1911年から1913年の2年余りをかけて各地を調査し、あらゆる問題を分析したレポートを1912年に起案、1915年に出版した[52]。さらに補足的報告書が第一次大戦後の1924年に提出されている[53]。この網羅的かつ詳細な調査は、インドシナ全般の土地法改革につながった。以下では、植民者と現地の人々との構造的な土地紛争を概観したうえで、植民地権力がもたらした回答を概説する。

(1) 法システム間の対立

土地法分野において、フランス法は以下のように現地法と大きく対立した。

＜インドシナ連邦におけるフランス土地法の実施＞

フランス土地法は二つの方法で実施される。直轄地ではフランス法が適用される原則であるので、フランスの不動産法制が直接適用される。現地人に対するフランス法の直接適用には議論があったが、フランス人・ヨーロッパ人に関する適用は一般に受け入れられた原則であった[54]。他方、保護領では、異なる土地法システム間の紛争について、フランス法における国際私法の一般原則が援用されていた。しかしここでの抵触法は、財産の所在地法を選択する現代の抵触法ルールとは異なり、紛争当事者の身分法を適用するものであった[55]。これは多くの問題の源となり、紛争の非効率的な解決をもたらすこととなった。例えば水流による堆積地の財産権は、所有者の国籍がフランス人か現地人かに

---

[50] Merle, Isabelle（1997）p.97-126参照。
[51] 報告書inspecteur de lénregistrement et des domainesである。
[52] 前掲Boudillon参照。
[53] Boudillon（1927）参照。
[54] Boudillon（1915）p.31.
[55] Dareste（1932）p.241.

第4章 アジアにおけるフランス植民地の民事法

よって帰趨が異なることになる[56]。こうしたルールは植民地主義の商業的関心によって形作られ、現地の人々の権利を侵すものであった。

　フランス法の強制的な適用により、現地の土地法秩序は脆弱化し、統一性を失って実施に苦しんだ。『皇越律例』を土地法として適用していた地域においても、法の実施は各地で異なり、一部の地域ではきわめてルーズであった。結果として、固有の法はフランス法の浸透に抗ずることができなかった。

＜現地法の相互の相違＞

　Auguste Boudillonは1915年の論考で、コーチシナ[57]、カンボジア[58]、安南[59]、トンキン[60]、ラオス[61]、そして広州湾租借地[62]、のそれぞれ各地の法制度の状況を正確に解説している。各地で現地法は多様な法源から成り、多くは『皇越律例』、王令、地域慣行に由来していた。

　『皇越律例』は多くの地域で共通の法源であり、フランス法と大いに異なっていた[63]。たとえば、他人の土地上の建物は動産とされていた。善意の耕作による果実は耕作者の所有権に帰するとしていた。『皇越律例』には取得時効の観念がなかった。フランスの裁判所はこの点を何度も争点として取り上げ、フランス法上の公助良俗の適用が論じられた[64]。

　現地法の問題はまた無数の王令によって対応されていたが、Boudillonはコーチシナその他の地域について王令の一覧表を作成した[65]。彼によれば、現地の法源は収集が難しく、『皇越律例』は不十分な規範しか与えていないとし、そのような法の欠缺を埋めるために彼は現地の研究者（lettrés）に相談するしかなかったが、そうした存在を捜すことも極めて難しかったとしている[66]。以

---

56) Dareste（1932）p.241.
57) Boudillon（1915）p.14-98
58) 同上p.99-139.
59) 同上 p.140-166.
60) 同上 p.167-206
61) 同上 p.207-211.
62) 同上 p.212-215.
63) 前掲Dareste, p.238.
64) 前掲Dareste, p.239.
65) 前掲Boudillon（1915）p.10-13.
66) 前掲Boudillon（1915）p.8.

115

上のような法源は、フランス占領によってもたらされた新たな問題に対応するには不十分であり、植民地化を契機とする改革の気運もなかった。

　インドシナ連邦の全体にわたって、土地法をめぐる紛争が沸騰し、現地の人々による植民地権力に対する反乱を呼び起こしかねない危険水準に達していた。フランス統治行政はついにインドシナ連邦における土地法改革を志し、これを機に、既存の現地法への尊重姿勢に終止符を打ったのである。

(2) 植民地土地法の制定

　長年にわたって、フランス法と現地法は相いれない難しさを抱えてきたが、ついに植民地の特別法の実施によってその困難が解決されることとなった。不動産の分類問題と、不動産登記の問題の2点が、特に重要であった。

<不動産のカテゴリー分類>

　フランス法は1789年の市民革命以来、国有財産の包括的な概念を有してきた。無主地は国有化される。植民地では、現地国家がフランスの一部とされたから、従前の国王が有していた財産はフランス国家に移転されたと解された。国有地に関する現地法は、主に不文法であり、植民地裁判所の判例法によって認知されていた。Boudillonは3つの所有カテゴリーを分類している：第一は荒蕪地・無主地に対する皇帝の所有。第二は皇帝から配分された土地・田畑を含むコミュニティの公有地についてのタウンシップ行政の所有。第三は、民有地であり、世帯の所有に関する特別法を含んでいた[67]。つまり、王有地、公有地、民有地、の3分類である。

　王有地については、アジアの他の地域についてと同様に、法学者は国王が全国土の支配者であって、民間人に対して土地を配分する権力をふるうと観念していた。国王はまた土地を没収する権利を有したが、それは稀にしか行使されず、また補償が支払われた。所有者が納税義務を果たさなかった際や、所有権を放棄した際に没収は起こった。Philastreの論考がこうした事例や判例を詳述している。こうした場合を除き、民有地の権利者は、基本的に民法典に基づく

---

[67] 同上 p.15-16.

と同様の権利を有していたと考えられる。

　カンボジアでは、1884年条約第9条において、「王国の土地、従来まで王有地であった財産は、今後は譲渡性を失う」と規定し、また「財産法についてはカンボジアとフランスの統治権力が処理する」としていた[68]。コーチシナ総督はこの条文を多くの事例で適用し、その後の複数の王令で承認する流れであった。

　コーチシナでは、1882年8月22日勅令に基づき、土地コンセッションの配分が実施されていた。同令は土地を3分類していた：(1) 地方部の荒蕪地、(2) 都市部の土地、地方部の耕作地、サイゴン・クーロン周辺の荒蕪地、(3) 公共サービスまた公共目的のために提供された譲渡不能の財産、である。これらの異なる分類はそれぞれ別個に管轄されていた。すなわち第一カテゴリーは無償で譲許された。第三カデゴリーは譲渡不能であった。これに対して第二カテゴリーは、公共入札を通じて、また土地税の納税義務を果たしたうえでのみ、譲渡が認められた[69]。この第二カテゴリーについては、所有者以外の耕作者が有する財産権を売買の対象とできるかがしばしば論点となった[70]。

＜土地登記制度の改革＞

　土地登記制度は、土地所有権や担保権などの物権に関する無数の土地紛争の原因となった。コーチシナの現地法は従来から土地登記制度を有しており、それは王令を通じて精緻に確立された制度であった。とくに登記による公示の法的効果について、数多くの紛争が起こっていた。登記制度の第一の目的は地租の賦課であって、不動産担保権などの物権を詳述しておらず、著しい紛争が生じていた[71]。

　1862年のフランス占領当初から、サイゴン市街の一部の土地は植民地権力によって荒蕪地と見なされ、売却に供ぜられた。フランス統治行政はこの所有権

---

[68] "le sol du royaume, jusqu'à ce jour propriété exclusive de la couronne, cessera d'être inaliénable" et qu'"il sera procédé, par les autorités françaises et cambodgiennes, à la constitution de la propriété au Cambodge".
[69] 前掲Boudillon（1915）p.60-61.
[70] 同上 p.62.
[71] 前掲Boudillon（1915）p.30.

を確定するべく、1862年2月20日付命令によってフランス土地法の適用を決定した[72]。同令以降、あらゆる土地取引は、民事局長によって認証された権原証書の移転を通じてのみ可能となり、その他の証明方法は無効とされた。有効な土地登記がある場合は、担保権の設定登記も可能となった。しかし他方で1862年命令は、『皇越律例』が現地人に対しては引き続き有効であると規定した[73]。フランス本国法の実施がしだいに広範囲に及んでいくなかで、コーチシナの法秩序は混乱し、土地取引は不安定かつ高額なものとなった[74]。

『皇越律例』の下での登記制度はDia-bôと称される制度であり、その質的な精緻さから、植民地権力の信頼を得て、現地人に対して適用が続けられた。Dia-bôによる登記の法的効果は、所有権の推定効果であり、あらゆるタイプの反証によって覆すことが可能であった。Dia-bô上の公示は、土地登記簿や担保登記簿に記入する方式であった。つまり、Dia-bô制度による現地の既存の登記制度は、所有権の対象目的物に応じて編纂された、物権の公示制度であったということができる。この方式はフランス法とは真逆である。フランス法では所有者の人名によって担保登記簿を編纂する人的システムである。現地の統治機構は従来のDia-bô制度を維持するよう命じられ、しかしその登記の法的要件は植民地権力によって構築されることとなった。その結果、担保制度は『皇越律例』および新たな判例法によって営まれていくこととなった[75]。

フランス統治権力は、Dia-bô制度をたびたび改革した[76]。また1855年法によって導入されたフランス流の担保制度を、1921年までには植民地全域に及ぼした[77]。しかし制度原則の違いから、両者の制度はいまだ統合化されなかった。しかも、新たに追加されていった植民地法は著しい欠陥があり、フランス法と現地法の登記制度の相互関係をさらに混乱させていった[78]。

その一つの論点は、一物について、二元的な登記制度の両者について登記を

---

[72] 同上 p.31.
[73] Idem, p.32.
[74] 同上 p.33-35.
[75] 前掲Boudillon（1915）p.63.
[76] 同上 p.46 et s.
[77] Loi du 25 mars 1855 sur la transcription hypothécaire.
[78] 前掲Boudillon（1915）p.35.

するべきなのか、あるいはいずれか一つの登記とすべきかであった。取引当事者は実際、個々の取引のたびに二つの制度をチェックせねばならないおそれがあった[79]。1913年、サイゴン控訴審裁判所は、現地人には現地法を適用するという一般原則に基づいて、現地人の関与する取引では現地法上の登記が常に必要であるとする前者の見解を採った。しかしその後、他の裁判所では、契約準拠法でいずれかを選択できるとする判事傾向もあった[80]。なお、『皇越律例』のDia-bô制度が行われていなかったトンキンでは、土地取引は地元行政によって認証される必要があった。

　最終的に、フランス統治行政は土地登記制度の全般的改革に乗り出すこととなり、インドシナ連邦の全域に及ぶ特別の土地法を導入した。すでに世界各地のフランス領植民地でも同様の土地法改革が起こっており、それに続くものとなった[81]。

　インドシナ連邦では、一連の政令を通じて改革が進行した。Boudillonの２つの論考が記すように、1925年７月21日に三つの政令が施行され、その一つ目はコーチシナにおける土地登記制度であり、その後その他の地域にとってのモデルとなった[82]。二つ目はハノイ、ハイフォン、トゥーラン（現在のダナン）におけるコンセッションの法規範であった[83]。三つ目はラオスの登記制度であった[84]。これらの新法を実施するために、いくつかの改革が先行せねばならなかった。第一に、すべての土地の現状が土地登記所によって把握されねばならなかったし、各地における官吏の任命等の課題があった。それは長期的で複雑な改革であった。インドシナ総督は1927年には前二者の政令を実施に漕ぎ着けた[85]。トンキンにおいても、1931年４月１日の政令により、改革の先鞭が付けられた。しかし植民地法に関する1932年ダレステ条約の時点でも、カンボジア、

---

[79] 同上 p.68.

[80] Feyssal（1932），p.3-11

[81] 前掲Dareste，p.203-270参照。

[82] Décret, 21 juillet 1925 sur la propriété foncière en Indochine pour les trois concessions, R, 1926, 1, 182.

[83] Décret, 21 juillet 1925 sur la propriété foncière en Indochine pour la Cochinchine, R, 1926, 1, 129.

[84] Décret, 21 juillet 1925 sur la propriété foncière en Indochine pour le Laos, R, 1926, 1, 190.

[85] 前掲Dareste，p.244.

安南、膠州湾租借地では、改革が及ばなかった。土地法改革は、決して全体的な実施を見ることはなかったのである。

　これらの新法は各地に及ぶ統一法として形成された。特別法ではなく、フランス本国法から甚しく乖離し、かつ現地法を全面的に書き変える法であった。それは現地人にとって抜本的な変化をもたらすものであった。土地登記は財産法として物的に編成され、もはや所有者名で編纂された人的な法ではなくなった。新法はフランス人、ヨーロッパ人、現地人、外国人等の違いに寄らず、全ての人に及んだ。物権、とくに担保権は著しい紛争の対象となったが、つねに法的に解決された。取得時効は、もともと『皇越律例』の知らない制度であったが、新法でも採用されなかった[86]。新法は現地の慣習法秩序に対しても緩やかに適用された。相続法分野も新たな法的枠組みを受け入れることとなり、第一夫人が夫の財産上の用益権を取得するとされた。ただし宗教的基盤、とくに祖先の祭祀には特別ルールが提供された。

　結果として、登記制度によって私的財産権が確立した。物権は確定し、取引が促進された。契約の有効性の一般ルールは当事者合意のみに依拠したが、土地に関する公示は認証された権原証書のみに依拠した。権原証書の様式は契約者の身分法によって異なり、ヨーロッパ人については公正証書が必要であり、他方、現地人については契約者の住所地ないし土地の所在地における現地行政の書き入れないしは認証した権原証書が必要であった。権原証書は特別の登記簿（feuillet Réel）で編纂され、物権を発生させた。物権は一たび成立すると有効性を争うことができず、物権登記がそのような確定権原の唯一の根拠であった。結果として、物権登記は既往のすべての未登記の権利関係を無効化する効果を有した。過去の未登記の権利の主張は受け入れられず、侵害された所有権者は補償を受けられるに過ぎなかった。

　土地登記制度の実施のために、過去の不動産権利関係の書類をすべて集約することが構想され、既往のDia-bô登記、公的な境界画定、権利証、その他あらゆる不動産上の権利関係の登記情報を、すべて新制度に取り込む構想であった[87]。この実現のために、1年をかけて包括的な調査が実施され、意見聴取が

---

86) 同上 p.245.
87) 前掲Dareste, p.248

なされた。最終的に、個々の権利者に対する一斉通知が発出された。これらの手続の終了段階で、いかなる所有者も新法による権原確定の請求をなしうる最終チャンスが設けられた。登記された権原証書の正式の交付と登記簿への編入以降、後続の不動産物権変動はこの土地登記簿への記入によってのみ有効となった。

4. 結論

本章の結論として、植民地主義は当初は、現地人に適用される現地法の尊重から開始し、現地の民事法を維持することを意図していたとしても、結局は現地法の喪失に帰結したということである。フランス法は構造的に強力な体系を持ち、圧倒的な植民地権力のもとで実施された。他方で、現地法は構造的に脆弱で、植民地民事法の導入に抗えなかった。このような不動産法分野の事例は構造的に強力な民事法が威圧的に導入された際に、新たな法的秩序が生み出されようとするが、それが商業的利益を保全せんとする植民地主義の価値観に彩られたものとなることを示唆している。たとえば、現地の一部の法秩序に深く根ざしたコミュニティの集団的財産権は、フランス法の受容とともに急速に減少した。安南では、土地法改革は私的所有権の拡がりをもたらし、集団的所有権はMoïsなどの少数民族の間で残存するにとどまった[88]。

しかし植民地の民事法は、フランス統治にとっては二次的関心に過ぎず、その構造は分断的で、総合的一体性を欠いたまま、終わることとなったのである。

| 参考文献 |

・Exposition coloniale internationale, Paris 1931. Indochine Française. Section d'administration générale. Direction de l'administration de la justice. La justice en Indochine. Organisation générale. La justice indigène, Hanoï, Imprimerie d'Extrême-Orient, 1931, https://gallica.bnf.fr/ark:/12148/bpt6k9744346w

---

88) 同上．p.236.

- Bonhomme, A. (1931) "Du droit applicable aux indigènes et des Juridictions le prononçant. L'Annam", in: *Exposition coloniale, op.cit.* , 155-174.
- Boudillon, A. (1915) *Le régime de la propriété foncière en Indochine. Ce qui a été fait - Ce qu'il faudrait faire. Rapport présenté à M. Le Ministre des colonies*, Larose, Paris, （参照Gallica:http://gallica.bnf.fr/ark:/12148/bpt6k751226）
- Boudillon A. (1927) *La réforme du régime de la propriété foncière en Indochine. Rapport présenté à M. le Gouverneur général de l'Indochine, août 1924*, Imprimerie d'Extrême Orient, Hanoï
- Bourgon, Jérôme (2001) "Le droit coutumier comme phénomène d'acculturation au Japon et en Chine", *Extrême Orient - Extrême occident*, No.23
- Bruschi (1987/88) "La nationalité dans le droit colonial", *Procès, cahier d'analyse politique et juridique*, No.18
- Cressent, M. P. E. (1931) "Le Laos", in: Exposition coloniale internationale, op. cit., 82-112.
- Dareste, P. (1931) Traité de droit colonial, avec la collaboration de plusieurs jurisconsultes. Préface de M. P. Matter. t. 1er, digital version: Manioc, 2012, http://www.manioc.org/patrimon/FRA11214
- Feyssal, P. De (1932) "Le service de la propriété foncière en Cochinchine", *Phap-vien Bao, Janvier*, T. II, No. 1
- Garrigues, A. F. (1931) "Du droit applicable aux indigènes et des Juridictions le prononçant. La Cochinchine", in: Exposition coloniale internationale, op. cit., 41-81
- Godard, J. (1994) *Rapport de mission en Indochine du 1er janvier au 14 mars 1937, coll. Mémoires asiatiques*, éd. L'Harmattan
- Gouvernement général d'Indochine (1939) *Direction des archives et des bibliothèques, Recueil général de la législation et de la réglementation de l'Indochine*, Hanoï, Imprimerie d'Extrême-Orient, （参照portal Gallica http://gallica.bnf.fr）
- Habert, L.A. (1931) "Du droit applicable aux indigènes et des Juridictions le prononçant. Le Tonkin", in: Exposition coloniale internationale, op. cit.,175-212.
- Khong Phirun, Crouzatier, Jean Marie (1997) "Les études sur le droit cambodgien," in P. Lamant (éd.) *Bilan et perspectives des études Khmeres : langue et culture*, L'Harmattan, Paris
- Merle, Isabelle (1999) "La construction d'un droit foncier colonial : de la propriété collective à la constitution des réserves en Nouvelle-Calédonie", *Enquêtes*, No.7.
- Nicolas, P. (1931) "Du droit applicable aux indigènes et des Juridictions le prononçant. Le Cambodge", in: Exposition coloniale internationale, op. cit. 113-154,
- Ortolland, André (1993) *Les institutions judiciaires à Madagascar*, éd. L'Harmattan
- P.-L.-F. Philastre, (1909) Etudes sur le droit annamite et chinois. Le Code annamite. Nouvelle traduction complète comprenant: Les commentaires officiels du Code, traduits

pour la première fois; de nombreuses Annotations extraites des Commentaires du Code chinois : des Renseignements relatifs à l'histoire du droit, tirés de plusieurs Ouvrages chinois : des Explications et des Renvois. Seconde édition, tome premier, Paris, éd. Ernest Leroux.

· Renucci,F. (2007) "Le juge et la connaissance du droit indigène. Eléments de comparaison entre l'Algérie et la Lybie", in: B. Durand, Bernard, M. Favre, (éds.) , Le juge et l'Outre-mer : Médée ou les impératifs du choix, t. 3, Ed. Centre d'histoire judiciaire de Lille éditeur , 211-226.

· Saada, E. (2003) "Citoyens et sujets de l'Empire français, Les usages du droit en situation coloniale", *Genèse*, No. 53 http://www.univ-ag.fr/modules/resources/download/ default/doc_fac_droi_eco/Espace_informations_et_telechargements/Plans_de_cours_ et_documents_TD/Plans_de_cour_Fac_Eco-Droit/Histoire_du_droit/Plans_cours_LS4_ histoire_du_droit_social/L%20S4%20droitsoc%2018-Les%20usages%20du%20droit%20 en%20situation%20colonial.pdf

· Solus, H. (1927) Traité de la condition des indigènes en droit privé. Colonies et pays de protectorat (non compris l'Afrique du Nord) et pays sous mandat, Ed. Sirey, 1927

第5章

タイ民商法編纂における日本民法の役割
―特に債務不履行法の成立過程とその現代的意義を中心に

田村　志緒理

1.　本考察の課題

　本出版企画の本来の目的は、アジア各国で現在進行中の日本による「法整備支援」の役割と意義を明らかにすることであるが、そうした文脈においては、タイ民商法編纂過程における日本民法の役割と影響は、例外的な事例に属すると言えよう。20世紀前半に展開したこの編纂事業に、日本の直接的関与はほとんどなかったからである。むしろそれは日本民法の編纂事業と同様に、タイ法曹人による近代私法の自主的な受容であり、その過程で日本民法が、いわばドイツ民法継受の先例として参照されることとなった。ではその日本民法の影響がタイ民商法のどの部分に、どのような事情で及ぶことになったのか。その点を確認することは、転変するアジア法の中でタイ民商法をどのように位置づけるか、それを知る上で一定程度の意義を有するであろう。なお、この日本民法の継受に至った経緯については既に筆者の報告がある（田村2011）。そこで本考察では、特に1919年草案ならびに債務不履行法の成立過程に焦点を絞って解説する。

2.　歴史的背景：サヤームと日本

　1850年代に西欧諸国と国交を樹立し、以後、自力でその近代化に乗り出した両国の間に、その出発点においては大きな相違はなかったように見える。しかし実際には、既に帝国主義の脅威の下にあったサヤーム王国を近代化することには、日本の事情とは異なる多大な困難があった。そのため、両国の近代化の道のりには大きな相違が生じることとなる。日本が内戦を経て新政権を樹立し、封建制を一気に解体して工業化に邁進したのに対し、サヤーム社会では軍事的

124

な内紛を極力避けるために、封建的な支配構造を温存しつつ、40年近い年月をかけてそれを内部から改革し、近代国家へ移行するという戦略を採用せざるを得なかった。近代的な法制度の導入も大幅に遅延した。日本が1890年代に法制度の近代化をほぼ完了し、世紀末には産業革命も完遂したのに対して、サヤーム王国が本格的な近代化に着手できたのは、実に20世紀に入ってからのことであった。

このテンポの相違の原因の一つは、両国における前近代社会の構造にあると思われる。サヤーム社会における封建制とは、15世紀アユタヤ王朝の時代に成立し19世紀まで続いたサクディナー制である。これは日本の封建制とは大きく異なり、封建領主である貴族層が農奴（プライ）または債務奴隷（サート）である領民を人格的、身体的に厳しく支配していた。領民は領主への貢納として強制労働を強いられ、戦時には戦闘員として動員された（Rajchagool, 1994, p.57-63）。こうした人格的な支配と隷従のため、日本の惣村制のように自治機能を備えた地域共同体は成立せず、手工業または商業を専業とする自律的な職人・商人層もまた成立しなかったようである。つまり職能階級制は発展せず、それを前提とする階級法としての私法の伝統も発展しなかったと思われる。領主によるこの強力な領民支配のため、中央政権の統治力も直属する領地領民に限られ、地方に対する統制力は限定的であった（ibid. p.3）。国王ラーマ四世が開国を決意する19世紀の中葉に至るまでこうした社会政治状況が継続し、サクディナー制を解体しない限り、中央集権化と国民国家形成は不可能であった。そしてこれがラーマ五世による近代化政策の中心的な課題となる。1873年に即位した王は、武力衝突を極力回避するため、地方領主を懐柔しつつ中央政府の官僚制へと次第に組入れ、土地所有制、強制労働から賃労働への移行ならびに奴隷解放を徐々に推進していった。1899年に強制労働制が最終的に廃止されると、大工や仕立て屋、靴職人といった身体的拘束から自由な職人層がサヤーム社会に登場する（ibid. p.64-69）。そして最後の奴隷市場が閉鎖されたのは1905年であった（Stearn, 1997, p.117）。こうした歴史的事情で遅れをとったサヤーム社会にとり、日本の近代化政策は参照しうる唯一の先例であったが、日本の近代法がモデル法として採用されるには、更に紆余曲折が必要であった。

3. 民商法編纂事業の顛末

(1) フランス人顧問団と1919年草案

サクディナー制の解体が完了し、市民社会の萌芽が見られた20世紀初頭、ようやく近代的な法典編纂が俎上に上がる。折しもカンボジア国境地域におけるフランスとの軍事的な緊張状態がサヤーム側の譲歩によって緩和された1904年、フランス政府の圧力の下、フランス人法律顧問団がサヤーム政府に派遣されることなり、以後、フランス人顧問がサヤーム政府の立法事業を主導することとなる。その最初の成果がラタナコシン治世127年（西暦1908年）刑法典であり、その後直ちに民商法の編纂事業が開始され、フランス人顧問団を中心に編纂委員が任命される（ชาญชัย แสวงศักดิ์, ๒๕๓๙, น.๔๖ – ๔๗）。当時同じく法律顧問としてサヤーム政府に奉職していた日本人法律家政尾藤吉博士もこの編纂事業に深く関与し、そうした仏日両顧問の強い影響の下に、最初の全体的構想が練られていった。その基本方針は、スイス債務法をモデルに民商両法を統合した形式を採用するも、特定の既成法典の模倣は避け、あくまでもサヤーム社会の伝統と実情に即した法典を目標とすべしという立場であった。全体的な構成方法として、フランス人顧問団と政尾博士との間で妥協案が策定され、総則、人、物権、債権債務、相続・遺言、国際私法という六編構成に落ち着いた。編纂委員会はまず債権債務法の審議から開始し、1912年にはその第一草案が完成した。委員会は次に家族法の審議に入ったが、婚姻制度を巡ってフランス人顧問団と政尾博士との間に深刻な対立が生じ、編纂事業は一旦中断を余儀なくされた（香川2002、p.165–171）。結局、翌年1913年に政尾博士が全ての職務を辞して帰国し、以後、民商法編纂事業はフランス人顧問団の独壇場となった。

1916年以降は、ルネ・ギュヨン（René Guyon, 1876–1963）がこの起草作業を指揮したが、英文の最終草案が完成したのは1919年であった。同年に公表された報告書の中でギュヨンは、この草案の起草に当たっては欧米の主要な法制度のみならず、日本法もまた参照したことを認めつつも、「起草者の目標は、当該国の要求に即応する法典を起草するという点にこそ置かれた。それゆえ、たとえそれがいかに卓越したものであろうとも、どこか外国の法典から規定を写し取ってきて移植するというような安易な方法に誘惑されないよう、最大限

| **第5章** | タイ民商法編纂における日本民法の役割

の努力を払った」と記している（Guyon, 1919, น.๑๕๗）。

ところでこの1919年草案自体は公表されず、その後散逸したものと信じられていたが、2013年、仏暦2466年（西暦1923年）民商法の編纂作業で使用されたと思われる原本が確認され、その詳細を知ることが可能となった（Code Commission, 1919）。上記報告書でギュヨンは、この草案は基本的に「1908年に決定された」五編構成（債権債務、物権、人の能力、家族、相続）に基づくが、1913年に家族法の先送りが決定されたため、それに代わって戸籍法の草案が加えられたと述べている（Guyon, 1919, น.๒๐๗）。確認された実際の草案には事実、債権債務、人の能力、物権の三編に加えて、戸籍法と抵触法の2つの付属法草案が含まれる（詳細はTamura, 2017a, p.27-35）。したがって、家族法のみならず相続法の起草も先送りとなったのであろう。ともあれ、この草案の債権債務ならびに人の能力に関する部分が、後に仏暦2466年（西暦1923年）民商法第一編・第二編ならびに1924年の同法第三編として公布されることになる。

このうち、最も顕著な特色を示しているのが債権債務法であろう。その構成は、既成法典とは異なるユニークなものであった（後掲：**表1**）。まず、定義や法源、期間などの一般規定を含む序章に続いて、第一部で契約、事務管理、不当利得、不法行為といった債権債務関係の基本類型がまず列挙される。そして条件付き、期限付き、選択権付き、複数当事者間の債権債務関係などを定める第二部、債権債務の譲渡に関する第三部に続いて、第四部で初めて債務履行や債務不履行の効果などが取り上げられ、続く第五部で先取特権および留置権、債権者代位権ならびに詐害行為取消権といった債権者の法定権が規定される。そして第六部の消滅原因に消滅時効が含められていることも独特の構成であろう。

独自性はその規定内容にも見られる。「債務不履行」の最初の規定は「債務者が債務を履行しないこと」を端的に遅滞（default）と定義し、履行期の到来を直ちに遅滞責任の発生と解する立場をとる（Sects. 257 - 260）。これはコモンローの発想に近いと思われるが、他方で不法行為を原因とする債務の場合は、加害行為の時点で遅滞となるとする（Sect. 261）。これは明らかにローマ法格言（fur semper in mora est）の条文化である。そして遅滞の効果（Sect. 262）を3項に分けて次のように規定する。まず、債権者は裁判所に特定履行（specific performance）を請求できる。そして契約関係を原因とする債務の際には、債権者自身が解除（determine）できる場合を除き、契約の取消し（cancellation）を裁判所に請求できる。そのほか、例外的な場合を除き、不履行による損害の賠償を請求することができる。以上３つの効果が選択的に規定され、特定履行の請求を債務不履行の基本的効果とする立場ではない。そしてこの特定履行の命令も裁判所の裁量（discretion）に委ねられ、特定履行が常に優先されるわけではない（Sect. 265）。以上の理論構成に特徴的なのは次の点である。まず、遅滞が履行請求の要件と考えられていて、ローマ法ないしドイツ法的な理論構成、つまり債権者の催告にもかかわらず履行しないことを遅滞と定義する立場と比べて、論理が逆転していることである。つまり、ここでの遅滞は債務不履行の一類型ではなく、債権の実行一般の要件を意味している。またこのことは、フランス法的な付遅滞制度を採用しなかったということでもあり、この点で日本民法第412条の発想と極めて近い。また、履行不能に関する一般規定は存在せず、その代わりに損害賠償責任が免責される例外的な事例として、不可抗力（force majeure）または第三者による妨害を原因とする遅滞または不能の場合が規定される（Sects. 270-272）。こうした例外規定からすると、不履行責任に帰責事由が要求されるかに見えるが、そうした規定はない。

　ところでこの独自の構成には論理的な難点が潜んでいる可能性がある。上述のように、遅滞概念の定義では帰責事由は要求されないが、それに言及している条文が一つだけある（Sect.271）。それによると、遅滞中に不可抗力が原因で履行不能になった場合には債務者の賠償責任は免責されない、「ただし遅滞につき自らに帰責事由（fault）がないことを債務者が立証し得た場合はその限りでない」とする。つまり免責される。しかし帰責事由の定義はない。この「帰責事由がないこと」を不可抗力または第三者による妨害と同義と解すると、この但書は無用と言えよう。不可抗力等によって遅滞に陥った時点で既に免責されるからである（Sec.270）。翻って、なぜこのような特殊な事例に限って帰責事由を問題とするのか、その理由が判然としない。仮に同条を根拠に帰責事由を遅滞責任一般の要件と解すると、上記遅滞概念の定義と軋轢を生じるおそれがある。なぜなら、その場合には履行期到来の時点で帰責事由の存在を推定することになり、履行期到来を不法行為の場合と同一視する結果となるからであ

る。もとより帰責事由の有無は、債権者からの履行ないし賠償請求に対する抗弁において初めて問題となり、そのような請求に先立ち、その要件となるような遅滞においてはそもそも観念することが難しい。そしてこうした独自性と論理的な難点こそが、その後の民商法編纂事業の方針転換の原因であったと思われる。

(2) 編纂方針転換の背景

フランス人法律顧問団の主導による民商法編纂事業に大きな修正を加え、ドイツ民法ならびに日本民法を主なモデル法とする方向へと導いた人物は、最終草案が完成した1919年に法典編纂委員会専属書記官に任命された弱冠30歳のタイ法曹であった（欽賜名：プラヤー・マーナワラーチャセーウィー；「プラヤー」は明治憲法下の「正二位侯爵」に相当、実名：プロット・ウィチャイ・ナ・ソンクラー、1890 - 1984、以下では修行時代では「プロット青年」、任官以後では「プラヤーマン」と略称）。彼がこの編纂事業に初めて関わったのはその10年前、1909年に同委員会の常勤英語通訳として働き始めた時であった。当時は同編纂事業も開始されたばかりで、若きプロット青年はフランス人顧問団の起草した初期の草案をタイプして編集し、参照された外国法条文のリストを作成するなどの作業に従事した（มหาวิทยาลัยธรรมศาสตร์, ๒๕๒๕, น.๕๔ - ๖๐）。この時期、同委員会には当時の司法大臣コロムルワンラーチャブリーディレーク親王（通称、ラピー親王）も頻繁に出入りしていたが、親王はプロット青年の才能を認めて司法省付属法律学校への入学を許可した。1911年にサヤーム法曹資格を取得すると、ラピー親王は今度はプロット青年を国費留学生としてイギリスに送り出すのである。そしてロンドンへ出立する直前の謁見の際、親王は彼に内密の指示を与える。イギリス法曹資格の取得後、ハイデルベルグへ留学してドイツ民法を研究し、帰国してからは民商法編纂に従事せよという指示であった（ibid. น.๓, ๑๐）。親王は明らかにフランス人顧問団主導の編纂事業に不満があったのである。就中、サヤーム政府に対するフランスの強大な影響力に憂慮していたのであろう。またラピー親王は、自身の友人であり、当時イギリスの自由党アスキス内閣で法務次官を務めていたジョーン・アルスブルック・サイモン卿（Sir John Allsebrook Simon, Viscount Simon, 1873 - 1954）にプロッ

ト青年の留学の手配を依頼していた。そして親王は、フランス人顧問団の草案をロンドンに携えて行き、サイモン卿に示してその評価と助言を請うようプロット青年に委託した（ibid. น.๙๕, สำนักงานคณะกรรมการกฤษฎีกา, ๒๕๒๔, น.๓）。西欧列強との不平等条約改正を希求するサヤーム政府にとり、イギリス政府の高官がフランス人顧問団の起草した民商法草案をどのように評価するかは、外交政策上きわめて重要な意義を持っていたに違いない。

ところでプロット青年がロンドンへ携えて行った草案は何であったか。後に彼自身は自らが編纂委員会通訳として整理編集したのは3編であったと証言しているが、ギュヨンの上記報告書によると物権編の草案は当時はまだ完成していない（Guyon, 1919, น.๒๐๕）。したがってその「3編」とは債権債務編の総則と契約各則、それに人事編の3部であったと推測される。ロンドンに到着後、彼は早速この草案をサイモン卿に示してその評価を請うた。案の定、サイモン卿の評価は厳しいものであった。「これを起草した人物は、自らの発想にしたがってオリジナリティーのある体系を築こうと努力をしているようだが、力量がその目標に及んでいない」という。つまり、規定相互の整合性に欠けるというのである。そう評した上で、西欧諸国からの承認を得るためには奇抜な構成ではなく、むしろ広く承認された既成法典をモデルにすることこそ最善の道であると助言し、日本民法をモデルにすることをプロット青年に提案する。この日本民法自体がドイツ民法をモデルにしているのだから、外国が難詰してきても「我々は日本民法を参照したのだ」と反論すれば、異論の余地はなくなるというのである（มหาวิทยาลัยธรรมศาสตร์, ๒๕๒๔, น.๑๐๑）。このサイモン卿の助言の詳細は明らかでないが、知日家であった彼はギュスターヴ・エミール・ボアソナードによる旧民法の起草と法典論争、法典調査会による改正民法の編纂とドイツ法の継受など、日本民法編纂史に関する情報もプロット青年に与えている（ibid. น.๑๐๓）。任官後のプラヤーマンにとっては、圧倒的な影響力を振るうフランス人顧問団の草案をどのような段取りで日本民法をモデルにした別案で置換するか、それこそが難題となるのだが、サイモン卿の語る日本民法成立の顛末がその戦略を練る上で重要なヒントとなったらしい。こうした事情から考えて、後述する仏暦2466年（西暦1923年）民商法公布と仏暦2468年（西暦1925年）民商法によるその置換という出来事の由来は、このサイモン卿の助言

130

と提案にあったと思われる。いずれにせよ、プロット青年はこの助言に忠実に従い、イギリス法の勉学の傍ら、ドイツ民法ならびに日本民法に関する英語文献を収集し学習する。日本民法に関しては、ジョセフ・エルネスト・デ・ベッカー（Joseph Ernest de Becker, 1863‑1929）による英訳ならびに注釈書を主な情報源としている（ibid. น.๒๔；詳細は田村2011、p.121）。おそらくこれらの著作を紹介したのもサイモン卿であろう。プロット青年は1916年に予定通りイギリス法曹資格を取得するが、第一次世界大戦勃発のためにドイツ留学は実現せず、同年に帰国して任官する。

(3) 仏暦2466年（西暦1923年）民商法と仏暦2468年（西暦1925年）民商法

　当時の国王ラーマ六世は民商法編纂事業の遅延を憂慮し、1919年、作業を促進すべく、帰国後に宮内省法務局に勤務していたプラヤーマンを書記官として法典編纂委員会に再度送り込む。そして翌1920年、草案の翻訳委員に任命されると、彼はイギリス留学時から熟慮を重ねてきた戦略を実践に移したようである。草案のタイ語訳を提出すると、サイモン卿の助言通り、草案に論理的な一貫性が欠けることを根拠に「日本方式」の採用、つまり日本民法をモデルとしたドイツ民法の継受をサヤーム政府に力説し始めたのである。最終的にはプラヤーマンの説得は功を奏し、編纂方針の変更がサヤーム政府内で決定される。しかしそれは国家機密とされ、まず1919年草案公布の作業に着手する。それは一つにはフランスの協力に報いるためであり、二つには公布して問題の所在を公にするためでもある（มหาวิทยาลัยธรรมศาสตร์, ๒๕๒๕, น.๗๕‑๗๗, ๑๐๔‑๑๐๗）。公布の対象とされたのは、債権債務法（総則および契約各則）と人事法（人の能力）であるが、1919年草案の編別とは異なり、総則編、債権債務編、契約各則編の３編構成が採用される。草案に存在しない第一編総則は、債権債務法草案の序章と人事法草案（人の能力）を振り当てて急きょ編集したようである。そして債権債務法草案の第一部から第六部までを第二編債権債務、残る第七部を第三編契約各則とした（1919年草案との対応関係については、Tamura, 2017a, p.5-20）。1923年、プラヤーマンが正式な起草委員に任命される。そして同年11月11日に第一編と第二編が公布され、翌1924年１月１日より施行とされた（原文と邦訳はTamura, 2017b and c）。これが仏暦2466年（西暦1923年）

民商法である（以下、「旧民商法」と略称）。ところがこの施行日に第三編が公布されると同時に、第一編・第二編の施行が延期され、1925年１月１日より全三編を同時に施行するとされた。しかしこの新たな施行日に実際に施行されたのは第三編のみであり、第一編・第二編は同年11月11日に廃止され、新たな第一編・第二編が公布されたのである（原文と邦訳はTamura, 2017d and e）。この新法が仏暦2468年（西暦1925年）民商法である（以下、「現民商法」と略称）。なお、上記の経緯から推測して、改正計画の対象は当初から第一編・第二編に限定されていて、第三編は1919年草案のまま維持する予定であったと思われる。これもまた、サイモン卿の助言に基づく計画だったかもしれないが、皮肉にもこの第三編中の８条ほどがイギリス大使館からの批判を浴び、結局1928年に新たな第三編によって置換される（มหาวิทยาลัยธรรมศาสตร์, ๒๕๒๕, น.๗๘；西澤1999、p.266）。しかしその改正は、ほぼ文言の修正に留まっているようである。

4. 仏暦2468年（西暦1925年）民商法の全体的構成

(1) 第一編総則について

　以下では第一編総則および第二編債権債務に焦点を絞って論述する。以上の経緯から考えて、1923年における旧民商法、すなわち仏暦2466年民商法の公布は、その２年後に公布される現民商法、すなわち仏暦2468年民商法のいわば前段階として実行され、後者による置換が当初より計画されていたものと推測される。そしてこの現民商法ではドイツ民法および日本民法の条文が大量に採用されることとなった。しかし詳細に検討すると、第一編と第二編とでは、独日両モデル法の継受の態様に共通点と共に相違点も認められる。まず共通点として、いずれの編も全体的な構成方法の点で日本民法に準拠している点が挙げられよう。現民商法の第一編は日本民法第一編の６章編成（人、法人、物、法律行為、期間、時効）に基本的に従いながらも、以下の３点で小さな変更を加えている。まず序章と第一章総則を加えて、そこに旧民商法から10条ほどを採用した。そして人と法人を第二章に包摂して全体の６章構成を維持した。最後に、第四章法律行為から代理に関する部分を削除している。おそらく第三編契約各則第十五章委託の規定との重複を避けるためであろう。著者の現在の認識

（Tamura, 2017h, p.3-7, 13-21）に従えば、各章における外国法モデル条文の仕分け（後掲：**表2**）に示した如く、全体で約1/3ほど、特に第二章では半数ほどの条文が旧民商法から採用されていることが目を引く。日本民法からは第一章人、特に能力に関する条文が採用されていて、日本の旧民法に由来する「ボアソナードの遺産」がタイ民商法に受け継がれている。その他、第四章法律行為においてもドイツ民法より多くの条文が日本民法から採用されている。全体としてはドイツ民法の直接的影響は比較的に控え目であり、旧民商法と日本民法からの条文がその骨格となっている。全体的な評価としては、現民商法第一編は旧民商法を独日両モデル法で補完したものと言えよう。

(2) 第二編債権債務について

　これに対し、第二編では事情が一変する（Tamura, 2017h, p.8-12, 22-31）。章別の外国法モデル条文の仕分け（後掲：**表3**）からも明らかなように、全259条中、旧民商法から採用されたのは30条ほどに限られ、日本民法ならびにドイツ民法から採用された条文がそれぞれ100条ほどで拮抗している。全体的な構成方法では日本民法の5章構成（総則、契約、事務管理、不当利得、不法行為）をほぼ踏襲し、第二章契約中の契約各則部分を除外した形となっている。その他の変更点としては、まず第一章第二節債権債務の効力を6款に細分化し、旧民商法第二編第五部に準じて留置権および先取特権を第五款と第六款に組入れている。というのも、1919年草案の物権編には担保物権は含まれていない。後の1930年に制定される第四編物権を1919年草案に基づいて編纂することを前提として、旧民商法と同じくこれらの条文を第二編に組入れておいたものと推測する。しかし実際の条文としては主に日本民法の留置権・先取特権の規定がそのまま採用されていて、旧民商法のそれではない。ここにもまた「ボアソナードの遺産」が大量に継承された。もう一つの変更点は、第二章契約に手付および違約罰に関する節を設け、ここにドイツ民法の規定を採用している点である。以上のような考察から、第二編における改正の目的は旧民商法の補完に留まらず、むしろそれを独日両民法をモデル法とする代替案で置換することであったと結論付けられよう。

5. 債務不履行法の構成方法

(1) モデル法と配列の特徴

そうした新たな編纂方針の特徴を端的に体現する箇所がある。それが第一章第二節債権債務の効力中、債務不履行を規定する第一款である。章別の外国法モデル条文の仕分け（後掲：**表3**）に記載した如く、全23条中、17条がドイツ民法から採用されており、日本民法および旧民商法を圧倒している。それでは、この部分ではドイツ民法の構想が採用されたと断定できるかというと、それほど事態は単純ではない。現民商法における債務不履行法の最終構成とそのモデル条文一覧（後掲：**表6**）のドイツ民法（1898-2001）の欄から明らかなように、採用された条文の順番が乱れていて、論理構造に抜本的な変更が加えられたことを示唆している。他方で、日本民法から採用された3条は元々の前後関係を維持しており、その他の条文においても現民商法と日本民法との間には相関関係が成立している。以上のことから、現民商法の債務不履行法は主にドイツ民法から条文を採用しつつも、その配列を日本民法をモデルにして組換えていることが推測される。しかし、なぜそのような配列換えが必要であったのだろうか。

まず第一に、現民商法の起草者が日本民法の規定を直接に採用することを差し控えたという点が考えられよう。日本民法の債務不履行法は原則規定のみであるが、当時のタイ法曹にはより実践的な詳細規定が必要とされた。それだけでなく、規定内容の難点も問題となったと思われる。既述のように、1919年草案の債務不履行法には論理的な難点があった。その際にも示唆したが、この草案の債務不履行法は日本民法の発想ときわめて類似しており、したがってそこで指摘された難点は、ほぼそのまま日本民法の規定にも当てはまることとなる。と言うことは、サイモン卿がプロット青年の持参した初期草案を検討して日本民法をモデル法とすることを提案した際に、日本民法にフランス人顧問による草案と同様の難点が潜むこともまた、指摘していたのではなかろうか。この観点から特に問題となるのは、日本民法第412条における履行遅滞の定義であり、この難点を回避するためには、履行請求ないし催告に関するドイツ民法型の規定を導入して遅滞を定義し直すことが必要となる。他方でまた、ドイツ民法の

債務不履行法をそのまま採用することも難しかったに違いない。言うまでもなく、ドイツ民法施行直後に積極的債権侵害論によって提起された「法の欠缺」問題である。履行不能を中核とするドイツ民法的な構想では、不完全履行ないし積極的債権侵害を適切にカバーし切れない。この難点の克服には、日本民法第415条のような包括的な規定が必要となる。このようにして、独日両民法がそれぞれ抱える理論的な課題を、相互に補い合うことによって同時に克服することが現民商法起草者の課題だったのであり、サイモン卿からの助言であったのではないかと思われる。では、具体的にどのような手法が採られたか。

(2) 再構成の全体的な段取り

基本的に旧民法のフランス法的な発想に準じる日本民法の債務不履行法と比べて、ドイツ民法のそれは根本的に異なっており、条文内容においても両法に重なる部分は希薄である。それでは現民商法の起草者は、どのような視点から両法を比較し、符合させたのだろうか。この点を理解するためには、まず関連するドイツ民法の条文を6つの群に区分けすることが必要である。つまり、損害賠償、履行期、履行不能、履行遅滞、金銭債務の特則、受領遅滞の6項目であり、日本民法第412条ないし第419条で扱われる項目から、ドイツ民法には含まれない「履行強制」を除外したものである（後掲：**表4**）。このうち、両法が交錯する「共有点」はどこか。筆者にとってもそれが長年の謎であったが、ドイツ法の一条文に僅かな変更を加えることによって、日本法の条文とほぼ完璧に重なり合う一点が存する。それがドイツ民法§286の第一項である。これは「債務者は、履行遅滞によって生じた損害を債権者に賠償する義務を負う」旨を規定した単純な条文であるが、この文言中「履行遅滞」を「債務不履行」に置き換えれば、実質的に日本民法第415条前段と同趣旨となる。こうした操作はもちろん、履行不能を中核とするドイツ債務不履行法の本旨に反し、後に解釈上の問題を引き起こすことにもなるのだが、ともあれ、この「共有点」の確認により、現民商法における債務不履行法の再構成の段取りが一挙に判然となる（後掲：**表5**）。その概略を述べれば、ドイツ民法の条文中、第4群履行遅滞を中核に据え、その前に履行期、背後に履行不能・損害賠償・金銭債務を置く一方、受領遅滞と履行強制を遅滞規定中に挟み込むという要領で、全体を日本民法に

準じて再構成する手法である（詳細はTamura, 2017i）。その手順は以下のようになる。

（3）再構成作業の具体的手順
・ステップ1

上述のように、ドイツ民法§286と日本民法第415条前段を結ぶ基軸が確認されたことから、まずドイツ民法の第4群（§§284, 285, 286, 287）が再構成の中核に据えられる。それと同時に、§286の第一項を日本民法第415条前段によって置換して、履行遅滞のみならず債務不履行全体を包摂する一般条項へと変形する。このようにして、ドイツ法4条文と日本法1条文とが最終構成（後掲：**表6**）では§284→Sect.204, §285→Sect.205, 第415条前段→Sect.215, §286（II）→Sect.216, §287→Sect.217へと結果する。

・ステップ2

履行遅滞に関する条文が中核に据えられた以上、履行期に関する規定がそれに先行せねばならない。しかし日本民法第412条には既述のような論理的な難点があるため、代わってドイツ民法§271が採用され、最終構成ではSect.203となる。

・ステップ3

穂積陳重が法典調査会で「英吉利ノ主義抔トハ反對」と言明したごとく、旧民法の債務不履行法を継承した日本民法では、債務不履行の主たる効果は現実的履行、つまり特定履行の強制にあり、その規定が損害賠償責任の規定に先行している。現民商法起草者はこの日本民法の構成に忠実に従い、ステップ1で採用された条文のうち、日本民法第415条前段を継承したSect.215の前の位置に、日本民法第414条をそのまま採用している。これが最終構成ではSect.213となる。

・ステップ4

ステップ1で論じたように、現民商法起草者は日本民法第415条前段をドイツ民法の履行遅滞の条文との相関関係で捉えた一方、第415条後段は、前段から完全に分離して専ら履行不能に関する条項として理解したようである。こうした見方に基づき、履行遅滞の最後の条文、つまりドイツ民法§287を継承し

たSect.217の直後に、履行不能に関する同法第3群（§§275, 278, 280）が配置される。しかしその際、日本民法第415条後段の趣旨に揃えて、債務者有責による履行不能を定める§280が当該3条の先頭に移動される。このようにして、§280→Sect.218, §275→Sect.219, §278→Sect.220という条文配列が生まれるが、不能規定と遅滞規定の順番が入れ換わり、不能規定中の債務者有責と無責の場合の順番がドイツ民法と比べて逆転しているのは、上記のような事情による。

・ステップ5

　日本民法では債務不履行による損害賠償（第415条前段）および履行不能（同条後段）に損害賠償の範囲（第416条）が続く。それに即して現民商法起草者は、ドイツ民法§278を継承したSect.220の後に同法第1群（§§249, 254）を配置する。と同時に、損害賠償の範囲の限定に条件説のみを規定する§249に対して、コモンローの原則を継承した日本民法第416条を優先し、他方で過失相殺に関してはより詳細に規定するドイツ民法§254を採用した。こうして、日本民法第416条→Sect.222, ドイツ民法§254→Sect.223という独日混合の構成が生まれる。なお、金銭賠償の原則を定める日本民法第417条は採用されない。

・ステップ6

　ステップ5と同様の論理で、日本民法で過失相殺（第418条）の後に金銭債務の特則（第419条）が置かれるのに準じて、現民商法起草者もSect.223の直後にドイツ民法第5群の条文を配置する。これが§§288, 289→Sect.224, §290→Sect. 225という最終構成になる。なお、日本民法では金銭債務の規定の後に損害賠償の予約に関する規定が続くが、これらは不採用となる。おそらく、ドイツ民法からの採用が決定していた違約罰の規定中に、ほぼ同趣旨の条文が存在するからであろう。

・ステップ7

　さて、日本民法では履行遅滞を規定する第412条の直後に受領遅滞に関する簡略な規定が置かれている。そこで現民商法の起草者は、この日本民法第413条に相応する位置、つまり遅滞責任の規定Sects. 204, 205の直後にドイツ民法第6群（§§293－299, 301）をほぼそのまま配置している。ただし、若干の微調整を行っていて、まず§297と§298の位置を入れ換えて受領遅滞の例外規定

が連続するようにし、また受領遅滞中の遅延利息の例外に関する§301を、おそらく遅滞責任を軽減する規定と理解したためであろう、履行補助者の債務不履行に関するSect.220の直後に移動している。以上のような操作によりSects. 208-212、ならびにSect.221という構成が成立する。

・ステップ8

以上でドイツ民法の条文を日本民法の構成方法に基づいて再配列する作業は完了するが、最後に旧民商法より3条が追加されている。まず、不法行為における履行遅滞を規定する旧民商法Sect.327と、債務者の責任財産を規定する同法Sect.373とがそれぞれ遅滞責任に関する規定の直後、履行強制に関する規定の直後に追加される。また、受領遅滞に関する旧民商法Sect.355でドイツ民法§293を置き換えたと思われる。

(4) 論理的不整合性

以上のように、全く異質な独日の債務不履行法を強引に統合するその手法は、仮に独日の法曹人が関与していたなら、決して採用されなかったであろう大胆なもので、不可避的に様々な無理が生じている。特に損害賠償と履行不能の部分である。第一にSect.215だが、現民商法起草者は日本民法第415条前段と後段を完全に分離し、後段は専ら履行不能に関する条項と理解した。そしてステップ4でそれをドイツ民法第3群の条文によって置き換える。こうしてSect.215には帰責事由に関する言及が欠落することとなった。この結果、遅滞責任における帰責事由がSect.205で、不能責任におけるそれがSects.218, 219で明記されているのに対し、賠償責任を規定するSect.215だけはコモンロー的原則に従ったかのような不整合を呈している。第二にSect.216である。§286第一項は既述のように日本民法第415条前段によって置換されて一般条項となったが、「履行に代わる損害賠償」を定める§286第二項が「履行遅滞」という文言のままSect.216として残存した。この結果、先行するSect.215が「債務不履行」一般を包括するにもかかわらず、次条で「履行遅滞」に再び戻るという不整合が生じた。第三に、これもSect.216に関する解釈問題だが、ドイツ法本来の構成法では履行不能が履行遅滞に先行して規定されていて、§286第一項と第二項の関係は、「全部不能」に関する§280第一項と「一部不能」に関する同条第二項

との関係に対して相応関係に立ち、§286第二項の趣旨は、この§280第二項に対応して理解されていた。しかし現民商法の構成では不能と遅滞の前後関係が逆転し、加えて§286第一項の置換によって相応関係も消失したため、§286第二項を継承したSect.216の趣旨が不明瞭となった。こうして「履行請求と共にする損害賠償」ではなく「履行に代わる損害賠償」を請求するには何が要件かという解釈問題が生じることになった。最近のタイの学説では「特に悪質な遅滞の場合には、履行に代わる損害賠償を請求できる」と解釈し、Sect.216をSect.215に対する責任加重規定とする立場が見られる（ดาราพร ถิระวัฒน์, ๒๕๕๒, น. ๖๒）。こうした学説は、損害賠償を債務不履行に対する「懲罰」とする考え方を前提としていると思われるが、これは独日両民法学とは異なる展開と言えよう。

　次に履行不能の規定における問題点である。まず第一に、上記ステップ４でドイツ民法第３群から採用されたのは３条に留まり、いくつかの重要な規定が抜け落ちた。特に帰責事由（§276）と挙証責任（§282）である。ドイツ民法本来の構成では履行不能で初めて帰責事由が問題となり、そこにこれら原則規定が置かれた。しかし現民商法の構成では遅滞が不能に先行し、Sect.205で既に帰責事由への言及もあることから、履行不能にこれらの原則規定を配置することは不適切となった。本来ならこれらの原則規定はSect.205直後に移動すべきだったが、現民商法起草者は端的に不採用としてしまった。このため、帰責事由の定義を欠く状態となり、これが原因となってもう一つの不具合も生じた。それは、受領遅滞中の債務者の責任を軽減する§300もまた不採用になったことである。標準的な責任の定義がないまま、その軽減を規定することは無意味と判断されたためであろう。このため、受領遅滞の効果もまた不明瞭となった。因みに、タイの民法学では独日の民法学からの体系的な「学説継受」は起きていない。したがって、独日両民法をモデルとした条文であっても、その解釈に独日の学説が参照されることはほとんどないようである。そうしたことが原因で、独・日・タイの３法間で条文解釈にギャップが生じていると言えよう。

6. 日本民法継受の歴史的総括と現代的な意義

　以上のような理論的な検討に基づき、最後に現民商法編纂における日本民法の役割を総括してみたい。歴史的な経緯から明らかなように、独日両民法をモデル法とする編纂方針へとサヤーム政府を導いたのは、ラピー親王がプロット青年に与えた指示であった。その動機は、当時のフランス人顧問団の強大な影響力に対する憂慮であったと思われる。民商法編纂事業の主導権をサヤーム政府側に奪還するためには、フランス人顧問団の草案を質的に凌駕する代替案を提示するしか方策がなかったのである。そんな時、サイモン卿の助言と提言から、日本民法をモデル法とする新たな戦略が浮上し、事態は思わぬ方向へと展開した。最終的には、1919年草案に基づく旧民商法を大幅に改正し、独日両民法から大量の条文を動員することとなったが、その成否を判断する上で重要なのは、この現民商法が果たして1919年草案を理論的に乗り超えたかどうか、という点であろう。

　本考察の冒頭で触れたように、サヤームの前近代社会は日本のそれとは極めて異質であり、過酷な強制労働と身体的拘束を伴った農奴制の社会であった。職能階級制は成立せず、近代市民社会の萌芽となるべき職人・商人の自律的な経済活動が生まれたのはサクディナー制が解体された20世紀になってからである。したがって、民商法の編纂事業が開始された時代、契約関係に基づく自律的な私法関係はなお黎明期にあったと言えよう。こうした社会の私法制度に求められるのは、私的法律関係に積極的に介入し、安定的な契約関係の創設を促す機能であると思われる。こうした社会的な要請に応えるためには、ちょうどドイツ民法のように、損害賠償よりも履行請求を基本とし、あくまで特定履行の実現に力点を置いた倫理観の強い債権債務法が適していたのかもしれない。また、同様の理由から、その解釈学においても損害賠償を不履行に対する懲罰と解する「強権的」な立場が有力となるとも考えられる。しかし他面において、ドイツ民法の規定を日本民法の構想に基づいて再編成したからこそ、ドイツ民法における履行不能論の桎梏をあっさりと破って大きな柔軟性を達成し、大規模な改正を経ることなく今日に至るまで社会の発展に適応できたと評価することもできよう。以上のような意味において、現民商法は1919年草案の水準を優

140

に超えると同時に、サヤーム政府による立法主導権の奪還にも貢献したと言えよう。そして日本民法はその過程で一定の役割を果たし得たのである。

それだけではない。債務不履行法に限定して総括するならば、現民商法におけるその構想は成立後70年以上を経て、現代的な意義を獲得しつつあるとさえ言える。周知のように、2002年より施行されたドイツ改正債務法はその債務不履行法を大幅に衣替えした。主要な不履行責任としての履行不能の規定（旧§275）は、包括的な義務違反の規定（新§280）にその地位を譲って「履行と共にする損害賠償」を原則とすると同時に、履行不能を含む一定の場合に「履行に代わる損害賠償」を認めるという体制となった（新§§281-283）。こうしたドイツ民法の現代的変容を目の当たりにする時、細部になお難点を抱えつつも、現民商法のSects.215-219の構成がこれらドイツ新規定の「先駆け」的な意味合いを持ち得ることが明らかとなる。言い換えれば、ドイツ改正債務法がタイ現民商法に歩み寄ったとも表現できよう。他方、平成29年に成立した「民法の一部を改正する法律（債権法改正）」においても、新たな第412条で履行請求への言及がより明確化し、同時に第412条の2ではその履行請求に限界を画するものとして「履行不能」が初めて規定された。そして新設された第415条第二項において、履行不能または履行拒絶の場合の「履行に代わる損害賠償」もまた初めて規定されることとなった。ここでもまた日本民法とタイ現民商法との距離が一段と縮まった形となっている。そうであるならば、これら独日両民法における近年の改正を通じて、独・タイ・日の3法がお互いに歩み寄り、収斂し始めていると評することができよう。

1925年に公布されたタイ現民商法のうち、その第一編は1992年に全面的に改正されて現代語化と一定程度の内容的な現代化も経験した（原文と邦訳はTamura, 2017f）。これに対して第二編は立法当初の姿を維持している（同じくTamura, 2017g）。今後この第二編も現代語化されるとすれば、同時に論理的不整合の克服や内容的な現代化もまた必要となろう。その際には、独日両民法における現代化が必ずや比較検討されるに違いない。そして、もしそうした債権債務法の現代化が上記の「収斂」の方向性を更に進めるとすれば、タイ民商法編纂における日本民法の継受は、そうした将来の発展にも更に一定の役割を果たし続けることとなるであろう。

参考文献

・香川孝三（2002）『政尾藤吉伝　法整備支援国際協力の先駆者』信山社

・田村志緒理（2011）「1925年タイ民商法典における日本民法継受の態様」アジア法学会・アジア法研究5号、p.115－134

・西澤希久男（1999）「タイ民商法典編纂史序説」名古屋大学・法政論集177号、p.238－272

・ดาราพร ถิระวัฒน์ (๒๕๕๖) . กฎหมายหนี้ หลักทั่วไป (พิมพ์ครั้งที่ ๓ แก้ไขเพิ่มเติม) . กรุงเทพฯ : โครงการตำราและเอกสารประกอบการสอน คณะนิติศาสตร์ มหาวิทยาลัยธรรมศาสตร์.

・ชาญชัย แสวงศักดิ์ (๒๕๓๙) . อิทธิพลของฝรั่งเศสในการปฏิรูปกฎหมายไทย. กรุงเทพฯ : สำนักพิมพ์นิติธรรม.

・มหาวิทยาลัยธรรมศาสตร์ (๒๕๒๕) . บันทึกคำสัมภาษณ์พระยามานวราชเสวี โดย ภาควิชานิติศึกษาทางสังคม ปรัชญาและประวัติศาสตร์. In: มหาวิทยาลัยธรรมศาสตร์ (๒๕๕๗) . *พระยามานวราชเสวี (ปลอด วิเชียร ณ สงขลา)* . กรุงเทพฯ : วิญญูชน, ๑๑ – ๑๓๘.

・สำนักงานคณะกรรมการ กฤษฎีกา (๒๕๒๔) . กำรำลึกของพระยามานวราชเสวี (ปลอด-วิเชียร ณ สงขลา) : หนังสืออนุสรณ์ครบรอบ ๔๘ ปี.

・Code Commission（1919）. *Kingdom of Siam, Draft Civil and Commercial Code*. Signature 217 and 217.2 in the part of books in foreign languages of “Phya Manava Rajsevi Library” in the Main Library of Bangkok University in Bangkok.

・Guyon, René（1919）. The Work of Codification in Siam [reprint]. In: สุรพล ไตรเวทย์ (๒๕๕๐) . *การร่างประมวลกฎหมายในประเทศสยาม*. กรุงเทพฯ : วิญญูชน, ๑๘๘ – ๒๒๙.

・Rajchagool, Chaiyan.（1994）. *The Rise and Fall of the Thai Absolute Monarchy*. Bangkok: White Lotus Co., Ltd.

・Stearn, Dunan（1997）. *Chronology of South-East Asian History: 1400–1996*. Dee Why: The Mitraphab Centre Pty Ltd.

・Tamura, Shiori（2017a）. “French Advisers’ Heritage” in Civil and Commercial Code, especially in Book I and II. [PDF] Available at: <http://openlegaltextbook.info/Resources/01_French-Heritage_20161111.pdf> [as of January 14th, 2019]

・—, —（2017b）. The Japanese Translation of the Civil and Commercial Code of 1923, Book I. [PDF] Available at: <http://openlegaltextbook.info/Resources/01_OldText-B1-All_20140621.pdf> [as of January 14th, 2019]

・—, — （2017c）. The Japanese Translation of the Civil and Commercial Code of 1923, Book II. [PDF] Available at: <http://openlegaltextbook.info/Resources/01_OldText-B2-All_20171113.pdf> [as of January 14th, 2019]

・—, — （2017d）. The Japanese Translation of the Civil and Commercial Code of 1925, Book I （original ver.）. [PDF] Available at: <http://openlegaltextbook.info/Resources/02_NewText-B1-V1-All_20170307.pdf> [as of January 14th, 2019]

・—, — （2017e）. The Japanese Translation of the Civil and Commercial Code of 1925, Book II （original ver.）. [PDF] Available at: <http://openlegaltextbook.info/Resources/02_NewText-B2-V1-All_20170307.pdf> [as of January 14th, 2019]

・—, — （2017f）. The German and Japanese Translation of the Civil and Commercial Code of Thailand, Book I （current ver.）. [PDF] Available at: <http://openlegaltextbook.info/Resources/03_NewText-B1-Current-All_20150507.pdf> [as of January 14th, 2019]

・—, — （2017g）. The German and Japanese Translation of the Civil and Commercial Code of Thailand, Book II （current ver.）. [PDF] Available at: <http://openlegaltextbook.info/Resources/03_NewText-B2-Current-All_20161120.pdf> [as of January 14th, 2019]

・—, — （2017h）. Reception of the Japanese Civil Code and "Boissonade's Heritage" in the Civil and Commercial Code for the Kingdom of Siam, Book I and II （as of 1925）. [PDF] Available at: <http://openlegaltextbook.info/Resources/04_Index-Book1+2-V1_20161124_EN.pdf> [as of January 14th, 2019]

・—, — （2017i）. Basic View to Reconstruction of the Arrangement of the Articles on "Remedies for non-performance" in the Civil and Commercial Code of Thailand （1925）. [PDF] Available at: <http://openlegaltextbook.info/Resources/11_Reconstruction_20170310.pdf> [as of January 14th, 2019]

【図表】

表1：1919年草案債権債務法の構成

序　章		Sects. 1−39
第一部	債権債務関係の原因	Sects. 40−137
第二部	特殊な債権債務関係	Sects. 138−199
第三部	債権債務関係の譲渡	Sects. 200−217
第四部	債権債務関係の効力	Sects. 218−305
第五部	債務者の財産に対する債権者の権利	Sects. 306−349
第六部	債権債務関係の消滅	Sects. 350−387
第七部	契約各則	Sects. 388−1463

表2：仏暦2468年（西暦1925年）民商法第一編193条の外国法モデル条文別仕分け

2468年民商法	2466年法	日法(独法由来)[a]	独法[b]	スイス[c]	仏法[d]	他[e]	合計
序章[f]	3	−	−	−	−	−	3
第一編 総則							
第一章 総則[f]	7	−	−	2	2	−	11
第二章 人							
第一節 自然人	23	17（4）	3	1	2	7	53
第二節 法人	16	11（5）	−	1	−	2	30
第三章 物	4	−	3	2	−	5	14
第四章 法律行為							
第一節 総則	1	1（−）	1	1	−	1	5
第二節 意思表示	2	3（2）	5	−	−	6	16
第三節 無効および取消し	3	5（2）	3	−	−	−	11
第四節 条件および期限	1	9（3）	1	−	−	1	12
第五章 期間	3	3（3）	−	−	−	1	7
第六章 消滅時効	14	6（5）	10	−	−	1	31
合計	77	55（24）	26	7	4	24	193

a：日本民法（1896）。カッコ内はドイツ民法草案をモデルとしたと思われる条文の数。b：ドイツ民法（1898）。

c：スイス民法（1907）およびスイス債務法（1911）。d：フランス民法（1804）。e：アルゼンチン民法、ブラジル民法、

イタリア民法、チュニジア民法などに基づくと思われる条文、およびモデル条文不明のもの。

f：序章、第一章に収録された条文は、全て仏暦2466年（西暦1923年）民商法からそのまま採用されている。

表3：仏暦2468年（西暦1925年）民商法第二編259条の外国法モデル条文別仕分け

2468年民商法	2466年法	日法(独法由来)	独法	スイス	仏法	他	合計
第一章 総則							
第一節 債権債務の目的	1	2 (2)	6	–	–	–	9
第二節 債権債務の効力							
第一款 債務不履行	3	3 (-)	17	–	–	–	23
第二款 代位	1	1 (1)	2	–	1	2	7
第三款 債権者代位権	4	–	–	–	–	–	4
第四款 詐害行為取消権	2	1 (-)	–	–	–	1	4
第五款 留置権 a	–	8 (1)	–	2	–	–	10
第六款 先取特権 a	1	34 (-)	–	–	–	4	39
第三節 多数当事者間の債権債務	–	1 (-)	12	–	–	–	13
第四節 債権の譲渡	2	7 (1)	2	–	–	–	11
第五節 債権債務の消滅							
第一款 弁済	2	12 (3)	9	2	1	–	26
第二款 免除	–	1 (1)	–	–	–	–	1
第三款 相殺	1	5 (4)	2	–	–	–	8
第四款 更改	–	4 (-)	–	–	–	–	4
第五款 混同	–	1 (-)	–	–	–	–	1
第二章 契約							
第一節 契約の成立	2	4 (3)	9	–	–	–	15
第二節 契約の効力	–	5 (3)	2	1	–	–	8
第三節 手付および違約罰 b	–	–	9	–	–	–	9
第四節 契約の解除	–	7 (7)	2	–	–	–	9
第三章 事務管理	1	1 (1)	9	–	–	–	11
第四章 不当利得	5	4 (2)	3	1	–	1	14
第五章 不法行為							
第一節 不法行為責任	5	2 (-)	4	2	–	5	15
第二節 不法行為に基づく損害賠償金	–	1 (-)	6	4	–	–	11
第三節 免責	3	–	–	1	–	–	4
合計	33	104 (29)	94	13	2	13	259

a：第一章第一節第五款および第六款は、日本民法第二編（物権）より採用されている。
b：第二章第三節は、ドイツ民法第二編（債務）より採用されている。

表4：ドイツ民法（1898 – 2001）における債務不履行関連条文の区分け

条文群			1925年法編纂で現に参照・採用された条文
第1群	損害賠償	§§ 249 – 254	249,a 254
第2群	履行期	§ 271	271
第3群	履行不能	§§ 275 – 282	275, 278, 280
第4群	履行遅滞	§§ 284 – 287	284, 285, 286, 287
第5群	金銭債務	§§ 288 – 290	288, 289, 290
第6群	受領遅滞	§§ 293 – 301	293,a 294, 295, 296, 297, 298, 299, 301

a：249条、293条はもっぱら再構成過程の再現のために挙げたもので、実際に採用されてはいない。

表5：独日の債務不履行関連条文の相関関係およびその再構成の段取り

ドイツ民法		日本民法	《再構成の段取り》
第1群			
第2群	第2群 ↔	第412条	→ ステップ2
第3群	第6群 ↔	第413条	→ ステップ7
		第414条	→ ステップ3
第4群	第4群 ↔	第415条前段	→ ステップ1
	第3群 ↔	第415条後段	→ ステップ4
	第1群 ↔	第416, 418条	→ ステップ5
第5群	第5群 ↔	第419条	→ ステップ6
第6群			

表6：仏暦2468年（西暦1925年）民商法における債務不履行法の最終構成とそのモデル条文一覧

ドイツ民法 (1898–2001)	2466年法	*	2468年民商法		*	日本民法 (1896)
§ 271		→	Sect. 203	履行期	≈	第412条
§ 284		→	Sect. 204	債権者の催告による履行遅滞		
§ 285		→	Sect. 205	債務者無責による遅滞の免責		
	Sect. 327	→	Sect. 206	不法行為における履行遅滞		
§ 293	Sect. 355	→	Sect. 207	債権者の受領遅滞	≈	第413条
§§ 294,295		→	Sect. 208	現実の履行提供と口頭での提供		
§ 296		→	Sect. 209	履行提供を要しない場合		
§ 298		→	Sect. 210	同時履行を要する場合の受領遅滞		
§ 297		→	Sect. 211	受領遅滞の例外：債務者の主観的不能		
§ 299		→	Sect. 212	受領遅滞の例外：債権者の一時的不能		
			Sect. 213	履行の強制	←	第414条
	Sect. 373	→	Sect. 214	債務者の総財産に対する強制執行		
§ 286（I）		≈	Sect. 215	債務不履行による損害賠償	←	第415条前段
§ 286（II）		→	Sect. 216	履行遅滞による履行に代わる損害賠償		
§ 287		→	Sect. 217	遅滞中の債務者の厳格責任		
§ 280		→	Sect. 218	債務者有責による履行不能	≈	第415条後段
§ 275		→	Sect. 219	債務者無責による履行不能の免責		
§ 278		→	Sect. 220	履行補助者による債務不履行の責任		
§ 301		→	Sect. 221	受領遅滞中の無利息		
§ 249		≈	Sect. 222	損害賠償の範囲	←	第416条
§ 254		→	Sect. 223	過失相殺	≈	第418条
§§ 288, 289		→	Sect. 224	金銭債務における遅延利息	≈	第419条
§ 290		→	Sect. 225	遅滞中の目的物滅失に対する代償の利息		

* モデル条文との関係：採用（→ or ←）または単なる相関関係（≈）。

第6章

植民地土地法と現代の土地法改革

金子　由芳

1.　はじめに

　外資導入型経済開発の成功モデルとされてきたアジア諸国の法制度は、2000年代以降、WTOサービス貿易協定（GATS）の自由化圧力のもとで岐路に立った。製造業投資を中心とする外資選別・国内保護的枠組みから、運輸・通信・流通・金融等の広範な非製造業分野での外資促進を促す外圧に晒され、国内法制のあらゆる関連分野に影響が及んだ。土地法制もその典型であり、大規模な土地収用を伴うインフラ関連事業に外資の門戸を開くとともに、事業計画手続を緩和し、土地収用を便宜化するなどの規制緩和型の法整備を行った。しかしこうした規制緩和に伴い、land grabbingと総称される土地剥奪が多発し、投資家と住民との直接対決が各地で生起している（Benda-Beckmann et al. 2006, Harding & Carter 2013, Fu & Gillespie 2014他）。投資受入国はこの解決にあたって、外資促進政策と国民生活擁護との板挟みに立たざるを得ない。

　しかも近年の傾向として、外資と国民の衝突問題は、国内の紛争解決制度では留まらず、自由貿易協定（FTA）や二国間投資協定（BIT）を通じて急速に世界標準化した投資家・国家間紛争解決制度（Investor-State Dispute Settlement: ISDS）に持ち込まれ、投資家優位に処理されるおそれが高まっている。

　土地紛争の解決にとって、土地問題の来歴の正確な理解が必要となっている。植民地時代の残滓があり、戦後の農地改革や社会主義集団化の文脈が重なり、また近年の外圧による外資促進型の土地法改革が襲っている。本章では、アジアの土地問題の時間軸を辿るなかから、現在 land grabbingと総称される多様な事象についての分類整理をめざす。以下 2.で植民地期の土地法の構造を確認し、3.で独立後の独自法の試みを理解し、4.で国際ドナーが牽引する土

148

第**6**章 植民地土地法と現代の土地法改革

地法改革の傾向性を明らかにし、5. で現代の土地紛争の法的性格を歴史軸のなかで理解しつつ解決への糸口を探る。

2. 植民地土地法のメカニズム

(1) 国有地宣言と権原確定登記─等質的農村秩序の搾取手法

19世紀、植民地土地法のメカニズムは、従来の東南アジア社会に存在した自給自足的な等質的な土地利用を、法の名のもとに無償で剥奪するものであった。その一つの特色は、封建的な国家の領有原理を多用した点である。多くの土地資源を荒蕪地と断定し国家に集中する国有化宣言の手法は、封建的なpublic domain法理で正当化された。さらにその国有地を植民地資本に払下げ、完全無欠の確定権原として創設し、土地流動化に供していく制度設計として、イギリス植民地で発達したトーレンズ式権原登記制度が各地で採用された。同じ時代、宗主国本国においても、市民革命と王政復古が拮抗するなかで、近代財産法の理念が揺らいでいたことが想起される。

東南アジアの植民地収奪に国有化宣言が用いられた理由は、階層性のない自給自足的な小農秩序ゆえに、地租増収の手法として、英国のインド統治で用いられた封建地主層を徴税吏として活用するザミンダーリ制がなじまなかったためであったろう。国家が地主となる直接経営の制度装置が選択された（Hooker 1988, p.325-378）。オランダ東インド会社によるインドネシア支配が本国でのナポレオン東征で動揺した間、バタビアが英国東インド会社の支配に下った際（1811-16年）、総督代理ラッフルズが全土国有制の徴税体制を試行していた[1]。スエズ運河開通に伴いコメ輸出拠点として浮上した英緬戦争後のビルマでも制度探究が重ねられ、その集大成として1876年下ビルマ土地・租税法が成立し、国有地払下げとスクォッター制を2本柱とする権原発生原因を規定し、その効力要件として実体審査を伴う登記制度を定めた（斎藤1985）。海峡植民地でも1879年国家評議会令で、国家高権による999年間の土地リース制（Class-1）と、現地民の登記義務（Class-2）を併記した。登記制度の運用は、植民地資本に

---

[1] 1813年にザミンダーリ制を試みたが（村長に国有地のlease determinable at willを設定）、翌1814年に自作農を国有地の直接のtenantと扱う試行錯誤がなされている。

とっては、異議申立の除斥期間を設けて既存の権利を排除し完全権原を確定する効果があった一方、現地民の権原確定に対しては立証の厳しいハードルを課す二元性を帯びた[2]。

英国植民地で形成された荒蕪地国有化・払下げ方式は、他国の植民地法制も踏襲するところとなった。ナポレオン戦争後に復帰したオランダ領東インドでは、1870年、オランダ国王による土地国有化宣言を行い、登記されない土地はすべて国有地と断定されたことから、共同体の総有秩序（Ulayat）が否定された。

フランス領インドシナでは、1902年以降に土地登記制度を導入し、1920年インドシナ民法典で所有権概念を導入した際に（49-50条）、登記を所有権の効力発生要件とした（74条）。現地民の既往の耕作権を容易には所有権に格上げさせず、取得時効制度は採用されず、多くが「占有権」に甘んじた（デルヴェール2002）。

米国植民地フィリピンでも、領主高権Regalien法理を根拠に、1902年公共土地法、1931年民法典、1935年以降の歴代憲法で全土国有原則を明記し、取得時効を認めず、他方で国有地払下げによる「所有権」をトーレンズ式権原登記制度で安堵した（梅原1976）。

植民地支配を免れたタイでは、チャクリ王朝が1901年地券公布法により小農の占有耕作権（チャップ・チョーン）の休閑地保護期間を1年に縮小し[3]、国有化宣言と同様の土地収奪を推し進めた（北原2002）。1934年タイ民商法典物権編はトーレンズ式権原登記を効力要件とする所有権制度を導入したが、チャップ・チョーンの所有権格上げは1936年地券交付法を待たねばならず、土地収奪の救済には遅すぎた。

このように植民地期の土地法は、荒蕪地国有化の論理で土地資源を国家に集中し、資本家への払下げに供した。トーレンズ式権原登記制度により「所有権」を確定する道を開きながらも、その運用は二元的で、国有地の有償払下げは即

---

[2] トーレンズ式権原登記制度は、1858年に南オーストラリアで導入され、1925年土地登記法で英本国に逆輸入されたと説明されがちであるが、トーレンズ自身も認めるように、彼の発明ではなく、英国植民地主義の展開に伴う漸進的な制度探究の産物である（Torrens 1882）。

[3] 慣習法上の小農の占有耕作権（チャップ・チョーン）では、地味回復のための休耕が既耕地10年・未耕地3年まで保護されていたが、1901年地券交付法は保護期間をわずか1年に縮小し、土地囲い込みを利した。

時登記されるが、現地民の現実の土地利用の所有権格上げには高いハードルを
設け、現実の利用者の切捨てに作用した。

(2) 登記制度のダブル・スタンダード

　植民地における権原確定型登記制度を、同時期に西欧宗主国で形成された登
記制度と対比すると、その収奪構造が浮き彫りになる（**表1**）。

表1　登記制度の対比—植民地とのダブル・スタンダード

	英国	米国	オランダ	フランス	日本
導入	1925 財産法、1990 強制実施→ 2002 法	- 証書登録制度 - 権原登記制度は 1895 イリノイ州など 12 州	1838 民法典 1855 登記法	1855 登記法→ 1955 改正	1886 不動産登記法
権利の成立・移転	権原確定登記	権原確定登記の実施州でも登記は任意	効力要件登記（証書登録）、有因主義	対抗要件有因主義	対抗要件有因主義
登記の効力→例外	確定力→ Overriding Interests 等の例外	- 証書登録制度で対抗力 - 権原登記で確定力→エクイティ例外	対抗力	対抗力→ Faute 理論	対抗力→背信的悪意者
植民地の登記制度	権原確定登記、確定力に例外なし	権原確定登記、確定力に例外なし	効力要件登記、無因主義	効力要件登記、無因主義	公信力（満州国他）

（筆者による整理）

　トーレンズ式登記制度は英本国に逆輸入されたが、そこでは確定力の例外と
して、21年以下の賃借権や時効取得中の占有者などのoverriding interestsに登
記なくして対抗を許し、エクイティ上の権利にunilateral noticeを認めるなど、
現実の土地利用への配慮を伴う。フランスは、仏領インドシナ植民地の民法典
で効力要件登記を導入したが、本国法は意思主義・有因主義で、登記は対抗要
件に留まる。インドネシアに無因主義の登記制度を敷いたオランダは、本国法
は登記を効力要件としつつも有因主義であり、独立後インドネシアの1961年登
記令は逆にオランダ本国法に接近した。米国は植民地フィリピンでトーレンズ
式登記制度を導入したが、自国では大多数の州が現在なお登記制度を有さず、
イリノイ州などの少数の導入州においてすら任意登記に留まる。日本は自国で
登記の対抗要件主義を採りながら、満州国で公信力を伴う効力要件主義を促し

た。いずれも、本国法では現実の土地利用者に配慮を及ぼしながら、植民地では土地流動化による収奪に資する制度設計を採用したのである。

3. 植民地独立後の土地法—農地安堵と開発主義の相克

(1) 所有と利用の一致

　独立後のアジア諸国の土地法は、植民地の収奪構造の克服をめざして歩みを開始した。最大のテーマは、「所有と利用の一致」原則により、農地を安堵し、不在地主への土地流動化を防止する志向であった。その制度設計にはバリエーションがあり、西洋法の所有権の内容が占有権・使用収益権・処分権から成るとすれば、そのうち処分権の行使を制限することで「所有と利用の一致」を図る道、あるいは西洋法の所有権とは異なる「所有と利用の一致」型の新たな私権を定立する道がありえた。

　日本がそのような改革の先陣を切っていた。1946年自作農創設特別措置法による農地改革を経て、1952年農地法の「農地耕作者主義」が、農地の所有権等の移転・賃貸・転用（3条・4条・5条）を農業委員会の許可制・取消制にかからしめる、いわば農村自治による処分権行使の制限制度を開始した。インドでも1950年国家収用・小作法により、唯一の階級の権利（maliks）しか認めないとする農地改革宣言を行い（81条）、買取り方式による徴税階層ザミンダーリの大土地所有の廃止・再分配に乗り出した[4]。

　ビルマでは1953年土地国有化法が成ったが、農地上の私権の性格が必ずしも明確に定義されないまま、厳しい行政的規制によって処分権の制限が意図された（金子2018、第二章）。これに対してオランダ時代の1870年土地法を廃して成立したインドネシア1960年農地基本法は、新たな私権概念として所有・利用一致型のhak milik概念を定立することにより、おのずと賃貸・用途転換等の処分が禁じられ、他方で、土地の商工業利用には脆弱な使用権（hak pakai）しか認めぬ農本主義的設計であった。

　しかしこれらの農地改革立法の精神は、しだいに農地安堵と経済開発の政策

---

[4] 詳しくは森田（1958）p.105参照。

対立に揺れ、今日までに規制緩和の道を辿っている。インドネシア1960年農地基本法のhak milikの運用は、賃貸・用途転換を「利用」の一として許容する規制緩和が広がり、他方で投資家のhak pakaiは所有権同然の機能を強めている。ミャンマーでは1953年土地国有化法の下での行政規制による処分権の制限に国民の不満が集中し、2011年農地法による廃止に帰結した。日本の農地法も2009年改正や農業構造特区により、農村自治の規制緩和に揺れている。

(2) 近代法と慣習法の相克

　他方でこれら独立後の土地法は、個的な私権を安堵する意味では近代的志向が強く、伝統的な慣習秩序を必ずしも配慮しなかった。たとえばインドネシア1960年農地基本法は、所有・利用一致型のhak milik概念を柱に据える一方で、インドネシア全土の8割を占めるともいう慣習的権利（hak ulayat）を制限し、あくまで「現実に行われ、国益に反せず、法令の範囲内で」（3条）しか許容しなかった。判例法においても、慣習的権利秩序から分離する個的な持分（hak milik adat）の流通を許容し、慣習秩序がしだいに解体する社会進化論を前提としてきたことが伺われる。

　このような農地基本法のありかたは、スハルト開発独裁期の開発事業による慣習的秩序の浸食を防ぎうるものではなかった。農地基本法（18条）にいう「公共利益」（kemakmuran rakyat）を正当化根拠に、森林法・採掘基本法・水道法等の公法的根拠に依る私権制限が展開されたためである。ポスト・スハルト時代にも、2005年・2012年土地収用法が「公共利益」概念の類型化を推し進め、開発路線は加速しているが、農地基本法にそれを留める術はない。現代インドネシアで、夥しい土地紛争が吹き荒れる原因構造がそこにある（Benda-Beckmann 2006）。

4. 現代の土地法改革—植民地土地法の再来

(1) 国有地払下げと権原確定登記—カンボジア土地法の悲劇

　世界銀行他の国際ドナーは今日、アジア・アフリカ各地の貧困削減の手法として、トーレンズ式権原登記制度の導入を柱とする土地法改革を牽引している

(World Bank 2003, World Bank 2006, UNDP 2008他)。しかし土地法改革は、植民地土地法の制度設計を彷彿とさせる内容であり、結果として農民の権原安堵の期待とは裏腹に、深刻な農地剥奪をもたらしている。

　その一例として、ADB・世界銀行等の支援によるカンボジア2001年土地法が挙げられる。同法の下でトーレンズ式権原登記制度の一斉実施が遅れたことから、登記制度は有償申請者を利するが、一般の農民の権利を否定する効果を生んだ。この間に、植民地土地法による搾取とまさに同様に、登記を欠く土地に対して国家による荒蕪地国有化・払下げが展開し、土地法（12条）はそれに正当化根拠を与えた（金子2009）。

　カンボジア農村では古来、相続譲渡可能だが休耕3年で喪失する占有耕作権が伝統的に浸透し（デルヴェール・及川1998 p.513）、フランス支配時代の1920年「民法典」でも認知され、所有権の発生基盤として真っ先に尊重されてしかるべきであったが、占有権の認定に留め置かれた。現代の2001年土地法も、登記申請要件として5年間の占有ないしは有償取得の立証を要求し（30・31条）、その運用は資本家の有償取得に有利である。この立証を欠けば国有地不法占拠者として国家剥奪制度の対象となる（34・35条）。国有化された土地は私有地転換を経て（14条〜16条）、民間へ払下げ（48〜62条）、それは最大1万ヘクタール（59条）、最長99年間に及ぶ（61条）。所有権の物権変動はすべてトーレンズ式権原登記を効力要件とする（40条）。

　土地法は、農民から農地を奪い、土地転がしによる投機ブームをもたらした。その制度骨子は、国家が農地を剥奪し資本家の高度利用に払下げる、植民地土地法の復権に他ならない。世界銀行は内外の批判を浴びてカンボジア土地法事業から撤退したが、今なお世界各地で同じ土地法改革を推し進めている（World Bank 2006他）。

(2) 耕作権の流動化—ミャンマー土地法改革

　世界銀行等の支援する土地法改革のなかには、私権を所有権として同定せず脆弱な実体的位置づけのまま、土地流動化だけを促進する例もある。ミャンマーは2008年憲法の施行に伴い、近隣アセアン諸国に遅れまじと外資導入法制の整備に乗り出すとともに、世界銀行等の国際ドナーの助言を受けた土地法改革

を進めた。その制度設計は、まさに英国統治時代の土地法制を彷彿とさせるものである。

2008年憲法は「憲法・法規の許す範囲」で所有権の自由を認めるとする（372条）。農地については、上記のように独立後の1953年土地国有化法が小農の耕作権を安堵し、売却・担保設定等の処分権を制限していた。しかし世界銀行等の支援を受けて、2011年農地法と2012年荒蕪地管理法が成立し、1953年土地国有化法は廃された。この改革は、農民の私権の実体的内容を強化することのないまま、新たな権原登記制度を導入し土地取引の流動化を解禁する内容であった。

すなわち農民の私権は、1953年土地国有化法を受け継ぎ、耕作用の使用権（loat paing kwint）とする名称を変えていない（農地法2条b）。その使用権の実体内容について、相続・譲渡等の処分が解禁されたものの（同4条）、しかしなお納税・使用継続・登記・目的外使用禁止等の義務規定に違背すると権利は取消され、立退を強制される（同7条・13条）。国家は取り上げた土地を、投資家の休閑地・荒蕪地使用収益権として提供できる（荒蕪地管理法4-7条）。これでは英国植民地時代の国有化宣言、資本家への譲許手法を復活させる枠組みに他ならない。

（3）慣習法秩序の緩やかな解体

植民地土地法の搾取手法であった荒蕪地の国有地宣言は、今なお各国の開発過程で多用され、山林原野・海浜で営まれる総有的な慣習法秩序との対立をもたらしているが、世界銀行等の支援する土地法改革は、この問題を救済しえていない。

カンボジア2001年「土地法」はアジア開発銀行・世界銀行・ドイツ（GTZ）の法整備支援を受けて起草された「集団所有権登記制度」を喧伝した。しかし手続的にも実体的にも、慣習的権利の擁護には程遠い制度設計である。手続面では、厳格な手続階梯に何重にも阻まれており、第一段階で「集団」としての法人格登記（23条）、第二段階で当該集団の構成員であることの資格認定（24条）、第三段階で当該集団が使用収益できる土地の範囲確定（25条）、そして第四段階で国策への合致を条件として集団所有権を付与される（26条）。

さらに集団所有権の実体的内容は、総有的な慣習法を否定するものとなっている。経済社会進化に伴い共同体成員が集団からの離脱を希望すると想定し、かかる離脱に当たって成員は集団所有権の「持分」の分割を受けられると明記する（27条）。したがって、カンボジア土地法にいう集団的所有権の実体的性質は、日本の入会権判例にみる「総有」ではなく、持分の分割・処分を前提する「共有」ないし「合有」であって、やがては個別的所有権に「解体」しゆく運命が既定されているのである。このように国際ドナーが推進する集団登記制度は、近代的な社会進化論に立ち、総有的な慣習秩序を過渡期措置として保護するに過ぎない。

　各国の改革は同様の妥協色を示している。フィリピンでは1997年に登場した先住民権利法が、違憲判決（フィリピン最高裁判決2000年12月6日135385号・Cruz事件他）を受けて棚上げとなった。タイでも少数民族の慣習的土地利用は、土地法（2条）や民商法典（1304条）によって国有地の不法占拠と扱われ、国有地の時効取得は禁じられ（民商1306条）、判例も保守的結論を維持してきた。国有化された土地は民間資本家に払下げられるので、私的所有権と慣習的土地利用との対立に転嫁され社会問題化した。タイ2007年憲法は"コミュニティの権利"を謳い上げたが（66条）、これを具体化するコミュニティ立法草案（森林利用・海浜利用・漁業利用に関する3草案）は審議されず、クーデターを経た2017年憲法に持ち越された。草案はコミュニティ登録制度を強調したが、先住民族を巧妙に排除する妥協色が伺われる（金子2013）。インドネシアでは、憲法裁判所の2012年判決（No.35/PUU-X/2012）が慣習権の行われている森林に対する国有林指定を違憲とする画期的な判断を示したが、これを受けた立法改革は遅れている[5]。

（4）社会主義土地法

　ソ連解体後のロシアでは農地の私的取引は禁じられたが[6]、中国・ベトナム

----

[5] 本書第7章Rudy論文参照。
[6] ロシアでは、1991年土地法が国家を相手方とする土地取引のみ許容し、10年間の保有義務を規定した。1993年憲法（9条2項）を受けた1994年民法典（17条）が私的所有権の自由を公認したが、土地取引の解禁は2001年土地法を待つことになり、また農地は取引対象から除外された。

等のアジアの社会主義市場経済化諸国では、英国法のleasehold概念に着想を得た「土地使用権」概念を導入することにより、全土公有制（全人民所有ないし集団所有）の建前を維持しつつ、土地流動化が展開した。農家世帯の土地使用権の内容のうち処分権を制限し、行政がこれを監督行使する分割所有権的な制度だが、地方政府により濫用され、異常な投機経済を生んだ。

　植民地土地法の搾取構造が、ここにも顕著に踏襲されている。なかでも地方政府がみずから土地使用権の「返還」の名のもとに農地を剥奪し、農地の用途転換（中国の土地管理法では集団所有地・国有農地は用途転換できないため国有建設用地に転換される）を経て、開発資本に払下げる現象が社会批判の標的である（Chen 2014他）。まさに植民地土地法の国有地化・払下げ手法を彷彿とさせる。かかる「返還」において正当な補償は行われず、中国では2004年憲法改正（10条3項）・2007年物権法（42条）で公用徴用の有償原則を明記したものの、収用要件たる「公共の利益」や補償基準が不明である。ベトナム2003年・2013年土地法やラオス2003年土地法も同様の問題状況を生じている。

5. 土地紛争の解決への糸口

(1) 私権の再定置

　以上のように、現代の土地法改革によって植民地土地法の収奪構造が復活し、土地紛争を再燃させていることが伺われる。Land grabbingとして総称される問題群は多様な性格の紛争を含んでいるが、少なくとも、荒蕪地国有化と払下げの手法による無償の土地剥奪問題と、有償の土地収用における公共性や補償額の論争とは、分けて考える必要がある。前者では、実定法上の私権が容易に取り消される脆弱な権利として規定されている問題、また慣習的土地利用が実定法上で十分保障されていない問題が含まれている。

　このうちまず、実定法上の私権の脆弱性の問題については、私権の再定置が課題である。私権の脆弱性の態様には、タイやカンボジアにみるように、民法典が所有権制度を規定しながらも、権原登記を容易に与えず、暫定権利証しか発行しない行政運用に起因するものがある。またミャンマーの2011年農地法にみるように、行政が私権の一斉登記を果敢に実施したが、私権の内容そのもの

157

が国家による取消・立退に常時晒される脆弱な耕作権として設計される例もある。中国・ベトナム・ラオス等社会主義市場経済化諸国における土地使用権も、分割所有権的な構成のもとで国家が処分権や回復権を保持し、私権じたいが脆弱に設計される例である。

　これらの私権の保障を強める道として、処分権の自由を伴う完全所有権の確立を急ぐべしとする議論がある。しかし、これら諸国の物権法はすでに極端な土地流動化志向で設計されていることに鑑みれば[7]、農地保護政策との両立を困難にするだろう。

　農地を保護しつつ私権の収奪を阻む道として、むしろ処分権の制限を維持し、その管理を開発行政の手ではなく、農村コミュニティの自主管理に委ねていく日本の農地法が示唆を含むと考えられる。中国でも2002年農村請負経営法（27条）で農村自治による自主決定を前提し、請負経営権を制限物権の一と位置づけた物権法（138条）においても尊重されている。

(2) 生活基盤としてのコモンズ

　共同体的な慣習的土地利用が、私権の個別性を前提とする実定法上で十分保障されていない問題について、日本の経験が回顧されてよいと考えられる。日本の民法典は入会権・漁業権・水利権などを嚆矢とする共同体的な慣習権を肯定し、また通説・判例は実在的総合人ないし権利能力なき社団などの概念構成を用いながら、これら共同体的な財産権のありかたを、個的な近代的財産権制度と接合させることに意を砕いてきた。なかでも、退出失権原則を実証的に見出し、財産権の態様を個別の持分に分割しえない「総有」とみなすことによって、所有権制度への吸収による解体を防止した（中尾2009）。このように慣習権は私法体系上で財産権としての地位を確立したことにより、公法的にも認知され収用補償の対象ともされてきたのである。

(3) 開発計画への住民参加

　以上のような私権の再定置の努力を通じて、荒蕪地国有化・払下げによる土

---

7) たとえば中国物権法14条の物権変動の無因主義、106条の不動産善意取得制度等。

地剥奪問題を解消できるかもしれないが、しかし有償の土地収用を伴う開発行為を差し止める力はない。アジア各地では、土地収用法における類型化を拡張する法改正が、問答無用の開発行為の手法として起こっている。開発計画の初期段階への住民参加手続が課題となるゆえんである。

　インドネシアでは、「公共利益」の名のもとに強行されたスハルト時代の開発行為の正当性を遡って争う闘争が吹き荒れ、土地収用法の見直しが続いている。2005年土地収用法（法律36号）では「公共利益」定義の明確化を避け、事業類型リスト方式を採用し、そこに民営化事業を含ましめた。これが激しい批判を浴び、2006年大統領令65号で「公共利益」を「政府が所有・運営する非営利事業」とする定義へ立ち戻った。しかし2012年土地収用法（法律2号）は再び事業類型リスト方式を採用し、同時に、開発事業の意思決定過程の「参加」を強化した[8]。異議申立てに対する最高裁決定を待たずして、計画決定や事業開始はなしえない（26・27条）。日本の土地収用法（15条の4、15条の7）が住民異議に拘わらず事業過程を進行する強権的構造とは対照的である。損失補償についても最高裁に至る異議手続を設け（38条）、この最高裁決定を受けた支払・供託により初めて土地収用効果を生じる（41～43条）。

　社会主義諸国においても過度な開発主義に対する修正が課題となっている。ベトナム土地法は、土地収用対象に民営開発事業を含める一方、住民の早期参加に意を砕いている。ベトナムの土地利用計画は建築不自由原則を前提に、資源環境行政が主管する国級・省級・地区級の土地利用基本計画・土地利用計画が全国土を覆い、さらに地区級年次計画にコミューン級の詳細計画を織り込むという社会主義ならではの演繹的体系を想定しているが（2013年土地法4章）、その策定過程で、コミューン級人民委員会は計画草案をすべての住民単位に開示し解説し、30日間の意見収集期間中に大衆組織を動員して住民意見の集約に努め、それら意見を反映して計画草案を完成しなければならない（43条）。ののち計画草案を当該級の人民議会で審議決定し、上級行政庁の承認で成立す

---

[8]　土地収用計画の公示（16条）、その後60日以内の公聴会、さらに60日以内の異議申立てを受けた第二公聴会（20条）、さらに30日以内の異議申立てを受けた県知事レベルの審査会（21条）、その判断に対する30日以内の行政裁判所への提訴、30日以内の行政裁判所による判決、控訴に対しては30日以内の最高裁判所による決定（22～23条）を定め、以上のプロセスを2年（1年延長可）で完結しない場合は振出しに戻る（24条）。

る（45条）。このような徹底した自治・参加を通じた土地利用計画が、あらゆる開発事業を拘束し、工業団地・経済特区等の特区事業についても抜け道は起こらない建前になっている（149〜151条）。

このような公法体系における住民参加の手続的織り込みが、土地紛争解決の一つの潮流として認められるが、しかしその態様が問題である。形式的手続過程を通じて住民の反発を逸らす道具主義的傾向も見出される。土地紛争の本質的な解決にとっては、住民の求める生活秩序・生計基盤の実質的な保障を探究していく制度努力が重ねられていくしかない。

6. 結語—持続的な土地利用秩序へ向けて

本章は時間軸を辿って、アジア諸国の土地法の経緯を回顧した。国際ドナーの法整備支援が持ち込む現代の土地法モデルが、植民地土地法を彷彿とさせる土地流動化・弱者搾取の枠組みを踏襲する実態が見出された。各国の法整備は、外資導入型の経済開発というドリームに拘泥するかぎり、ドナー・モデルを唯々諾々と受け入れてしまう。しかし生活基盤を奪われた国民の悲痛の叫びに突き上げられるようにして、いまや各国は土地法のありかたを再検討する段階に至りつつある。

その過程では、日本の経験を踏まえた法整備支援が生きる局面でもあろう。日本が受け入れた西欧近代法は、個的な所有権を理念として掲げるかたわら、取引の安全の名のもとに土地流動化を促す開発の具であった。百年あまりの民法典の実施は、小作紛争・入会紛争・借地借家紛争等の社会的軋轢を通じて、開発志向の物権法に生活者利益の側から修正を迫り続けた歴史でもあった。

筆者は近年、ミャンマーの農村紛争について聴取り調査を重ね、気づかされたことが多い（金子2018）。村落レベルの紛争解決は、公益委員が加わる農地委員会の公開調停で行われ、「誰が真の耕作者か」の一点を徹底して追及し、真実が明らかになるまで権原確定はない。村落にとって、実定法は手続基盤でこそあれ紛争解決の実体規範ではなく、地域にねざす正義があくまで基準である。行政現場は地域の事実認定を尊重する。国際ドナーの土地法改革が期待した土地流動化が、農村自治によって阻止され、農地の保護が選びとられていく

姿である。西洋資本主義法の与えた枠を、アジア社会の地域規範が晴れやかに乗り越えていく未来を、垣間みる思いである。

　アジアの土地法の今後は、人々の暮らしのニーズに論理整合的な権利保障を与えていく積み上げ作業となるであろう。眼前の土地紛争から何を学び取るかの洞察力が試され、持続的土地秩序を可能にしていくのである。

| 参考文献 |

・梅原弘光（1976）「フィリピンにおける土地所有権確定事業に関する一考察—アメリカ統治下の事業展開を中心に」、『アジア経済』17巻1・2号、アジア経済研究所
・香川孝三・金子由芳編（2007）『法整備支援論』ミネルヴァ書房
・金子由芳（1999）「ベトナムの担保制度をめぐる改革課題」『広島法学』23（2），p.149-172
・金子由芳（2004）『アジア危機と金融法制改革』信山社
・金子由芳（2009）「土地法改革における法的多元主義の克服－日本・インドネシア・カンボジアの比較検討」『国際協力論集』16巻3号，p.69-103
・金子由芳（2010）『アジアの法整備と法発展』大学教育出版
・金子由芳（2013）「災害復興における参加の手続保障—日本・タイ・インドネシアの比較検討」国際協力論集, 22巻2号, 神戸大学大学院国際協力研究科, p.1-40
・金子由芳（2018）『ミャンマーの法と開発』晃洋書房
・北原淳（2002）「タイ近代における小農創出的土地政策への道（上）（下）」『経済科学』50（2），p.21-40～（3）p.21-39
・斎藤照子（1985）「英領ビルマにおける初期土地制度1826-1876」、23（2）、p.142-154
・デルヴェール，J.著・石澤良昭監修・及川浩吉訳（1998）『カンボジアの農民—自然・社会・文化』風響社
・中尾英俊（2009）『入会権』勁草書房
・水本浩・野村好弘編（1996）『アジアの不動産法制（2）』日本住宅センター
・水野広祐・重富真一編（1997）『東南アジアの経済開発と土地制度』アジア経済研究所
・Benda-Beckmann, F. Benda-Beckmann, K. and Wiber, M. G.（2006）*Changing Properties in Property*, Bergabn Books
・Chen, L.（2014）"Legal and institutional analysis of land expropriation in China," in Fu & Gillespie eds. *Resolving Land Disputes in East Asia, Cambridge University* Press, 2014.
・EU: European Union Task Force on Land Tenure（2004）*EU Land Policy Guidelines*.
・Fu, H. & Gillespie, J. eds.（2014）*Resolving Land Disputes in East Asia*, Cambridge University Press.

- Harding, A. & Carter, C. (2013) *Land Grabs in Asia : What Role for the Law?*, Routledge
- Hooker, M.B. (1988) "English Law in Sumatra, Java, the Straits Settlements, Malay States, Sarawak, North Borneo and Brunei," in Hooker, eds., *The Laws of South-East Asia, Vol.-II*, Butterworths
- Nakajima, N. (2007) "On the Legitimacy of Development: A Case of Communal Law Straggles in Kapalo Hialand, West Smatra, Indonesia," J. of Int'l Economic Studies, No.21, 145-60, Hosei University.
- Torrens, R. (1882) *An Essay on the Transfer of Land by Registration: under the Dupulicate Method Operative in British Colonies*, Cassell (MOML edition).
- UNDP: United Nations Development Programme (1991) *Human Development Report 1991*, Oxford University Press.
- UNDP: United Nations Development Programme (1997) "Decentralized Governance Programme: Strengthening Capacity for People Centered Development," Oxford University Press.
- UNDP: United Nations Development Programme (2003) *Human Development Report 2003: Millenium Development Goals*, Oxford University Press.
- World Bank (1999/2004) "World Bank Principles and Guidelines for Effective Insolvency Systems"
- World Bank (2003) *World Bank Policy Research Report 2003: Land Policies for Growth and Poverty Reduction*, Oxford University Press.
- World Bank (2005) *East Asia Decentralizing: Making Local Government Work*, Oxford University Press.
- World Bank (2006) *World Development Report 2006: Equity and Development*, Oxford University Press.

第**7**章

インドネシアにおける民事法の発展史
―土地法に焦点を当てて

Rudy Lukman Hakim（和訳・金子 由芳）

1. はじめに

　インドネシアの近代法制は、植民地期のオランダ法に由来するといってよい。現行インドネシア民法典は、1938年オランダ民法典の移植であり、それはフランス民法典に由来していた。インドネシア民法典は4編構成で、第一編は人、第二編は財産、第三編は契約、第四編は時効制度、である。インドネシアにおける民事法の発展について理解するうえで、この民法典の及ぶ射程についての歴史的変化を抜きに語ることはできない。逆にいえば、インドネシア民法典の歴史について論じることにより、民法典を継受した他のアジア諸国についても汎用的な視点を引き出すことが、可能であろう。

　独立後の法整備は、インドネシア民法典の適用の射程を変える意味を持った。とくにイスラム法の実定的制度化のニーズがあり、たとえば1974年法律1号「婚姻法」や、1989年法律7号「宗教裁判所法」がその例である。これらの立法によって、民法典第一編の射程は、イスラム教徒以外の国民に及ぶに留まるものとなった。さらに、「国民管理法」その他の一連の特別法の立法によって、人事法はインドネシア民法典の枠外で規定されていくこととなった。

　他方、インドネシア民法典第二編の財産法は、動産と不動産を分類している。民法典506条1項の解釈によって、不動産の代表である土地は、土地平面のみならず土地上の建造物全てを含む。インドネシアの独立後の土地法制の展開は、民法典の財産編の根幹に大きく影響を与えていくことになった。すなわち1960年制定の「農地基本法」が、土地に関して、担保権規定を除くすべての民法典第二編財産法の大部分の適用を廃止し、代替したのである。かくして「農地基本法」以下の土地法体系は、1990年代に登場した「担保法」ともども、民法典の拘束から離れて展開していくこととなった。

164

さらに、インドネシア民法典第三編は契約について規定しているが、1967年「外資法」その他の特別法の登場によって意義が薄れてしまった。とはいえ、第三編の規定する、契約自治や契約無効などの契約の一般原則はいまだに拘束的である（Hartono, 2001）。なお1960年に「契約法草案」が起草されたが、1960年代の政治体制の転換に取り紛れて忘れ去られてしまった（Lev, 1965）。

　以上のように、インドネシア民法典の適用の射程は、現在までに、ごく限られた範囲に狭められている。インドネシアの民事法の発展はむしろ、開発独裁型の政治体制のもとで導入された数多くの単行法規によって果たされてきたというべきである。その多様な側面のなかから、本章ではとくに財産法の中核である土地法を取り上げる。特に独立後の土地法の展開は重要である。そこには内的また外的な影響があった。内的要因としては、経済発展と政治的安定化の課題があった。外的要因として、インドネシアは、法の国際化を強いる外圧に晒され続けてきた（Kadelbach, 1999）。これらの要因が、土地利用の法制度を経済開発優先に向かわしめてきたといえる。

　土地法の変遷を考えるに先立ち、次の第2節ではまずは植民地時代の土地法の形成に遡って、各地の固有法と西洋法が出会った際の対立を理解し、その対立が現代に至る土地問題の根幹に引き継がれていることを見出す。第3節は、独立後に法の統一をめざして行われた立法努力について分析し、またそれが経済発展の手段としての土地法の展開に結びついたことを示す。第4節では、その後のインドネシアの経済発展の構造を分析する。結論部分では、以上の法制史の延長線上で、土地法を中心とするインドネシア法の今後の展開を予測する。

2.　植民地時代の近代民事法の形成

　植民地時代のインドネシアの民事法の形成は、三段階で進んだといえよう。オランダ東インド会社（Vereenigde Oostindische Compagnie）時代、英国支配時代、オランダ領東インド時代である。以下この節では、これら三段階に応じて、とくに土地法分野に焦点を当てつつ、民事法の形成と変遷を回顧する。

(1) オランダ東インド会社時代

オランダ東インド会社は、1602年にインドネシアで公式の経済活動を開始した（Angelino, 1931）。オランダ東インド会社の導入した法制度の射程は、その物理的な支配の及んだ沿岸の都市部やその郊外に留まっており、地方山岳部には及んでいなかった。そのため、総督の旅行日誌が、法整備の記録に相当していた。法的ニーズは、おりおりの必要に応じた特則の発令で処理されていた。そうした規則の形体は、一方的な告示に拠るものであった（Soepomo and Djokosutono, 1955）。たとえば土地法分野においては、1620年8月18日付で、会社の支配地域内での土地登記を命ずる発令の記録がある（Handoko, 2014）。

こうしたおりおりの告示や現地の慣習法を、体系的に編纂していこうとする動きは、Van Diemen総督の時代に開始した。彼は全ての告示を収集し編集するように命じている。1642年、バタビアにて、「バタビア立法」（van Batavia Statutes）の名称のもとに、一連の告示が体系化されて公刊され、また1766年には「新バタビア立法」（Bataviase Niewe Statuten）の名で改訂されている。

1747年、オランダ東インド会社は、スマランの新設裁判所で適用するために、ジャワ固有の刑法の法典化を命じた。その成果がイスラム法の概論である「Mogharrar 法典」であった。同じころ、Boschennar Jan Dirk van Clootwijkも、ボネやゴワの宮廷で行われていたイスラム慣習法の記録を開始している。1760年には DW Freijerによるイスラム婚姻法や相続法の便覧が作成された。1768にはTjirebonの主導で『Tjerebons法学書』なる書物が編まれた（Soekanto, 1958）。1783年から18世紀の終わりにかけて、Marsdenにより、『スマトラの歴史』と称する図書が編纂されている。Marsdenの主な調査対象は、レジャン、パセマー、ランプーン、コリンジ、ミナンカバウ、シアク、バタック、そしてアチェに及んでいる（Soepomo and Djokosoetono前掲）。

これらの古い文献によるかぎり、オランダ東インド会社はインドネシアの法整備についてそれほど熱心ではなかった。その活動は基本的に、各地の固有法の収集に留まったと言うべきである。

(2) 英国支配 1811－1816年

1811年に英国がインドネシア統治に乗り出した際、最初の関心事項は、統治

政府の財政をいかに満たすかであった。多様な天然資源の存在に気づいてのち、英国統治者は、統治手法の改良を決定した。英国総督ミント卿は、迅速かつ効果的に改革に乗り出すことを命じ、法制改革に先立ってとくに農民、土地制度、その他の関連情報の収集に着手した（Raffles, 2014）。この調査の結果、政府が農民と直接の地主・小作関係に立つという土地利用政策が選ばれた。その構造は以下のとおりである：　第一に、農民が封建的な中間搾取から解放され、耕作の自由が強調された。第二に、政府が農産物買付から小作料に至る農業活動を全面的に監督した。第三に、農民の政府に対する小作料は、土地の条件や大きさに従い、適当な期間で決定された（Raffles前掲）。

　このように、英国統治は、法制度の包括的な整備を意図してはおらず、また地租を小作料と構成する土地政策は、必ずしも現地住民の土地上の権利を法的に保全するものではなく、より迅速に地租を徴収するための便法であったとされてきた。

（3）オランダ領東インド政府時代

　英国統治は1816年に終了し、インドネシアの支配権はオランダ領東インド政府に手渡された。オランダ領東インド時代は、西洋法の移植が起こった時代である。この時代に、民法典（Burgerlijk Wetboek）、商法典（Wetboek van Kophandel）、刑法典（Wetboek van Strafrecht）を初めとする法典体系が整備された。

　これらの法典は、オランダ人ないしヨーロッパ人に適用された。インドネシア人に対する民法典の適用について論争が起こった。民法典の一般原則は、ローマ法大全（corpus juris civilis）における古い原則を踏襲し、現地人は従来の法や伝統的制度を維持できるとしたのである（Vollenhoven, 1981）。このようにして、不文律である固有の慣習法（adat）がインドネシアの人々に適用され続けることとなった。こうした法的多元主義の路線は、インドネシア人のための特別裁判所として、たとえば王法に基づくプラドート裁判所、宗教規範に依拠して裁くスラムビ裁判所、また慣習法に沿って裁くパデュ裁判所などが設置されたことで、さらに強化された（Vollenhoven前掲p.19）。

　土地法の領域では、1870年農地法（Agrarische Wet）によって法整備が開

始した。同法の直接の意図は、オランダ領東インド政府による、民法典に基づく外国人への土地リースを可能にする点にあった。すなわち同法の重要性は、民法上の所有権としての立証を欠く土地はすべて国家に帰属するとするDomein Verklaring原則を形成した点にある。かくして、コミュニティの集団的財産、その他の伝統的な形態の財産権が、所有権としての立証を欠くがゆえに否定されていったのである。

(4) 法的二元主義の遺産

　植民地支配による法整備は、法的二元主義を遺産として残した。各カテゴリーの人々に異なる法が適用される体制である。西洋法は西洋人に適用され、現地法は慣習法なる名称でインドネシア人への適用が維持された。土地法分野では、慣習権に依拠する現地人は所有権を確立することができず、他方、政策的配慮から、民法典下の所有権は西洋系の会社や個人に対して認定される傾向があったため、所有権の二元性が顕著となった。

　民法典下の土地所有権の登記済証は強力な文書となり、独立後の土地登記制度の運用においても主要な証拠書類となった。多くのインドネシア人はこの登記済証を有しなかったことから、このような運用がいっそう土地紛争を煽ることとなった。

3.　独立後の土地法の発展

　以下本節では、独立後のいわゆる旧体制と新体制の時代にそれぞれ起こった国家法整備の努力について回顧する。旧体制では新たな民法典を形成しようとする急進的な努力があり、一方、新体制では経済開発志向に導かれた漸進的な法整備がなされ、対照的となった。

(1) 国家法の形成とその民法典への示唆

　インドネシアが独立した当時、独立の父たちは国家法の形成を意図した。しかし各地方の法規範の多様性ゆえに、また植民地期以来の長期にわたる植民地法の定着ゆえに、国家法の形成は困難に直面した。さらに一つの問題は、国家

第**7**章 インドネシアにおける民事法の発展史

法の形成が時間を要する営為であったことである。そのため、独立後の法の空白を埋めるために、1945年憲法は、オランダ領東インド政府の導入した全ての法令は、明示的に廃止されるか違憲性が判定されるまでは、インドネシア共和国に引き継がれると規定した。ゆえに、独立後のインドネシア法は、民法典・商法典・刑法典その他の植民地法を基本的に維持したのである。

　法制度の統一化への努力は、遅れて開始することになった。独立から十年余りを経た1958年、国家法発展庁（LPHN）が設置され、インドネシアの性格にふさわしい国法体系の設計を主要任務として託された。この際、植民地体制から相続した民法典の適用範囲について議論が行われ、同庁は新たな民法典の起草を検討したのである。1962年には、この新民法典の起草構想は司法大臣と最高裁長官の支持を受けた。司法省は当時、新民法典の準備の第一歩として、既往の民法典と商法典の廃止を提案した。1963年には、最高裁長官の通達により、同様の構想が示され、民法典の効力停止が宣言されもしたのである（Lev, 1965）。

　新民法典の起草構想は、商法典を廃止し、その実体内容を民法典第三編契約編に入れ込むことを想定していた。最高裁長官は、慣習法・国民的正義・西洋の法原則を混淆した契約法草案を起草した。草案は一般的内容で、16章93か条から成る短いものであった。当時の学者らは同草案を不十分であるとして批判した（Lev, 1965）。

　1960年農地基本法もまた法の統一化の試みとして重要であった。同法は独立後インドネシアの初の自前の土地法であること、また1870年農地法や民法典の諸権利に代替することが意図されたためである。同法の成立はさらに、1963年に国家法発展庁による契約法草案の議論に結びついた。農地基本法が民法典第二編財産編のほとんどの規定を廃止し、多元的であった財産法の統一化に先鞭を付けたことが、他の分野に影響を与えたのである。しかしながら農地基本法は、法の統一化という意味では問題をも残していた。同法は植民地法の制度を超克する目的で開始したが、起草者らは、慣習法に基づくコミュニティの共同体的土地利用を実定的に取り込む理論化を達成できず、結局、西洋法の個的な財産権制度の踏襲に留まったのである。

　インドネシアのこうした経験は、独自の民法典の起草がいかに困難な事業で

169

あるか、とくに法的多元制度を乗り越える体系化の課題の難しさを、如実に示している。1960年代の新民法典成立の試みは頓挫し、結果として、慣習法(adat)、イスラム法、西洋法が併存する植民地時代と同様の多元的制度を引きずることとなった。これは、インドネシア民法典の母法であるフランス民法典が、慣習法を取り込みつつ法の統一化を達成する営為であったこととの相違である。このような新民法典による統一化の困難ゆえに、つづく開発独裁・新秩序の時代には、多様な行政法規を乱立していくことになったと言わざるを得ない。

(2) 開発独裁時代における慣習法の後退

　1968年以降、新秩序（New Order）と称されるスハルト開発独裁体制の開始に伴い、法を経済開発の手段とする志向が登場した。新体制のもとで、インドネシアにおける民事法の性格は揺らいだ。新秩序は新民法典の起草構想を含む従来までの法整備の努力を一蹴し、代わって、外資導入を最優先の課題とし、すべての法制度はこの政策へ向けて変更を迫られた。この時代に、1967年法律第1号「外資法」、また同年法律第5号「森林基本法」、同年法律第11号「鉱山法」等の一連の投資立法が登場をみた。新秩序体制は、体系的な法典整備を進める道よりも、個別の単行法の導入を選んだのである。

　新秩序体制を通じて、1960年農地基本法は、国家統制の手段として経済開発目的に奉仕することとなった。資源開発に関わる一連の法規がこれに続いた。開発独裁政府は、国家資源を集中的に掌握し、経済開発に投入したのである。天然資源はつねに土地の利用秩序に関係していたから、現地住民との軋轢は避けられないものとなった。とりわけ、植民地時代に民法典のもとでの土地登記を経ることのなかった慣習法に基づく財産権は、不当な剥奪に晒された。

　国家権力の集中は、1979年法律第5号「村落法」の制定により加速した。同法は、ジャワ島における小規模の村落（デサ）をモデルとして全国一律に当てはめることにより、全国各地の多様な慣習的共同体・慣習法を消滅へと導くものであった。同法の影響は甚大であり、各地の慣習法は急速に解体へ向かった。慣習法秩序の解体は、開発独裁政府が権力集中のために意識的にめざした方針であった。投資家の有する多くの資源開発コンセッションは、慣習法秩序のもとにある地域を標的として設定されていたため、慣習法の解体は資源開発の遂

行を利した。慣習法上の権利は、19世紀の法的多元主義ゆえに土地登記制度の射程から除外されていたことから、実定法が慣習法を無視することで、開発事業は容易に進められた。

このように、土地・資源開発に関わる夥しい法律・政令・大統領命令・省令・条例は、外資導入と市場経済化に振り向けられていった。これらの法規は、人々が大地のうえで営んできた慣習法秩序と財産権を真っ向から否定した。Kennedy（2006）は、この時代の「法と開発」の特色を、政治経済目的のために法と行政システムが利用された法的道具主義であったと喝破している。

これら一連の法規を通じて、インドネシア民法典第二編の適用射程は一層狭まり、動産や担保権に関するわずか数条に留まることとなった。このうち担保権の規定は、物的担保としての先取特権・質権・抵当権、および人的担保としての保証である。その後、民法典から独立して1999年「担保法」が制定された。これをもって、動産に関する規定を除いて民法典第二編はとうとうその役割を終えたのである。

以上は、インドネシアにおける民法典の適用範囲の漸進的な消滅の歴史である。学者の通説的見解は、民法典の諸規定・原則が法体系全体の上位規範として有効であるとする見方であった。しかし19世紀後半の土地法の時代に、すでに民法典の体系的位置は後退を開始した。そして開発独裁時代の法整備が、法典体系の意義を明確に放棄したのである。

4. 改革時代の土地法の新たな展開

20世紀末のインドネシアは、法と政治の大きな転換点を迎えた。インドネシアの法制史にとってその示唆するところは甚大である。この改革時代は、憲法体制の民主化というのみならず、一斉の法制改革によって特徴づけられる。また、先進諸国による法整備支援と法の移植を通じて、外来の共通モデルの導入が推進されたことも、この時代の法整備の特色であった。ただし、こうした法整備支援がインドネシア社会の抱える問題を解決できたとはいえない。

(1) 一斉の法制改革

　1998年にスハルトの新秩序体制が崩壊した後、法をはじめとして、あらゆる国民生活の領域で、一大改革が巻き起こった。この間に、多くの新たな立法が起こり、また多くの国際協定の批准も行われた。改革時代のこれら一連の法整備は、『国家立法計画』に基づいて進められた。同計画は、国家レベルの立法計画を掲載し、5年毎の議会任期のつどに見直しが行われている。

　しかし、法整備の究極的な大目標が明示されていないことから、法制改革は経済開発の手段でもなく、民主化の手段というわけでもなく、暗中模索で進められてきたのが実態である。グローバル化の進展によって、法制改革が国際的義務として突きつけられる時代となっていることから、法整備の混迷はさらに悪化していると思われる（Burke-White and Slaughter, 2006）。インドネシア政府は、国際化の機運に遅れまじとして、法制改革の義務履行に熱心に取り組んできたとみられる（Capaldo, 2003）。

　その結果、とくにIMF（国際通貨基金）と世界銀行の指導に沿って、インドネシア政府は一連の経済法制の導入を実現しており、それは担保法、会社法、証券市場法、破産法、譲渡担保法、仲裁法、さらに著作権・特許・商標・意匠権・集積回路・植物多様性等に関する知的財産権法などである。これらは経済活動を活性化し、国際的スタンダートを導入するものとして企図された。

　改革時代にはさらなる法整備が起こった。1997年から2017年の20年間に、五百余りの立法が行われ、これらはスハルト新秩序時代に乱立された行政法規の数に優位している。立法件数の推移は、**表1**のとおりである。

　民事法・商事法の領域に限っても、2000年から2016年の間に、40件余りの立法が起こった。このうち23件が土地に関する立法である。

　しかし法の量的な増加は、質的な改善を必ずしも意味しない。その結果というべく、新設された憲法裁判所による違憲立法審査が増大している。2003年から2017年にかけて、じつに500件余りの立法が憲法裁判所の違憲審査に服した。その多くは土地法分野に関するものであった。このことは、立法過程が憲法以下の規範体系を踏まえた慎重な審議のもとで行われていない実態を示唆する。省庁間の縦割り主義や政党政治による立法過程の混乱が、数多の立法の相互の不整合を来している現実がある。

表1　立法件数の経年推移

年	立法件数
1945-1950	議会立法140、緊急勅令30
1951-1960	133
1961-1965	10
1966-1970	85
1971-1977	43
1977-1982	55
1982-1987	45
1987-1992	55
1992-1997	45
1997-1999	75
2001-2005	151
2005-2010	192
2011-2015	127
2016	22

（出所：筆者によるまとめ）

(2) 土地法分野の近年の発展

　インドネシアの財産法分野は今日なお、過去の不公正の歴史的経緯を反映して、多くの問題を抱えている。議会に対して全国各地から提起される報告類から見出される紛争実態は、いくつかのカテゴリーに分けることが可能であり、それは土地所有権の権原確定に関する問題、荒蕪地の取り上げに関する問題、土地の強奪、土地利用政策、都市計画の問題、慣習法上の権利の認定の問題、土地収用補償の問題、地方分権化による問題、などである。

　土地紛争の一つの淵源は、土地法じたいの欠陥である。土地登記所の運用規則が整合性を欠く問題について筆者は研究中であるが、膨大な法規が乱立してきたことにより、重複や実体的な齟齬が無数に存在する。さらに、都市計画法制の分野でも同様の状況がある。

　このような重複や齟齬は拙速な立法活動のゆえである。1960年農地基本法が存在するに拘らず、森林法、水資源法、環境法、石油ガス法、地熱発電法、沿岸・島嶼地域管理法、都市計画法、漁業法などの新規立法が相互に重複した領域に及び、それぞれの技術的な適用規則が衝突しあい、また相互の射程の谷間で空白をも生じている。

　しかも憲法裁判所はこれらの立法群について違憲審査を実施し、このうち水

資源法、森林法、石油ガス法は違憲判断を受けた。これらの立法は、国家資源の利用について特定の企業を利するのみならず、一般国民のアクセス権を侵害していると判断された。

　改革時代においてはまた、共同体的な慣習法が息を吹き返しつつあることが注目される。アジア危機を契機に、中央集権的な新秩序体制が崩壊し、地方分権化が進んだことにより、慣習法の復権が起こったのである。憲法裁判所は、2012年の判決（No.35/PUU-X/2012）において、森林法により国有林として指定された森林における共同体慣習権の存在を公認した。判決は国有林に慣習権が付属するとしたのではなく、むしろ、慣習権の対象である森林を、国有林として指定してはならないと判断したのである。かくして、少数民族・コミュニティは慣習法上の財産権を合法的に行使することが可能となった。しかし問題は、そのような慣習法上の共同体について定める法規がないため、慣習権の及ぶ森林の特定が困難であることである。国家土地庁の役人は現在、憲法裁判所の判決を履行するためにも、技術的な法令の整備が必要であるとしている。

　しかし農地基本法とその下部法規は、従来、土地上の権利を明示し、その取得手続を定めてきたが、少数民族の慣習法上の権利（ulayat）について詳述しては来なかった。慣習的共同体は、実定法が前提とする個人・法人の個的な私権体系と噛み合わない。国家土地庁関係者の間でも、少数民族の慣習的権利をどのように実定法に位置づけるかについて方針は割れている。そこで、議会はこの問題について、「農地法改革と国家資源管理の問題解決に関する政令IX/2001号」を発出し、既往の土地・資源管理に関する法令の全面的見直し、農地改革についての特別予算の割り当て、農地紛争の解決について指示した。その第一段階が目下進められている。

5. 立法再編へ向けて

　以上でみた土地法分野の現状は、その全面的な再編の必要性を示唆している。そのような再編は、多発する土地紛争の原因をなす関連法規間の不整合の問題を、調和的に解決するものでなければならない。

　そのような土地法の再編過程において、インドネシアは再び、民法典を嚆矢

とする規範相互の体系性がつねに重視されてきた法典主義の伝統に、立ち返ることが有用であると筆者は考える。旧宗主国オランダは、1992年に新民法典の制定に成功した。インドネシアにとっても、法典体系の再構築は、土地問題の解決へ向けての一つの有効な道として検討されてしかるべきである。

　現在インドネシアにおいては、土地法、土地権利法、土地問題特別裁判所法、農地紛争解決法、慣習権の認定に関する法、などの一連の立法草案を準備中である。これらの立法名は、『国家立法計画』にすでに掲載されている。つまり、議会はこれらの立法を近い将来に実現することを確実に予定しているのである。

　したがって、これらに関連法規を個別に制定するのではなく、一つの法典として編纂することに意義があるはずである。筆者自身、起草準備に関与する立場にあり、インドネシア議会による公聴会の場でこのような意見を申し述べた。体系的起草の動きは、おそらく現行の農地基本法の一般原則を活用しつつ第1編・総則規定から開始し、第2編・土地権利、第3編・土地登記制度、第4編・紛争解決制度と土地裁判所、の構成で進むであろう。その過程では、慣習的権利とその登記の問題に対して、特別の注意が払われねばならない。

　インドネシアは体系的な法の編纂活動から遠ざかって久しい。しかし他の分野ではすでに少しずつその動きが見られている。NGOが発案し国際ドナーや選挙管理委員会が支援した「選挙法」の起草はその一例である。三者協議の方式は有効である。土地法の法典化にとっても、同様の手法が適用可能であると考えられ、NGO・国際ドナー・政府の三者協議による起草準備が、議会の法案審議に資すると考えられる。

6. 結語

　土地はインドネシアにとって、植民地時代から現代に至るもなお、財産権の中核である。歴史的経緯の中で、民法典は当初の財産法の淵源であったが、後続の法整備過程で忘れ去られ、多様な行政法規で取って代わられ体系性を喪失した。本章においては、インドネシアが再び法の体系化の精神を取り戻し、土地関連法制を整合的に再編すべきことを主張した。それは膨大な努力と一貫性

を要する作業となろうが、現代の土地紛争の抜本的な解決のために価値のある
選択であると考えられる。

| 参考文献 |

- Angelino, A.D.A De Kat（1931）*Colonial Policy, Volume II The Dutch East Indies*, The Hague: Martinus Nijhoff.
- Burke-White, W. & Slaughter, M.（2006）"The Future of International Is Domestic," *International Law Journal*, Vol. 47, p.327-352
- Capaldo, Giuliana Ziccardi（2003）*Attuazione dei trattati internazionali e Costituzione italiana. Una riforma prioritaria nell'era della comunità globale*. Naples: ESI.
- Djokosutono, Soepomo（1955）*Sedjarah Politik Hukum Adat*, Jakarta: Djambatan.
- Handoko, Widhi（2014）*Kebijakan Hukum Pertanahan*, Yogjakarta: Thafa Media.
- Hartono, Sunaryati, Setiawan & Taryana Sunandar（2001）*The Indonesian Law on Contract*, Japan: Institute of Developing Economies（IDE-JETRO）
- Kadelbach S.（1999）"The Transformation of Treaties into Domestic Law," 42 *GYIL*
- Kennedy, D.（2006）"'The Rule of Law,' Political Choices, and Development Common Sense," in Trubek, D. M. & Santos, A., *The New Law and Economic Development: a Critical Appraisal*, 2016, p.95-128. New York: Cambridge University
- Lev, D. S.（1965）"The Lady and The Banyan Tree: Civil-Law Change in Indonesia," *The American Journal of Comparative Law*, Vol. 14, No. 2, p.282-307
- Raffles, T. S.（2014）*The History Of Java*, Yogyakarta: Narasi.
- Soekanto（1958）*Meninjau Hukum Adat Indonesia*, Jakarta: Soerungan Petjenongan.
- Vollenhoven, Van.（1981）*On Indonesian Adat Law*, The Hague : Martinus Nijhoff.

第3部

アジア法の経済成果と社会実相

第8章

競争法整備支援とその評価
―競争法の普遍性と土着性の観点から

栗田　誠

1.　はじめに

　本章は、競争法が有する「普遍性」と「土着性」に着目し[1]、競争法整備支援が有効であるための条件を明らかにし、また、その効果を評価する手法を探ることを目的とする。

　こうした関心のきっかけは、歴史の浅い海外競争当局の職員向けの競争法整備支援プロジェクトに多少の関わりを持つ中で、競争法に関する支援として具体的にどのような内容を教えるべきか[2]、という疑問を抱いたことにある。筆者には、自国の競争法（したがって、筆者の場合には日本の独占禁止法）を教えること、あるいは、それをベースにした競争法を教えることが適切であるとは思えなかったことが出発点となっている。

　経済取引は、基本的に経済的な動機に裏付けられた合理的なものであり、特にグローバル化する国際経済社会においては様々な要因から共通化する方向にある。そして、競争促進・消費者利益の観点から経済取引を規律する法域ごとの競争法は、それ自身の発展動態として収斂していくとともに、経済社会や競争法の規律を受ける企業からも法域間で整合的なものであることを求められている。その意味で、競争法は、法域を超えた普遍性を有するものである。

　しかし、競争法は、同時に、その規律対象とする経済社会やそこでの取引実態を反映した多様性を有しており、それぞれの市場やそれを取り巻く経済・社会環境、法制度等との関係を離れては存立し得ないものである[3]。加えて、競

---

[1]　競争法の「普遍性」と「土着性」の意味内容については、以下で略述するほか、詳細は後記3参照。

[2]　競争法整備支援が支援を供与する国・機関・担当者（「ドナー」と総称する）から支援を受け入れる国・機関・担当者（「レシピエント」と総称する）への一方通行のものではあり得ないことは認識しているが、ここでは分かりやすい表現を用いた。

争法の制度や運用は、産業政策その他の公共政策と密接に関連し、政府の役割をどのように設定するかによっても異なってくるし、経済取引に関わる法制度全体において競争法に与えられる目的や役割にも違いがあり得る。したがって、競争法は、法域ごとの土着性を帯びたものでもある。

競争法がこうした普遍性と土着性を併有するものであることを考えると、競争法整備支援がどのような内容のものであるべきかについて、解答は容易に得られそうにはない。1980年代末以降の「体制転換（体制移行）」を受けて、米国のような競争法先進国は「競争法の『輸出』」[4]に向けて走り出し、我が国も1990年代央以降、競争法整備支援を開始した。こうした動きの背景として、ウルグアイ・ラウンドの成功裏の終結と世界貿易機関（WTO）の成立により国際経済ルールの整備が進む中で、国際的な競争ルールの必要性と可能性が認識され、競争法の普遍性が前面に出てきたことを指摘できる[5]。特に、1990年代後半のアジア通貨危機に際しては、国際通貨基金（IMF）等の国際機関による経済支援の一環として競争法整備支援が行われた（経済支援の条件として競争法を整備することが求められた）こともあり、理念的な競争法モデル[6]を迅速に移植することに傾斜した時期があった[7]。その後の状況変化により、WTOにおける競争ルールの策定が少なくとも当面期待できない中にあっても[8]、開発途上国における競争法整備は引き続き進展してきている[9]。そして、競争法整備支援も、レシピエントの状況を考慮し、それに適合した競争法の制定・執

3) Williams（2013）．なお、これは競争法に限ったことではない。アジアの多様性と法について、松尾（2016）参照。
4) 米国法曹協会反トラスト法部会の機関紙Antitrustは、1991年に"Crossing Borders: Should U.S. Antitrust Law Be Exported?"と題する特集を組んでいる（ABA（1991）。なお、Whitener（2005）も参照）。その当時、日米両国間では日米構造問題協議（Structural Impediments Initiative）やそのフォローアップが進行中であり、米国側から日本の独占禁止法・公正取引委員会の執行力や透明性の不足が指摘されていた。公正取引委員会において国際問題を担当していた筆者は、米国からは日本も競争法の輸出先の一つとしてみられていることに複雑な思いを禁じ得なかったが、同時に、日本の独占禁止法に対する海外からの改善圧力を経済制度の国際的調整として積極的に捉えることも可能である（Kurita（1995））。
5) Kennedy（2001），Marsden（2003）
6) World Bank and OECD（1999），UNCTAD（2005）
7) 市場・金融法制全般に関するものであるが、金子（2004）参照。
8) Taylor（2006）
9) Williams（2013）

行を目指す必要があるという認識も、ある程度共有されるようになってきているように思われる。

　以下では、「競争法」についての簡単な解説を加えた上で、競争法整備支援の現状を分析する（2）[10]。次いで、競争法整備支援の内容との関連に焦点を当てて、競争法の普遍性と土着性をあらためて考察する（3）。これらの作業を受けて、競争法整備支援が有効であるためには、どのような内容を取り上げることが適切であるのか（4）、特に、日本の独占禁止法の特徴を踏まえると、どのような内容が有効であるのか（5）を検討し、さらに、競争法整備支援の効果をどのように評価するのか（6）についても言及する。最後は、簡単なまとめである（7）。

2. 競争法整備支援の現状

(1)「競争法」、「競争当局」及び「競争政策」

　「競争法」とは、市場における競争を制限する行為を規制する法令の国際的な呼称であり、日本では独占禁止法[11]が該当する。典型的には、価格カルテル等の共同行為、独占行為ないしは支配的地位濫用行為、そして、企業結合を主要な規制対象とする。また、「競争当局」とは、競争法の執行を担当する専門機関の国際的な呼称であり、日本では公正取引委員会が該当する。

　ところで、競争法は、競争が可能な市場環境の下での私的な（政府措置によらない）競争制限行為を規制するという、いわば消極的な役割を担うものであり、積極的な市場の形成や競争の創出は「競争政策」の役割である[12]。所有権の明確化と市場メカニズムの尊重を前提に、国有企業の民営化（privatization）、統制・規制の緩和・撤廃、貿易・投資の自由化といった広範な競争政策措置を併せて推進するのでないと、競争法は十分に機能しない[13]。

---

[10] 筆者は、香川・金子編著（2007）において、競争法整備支援の可能性について簡単な検討を試みた。なお、法整備支援全般について、松尾（2009）、金子（2010）、鮎京（2011）参照。
[11] 正式名称は「私的独占の禁止及び公正取引の確保に関する法律」（昭和22年法律第54号）である。
[12]「競争法」と「競争政策」の関係について、栗田（2005a）参照。ただし、両者の関係は法域によっても異なることに留意する必要がある。

第**8**章 競争法整備支援とその評価

(2) 競争法整備支援

競争法分野においても、1980年代末以降、旧社会主義経済体制が崩壊し、市場経済への移行が進められる中で、欧米諸国を中心に、体制転換・体制移行を促進し、競争法の導入を支援する活動が開始された。また、開発途上国においても、それ以前から進行しつつあった民営化を含む市場経済化が一層推進され、その一環として競争法の導入が奨励された。中には、経済危機からの回復過程において、IMF等の国際機関による支援を受ける中で、救済融資を受ける条件（conditionality）として競争法の導入が求められるといった事態も生じた[14]。

こうした競争法の新たな導入を支援する活動が競争法整備支援の重要な柱であるが、競争法整備支援は競争法制定支援にとどまらない、大きな役割を有している。前述のとおり、競争法の制定と執行は、広範な競争政策の一部にすぎず、市場や競争に関わる多面的な制度構築や政策手法と組み合わせることによってはじめて効果を上げることができる。競争当局には、競争の意義や市場メカニズムの役割を政府の経済政策に反映させること、競争文化（competition culture）を市場参加者に普及させることが期待されている（こうした活動は「競争唱導（competition advocacy）」と呼ばれる）。そして、競争法整備支援は、競争政策の導入や競争文化の醸成に向けた広範な支援の一環として行われることが望ましい。しかし、多くの場合、レシピエントの産業政策、開発政策、国際経済政策等との厳しい対立・抵触を招くこととなり、競争政策の貫徹は容易ではない[15]。

また、競争法の制定が実現しても、その実施が伴わないことには法目的は達成されない。狭義の法執行に加え、競争法の規律内容を規則やガイドラインによって具体化したり、事業者等からの事前相談に回答したりするといったソフトな法目的実現手法も実際上重要な役割を果たす（ただし、ソフトな手法には不透明さや腐敗のおそれを伴いやすいことにも留意する必要がある）[16]。特に、競争法の運用には、法律知識以外に、経済取引に関する実態の把握が先決であ

---

[13] 我が国の独占禁止法の執行が1990年代以降に活発化したことと軌を一にして、規制緩和・規制改革が1990年央代以降に急速に進展したことは、決して偶然ではない。
[14] 例えば、インドネシアについて、金子（2000）参照。
[15] 松下（2004）
[16] Kurita（2004）

181

り、また、経済分析、企業会計等の専門的知見が必要になることもあり、こうした専門的人材の育成も重要な課題となる。そして、こうした各種の専門的知見と必要なリソース、そして何よりも競争法の実効的な執行に向けた熱意を有し、かつ、実行できる体制（政治的な影響からの独立性を含む）を整えること、すなわち、総体としての競争当局の態勢整備が課題となる。

　加えて、競争法の実効的な執行のためには、関連する様々な活動が求められる。経済活動や取引の実態を把握し、競争法を的確に執行し、また、各種の競争政策措置を立案・実施するためには、正確な経済統計が整備されていることが重要である。また、競争当局の競争法執行活動は、それぞれの法域における手続による司法審査を受けることになるが、経済問題を扱う能力が司法部門に備わっていることも必要である。これらの関連する活動や諸機関を含めた制度構築（institution-building）や能力開発（capacity-building）が不可欠である。

　競争法を形式的に導入するだけでは意味がないことは、何よりも我が国の独占禁止法の歴史が物語っている[17]。そして、一定の発展段階に達した開発途上国の多くは既に競争法を制定済みであり、問題はその執行体制の確立と実効的な運用、そして競争文化の醸成に向けた競争唱導の成否にある。特に、実際の法執行や政府部内での競争政策の唱導を担う競争当局担当者の専門的能力の育成とそれを組織としての能力・態勢に発展させることが課題となる。そして、こうした取組の効果を検証しつつ、改善していく持続的なプロセスを確立することが求められる。競争法整備支援は、こうした課題に応え得るものでなければならない。

　以上の観点から、競争法整備支援は、①競争法制定支援、②競争法執行支援、③競争唱導支援に分けることができる。

(3) 我が国の競争法整備支援の歴史と現状

　我が国の法整備支援の重点分野として、基本法分野に加え、「経済法」分野も挙げられており、特に、中国、インドネシア及びベトナムの国別実施方針に

---

[17] Schwindt and McDaniels（2008）は、法制度の「選択的適応（selective adaptation）」の例として、1947年に米国反トラスト法を移植した日本がその経済的・法的・制度的・文化的な環境の中で漸進的に独占禁止法制度を発展させてきた歴史を取り上げている。

おいては、競争法が明示的に挙げられている[18]。

競争法整備支援は、我が国の競争当局である公正取引委員会が国際協力機構（JICA）の枠組み等を活用して実施しているものに事実上限られている[19]。1980年から開始されたアジア大洋州諸国の関係当局を集めた意見交換や、アドホックに行われていた韓国、台湾等の競争当局担当者への研修等の実施を除くと、1994年度に開始された集合研修が最初である。その後、次第に対象国・地域や内容を拡大し、次のような支援が行われている[20]。

①短期研修：集合研修（参加を希望する国の競争当局等の職員を対象に集合的に研修を実施する）

　　　　　　国別研修（国ごとに競争当局等の職員を対象に研修を実施する）

②長期専門家派遣：特定国の競争当局に助言を行う長期専門家を派遣する

③国際機関を通じた支援：APEC（アジア太平洋経済協力）の活動の一環として競争法・政策セミナーを主催し、あるいは経済開発協力機構（OECD）、国連貿易開発会議（UNCTAD）等の国際機関が実施するセミナー、研修プログラム等に講師等を派遣する

我が国の競争法整備支援の内容をみると、次のような特徴を指摘することができる。前述の①競争法制定支援、②競争法執行支援、③競争唱導支援の3分類からは、競争法執行支援にほぼ限られている。競争法の立案段階から支援を行った国として、ベトナム、中国が挙げられるが、立案作業を直接的に支援したり、助言したりするものではなく[21]、競争法の仕組みや独占禁止法の運用経験を伝授するにとどまっていたと思われる[22]。また、競争唱導は、レシピエン

---

[18] 「我が国法制度整備支援に関する基本的考え方（第13回海外経済協力会議合意事項）」（2008年1月30日）、「法制度整備支援に関する基本方針」（2009年4月、法制度整備支援に関する局長級会議）参照。その後、「法制度整備支援に関する基本方針（改訂版）」（2013年5月）においては、国別実施方針の対象（重点支援対象）から中国が外れている。なお、国際協力事業団（2003）、三菱総合研究所（2015）も参照。

[19] 経済産業省の関係機関等も実施していたことがあるが、単発的である。米国では、競争当局のほかに、弁護士団体、シンクタンク等の非営利団体、研究者等の多様な主体が競争法整備支援に取り組んでいる。この点で、我が国の競争法整備支援はいまだ底が浅いと評さざるを得ない。

[20] 公正取引委員会年次報告各年版にその概要が紹介されている。小畑（2004）、林（2010）、林（2013）も参照。また、競争法分野に限定したものではないが、三菱総合研究所（2015）には、我が国による法整備支援プロジェクトが詳細に整理されている。

トの経済政策の形成と密接に関わる問題であり、政府部内（あるいは所属する行政機関内部）における競争当局の地位・権限によっても大きく左右されるものであり、競争唱導支援の実施には困難を伴う。

そして、競争法執行支援の短期研修として公正取引委員会が実施してきているプログラムは、日本の独占禁止法の内容や運用経験を伝授することが中心になってきているように見受けられる[23]。後述するように、日本の独占禁止法は、その法制面においても解釈面においても、「標準的な」[24]競争法からは乖離する点がみられるし、法執行の実務においても、我が国で発達した行政一般の実務の影響を大きく受けていることから、そのままでは競争法実務として他の法域に伝授すること自体難しい面がある[25]。競争法執行支援の内容が我が国の独占禁止法の法制及び運用を前提としたものになっているとすると、レシピエントにとって理解が困難であったり、有用なものにならなかったりするおそれがある。逆に言うと、競争法整備支援の内容がレシピエントの法的・制度的・経済的・社会的・文化的な環境を踏まえたオーダーメイドのものであれば、そうした競争法整備支援は、レシピエントにとってより有効なものとなり、また、ドナーにとっても自己の法制や運用を見直す契機となり得る[26]。

....

[21] 例外的に、2012年から2016年にかけて実施されたベトナムに対する「競争法改正、施行能力強化支援プロジェクト」では、競争法改正に向けた具体的な検討が支援内容に含まれており、各種の成果が得られている。そして、2018年に競争当局の組織改革を含む大規模な改正が実現した（2019年7月施行予定）。

[22] 例えば、1999年に制定されたインドネシアの競争法の立案には、ドイツ技術協力公社（GTZ）の支援プロジェクトに参画したカルッテ（Wolfgang Kartte）元連邦カルテル庁長官を代表者とする専門家チームが中心的な役割を果たしていた。

[23] 公正取引委員会が公表している研修内容等や筆者の限られた経験から判断した印象であり、更に具体的な情報収集・分析が必要である。また、公正取引委員会が2017年から開始した日・ASEAN統合基金を利用してインドネシア競争当局の協力を得て実施するASEAN加盟国の競争当局向けの研修プログラムでは、UNCTADの協力を得るとされており、従来の内容とは異なるのかもしれない。

[24] 何が「標準的な」競争法なのかという問題は残るが、ICN（International Competition Network）において「最良実務慣行（best practices）」ないしは「推奨実務慣行（recommended practices）」として取りまとめられているような内容を念頭に置いている（ICNは、競争法の収斂の促進を目的に2001年10月に発足した競争当局を中心とする国際協力ネットワークであり、2018年10月現在、126か国・地域から139の競争当局が参加している）。もっとも、これらに対しては、その多くが米国やEUの競争法専門家の手によるものであり、本来的にバイアスがかかっているという批判があり得るところである。

[25] 例えば、公正取引委員会の審査実務に対しては、適正手続の観点からみて国際標準の手続保障に欠けるとする厳しい批判がある（21世紀政策研究所（2016）、ABA（2016））。

184

3. 競争法の普遍性と土着性

(1) 競争法の特質

　競争法は、市場における競争を制限する行為を禁止・規制する法令であり、実体規定（競争法違反行為の内容・要件を定める規定）のほか、違反に対するサンクション、サンクションを賦課するための手続及び競争当局の組織・権限といったエンフォースメント態勢（法目的実現のための仕組み）全般に関わる規定の総体である。エンフォースメントに関わる規定は、各法域における法思想、法体系、法技術等の特徴を踏まえた多様性がその特徴である。他方、実体規定には、法域を問わず、かなりの共通性が認められるが、具体的な違法性判断基準には違いがあり、また、法域独自の規制も存在し得る。以下では、競争法の実体規定を中心に、その普遍性と土着性を考察し、競争法整備支援の役割・内容とその評価を考える前提作業としたい。

(2) 競争法の普遍性

　経済取引を規律対象とする競争法は、普遍化する要素を本質的に有している。市場競争を制限・歪曲するための手段は、商品・サービスの種類や取引実態を問わず、メニュー化することができる[27]。大雑把には、他の事業者と共同することで市場支配力を形成・強化する行為と、他の事業者を排除することで市場支配力を形成・維持・強化する行為に大別でき、更に具体的に手段を細分化できる。狭いローカル市場であっても、グローバル化した世界市場であっても同様である。

　競争法においては、メニュー化された違反行為類型に外形的に該当するだけでは違反とはいえない。当該行為が市場競争に悪影響（競争上の弊害）を及ぼす（消費者利益に反する）ことが立証されてはじめて違反となる。したがって、

[26] 栗田（2005b）において、東アジアの競争法に共通する特徴と問題点を指摘し、これらが日本の独占禁止法の課題でもあることを強調した。

[27] もちろん、メニュー化の仕方や具体化・細分化の程度は法域により異なる。大雑把にいえば、新たに競争法を導入する途上国の競争法では、細分化された具体的なメニュー化がなされる傾向にある。これは、競争文化に馴染みのない経済社会に新たに競争法を導入する上で、具体的なメニュー化が当該経済社会にとっての受容可能性を高めるとともに、競争法規制の予測可能性の確保につながると考えられているからであろう。

どの範囲の競争にどの程度の悪影響が及ぶ場合を違反とするのかという違反基準や、具体的に違反基準を満たすか否かをどのように分析し、立証するのかという分析手法・立証基準には法域ごとの違いがあり得る。

しかし、競争法は、あらゆる商品・サービスを規律対象とする性格上、違反基準は抽象的に設定されており、それを個別具体的な事案に適用する中で、基準が具体化・明確化され、また、分析・判断の手法や手順が定式化される。競争当局は、そうした基準や手法・手順を「ガイドライン」という形で公表している。こうした分析・判断の手法や手順は、様々な利害関係者（企業関係者、法曹実務家、司法当局、研究者等）との批判・反批判のプロセス（司法審査を含む）や競争当局間の経験共有を通して改善され[28]、進化する中で、自ずと収斂していく。様々な基準や手法等が提示され、実行される中で、優れた基準や手法等が支持を集め、普及していくのである[29]。

また、国際取引を対象とした事案であれば、複数の法域の企業が関わり、あるいは複数の競争当局が取り上げることで、関係者・関係競争当局間の調整が行われることになるが、そこでは判断基準や措置内容の整合化が要請されることになる[30]。法域間の競争法の相違自体が市場の細分化の原因になり得るからである。

このように、競争法は、その適用を通じて、法律上の抽象的な違反基準が具体化され、判断基準や分析手法として可視化されることになるが、その過程では法域間の差異を小さくしようとする力が働く。そして、こうした競争法の自動的な（ビルトインされた）具体化メカニズムこそが国境その他の措置により分断された市場を統合し、活発な競争をもたらすのである。こうした競争法の性質をここでは「普遍性」と呼んでいる。

----

[28] こうした競争当局間の相互作用は「相互肥沃（cross-fertilization）」と形容されることがある。

[29] 最も典型的な例は、米国司法省・連邦取引委員会の1992年水平的合併ガイドラインである。このガイドラインは、米国競争当局のガイドラインであるが、米国内の裁判所で広く採用されるだけでなく、主要な競争当局の合併審査実務に大きな影響を与えており、その結果、各国競争当局の合併ガイドラインは、かなりの程度共通化した内容となっており、我が国の公正取引委員会の企業結合ガイドラインも同様である。さらに、米国のガイドラインは2010年に全面改訂されたが、そこには我が国の企業結合審査実務の影響を看て取ることも可能である（例えば、需要者の購買力の考慮）。

[30] 瀬領（2012）

(3) 競争法の土着性

　上記のとおり、競争法は、その普遍性により、細分化された市場を統合し、経済取引を活発化する機能を有する。しかし、競争法は同時に、市場の特性等を反映した「土着性」を有しており、また、有するべきである[31]。特に、市場化の程度、関連法制度の整備状況等に応じて、競争法の規律範囲と違反基準が法域により異なることがあり得る。その意味で、どの法域にも適合する、唯一の正しい競争法が存在するわけではなく、それぞれに適合した競争法を形成し、進化させることが必要である[32]。

　まず、競争法が土着性を必要とする理由を考えてみる。競争法は市場における競争を維持・促進することを目的とするから、市場における競争や取引の実態によっては、その規制内容や違反基準が異なり得る。例えば、買手独占の状況にある市場では、売手に対抗的な共同行為が部分的に容認される余地がある。また、参入障壁が高く、新規参入が容易ではない市場、新規参入を試みる企業が現れにくい市場においては、競争者排除型の行為に対する規制を厳しくする必要がある。これらは、抽象的な実体規定の具体的適用を通じて実現できる面もあり、競争法の在り方としてはそれが望ましいともいえるが、実体規定自体を必要に応じて部分修正することも考えられる。また、ある法域において特有に認められる不適切な慣行であって、他の法令によってはその是正が難しいものについて、当該法域の競争法が独自の規制を行う可能性がある。抽象的な実体規定により包摂できるとも考えられるが、規制の実を挙げる上では、具体的な禁止規定を明示的に設けることが適切な場合があり得よう。

　競争法は、他の関連する法制度によっても影響される。他の法制度が競争法の達成しようとする目的を別の手段で実現している場合には、競争法の規律内容をその分だけ縮減することが可能になるかもしれない。逆に、他の法制度（例えば、個別分野ごとの事業規制法）がその期待される機能を果たしておらず、競争上の弊害が生じている場合には、あらゆる分野を適用対象とする競争法の規律を具体的に及ぼすことが必要かつ有効であるかもしれない[33]。また、競争

---

[31] 根岸（2011）
[32] Haley（2002）. ヘイリー（2002）はその邦訳である。陳腐な言い方であるが、"One size doesn't fit all"である。

法と知的財産法とは、活発な技術革新を通じた経済発展を目指す法制度として共通の基盤に立っているが、知的財産権者の行為によって活発な技術革新が阻害されている状況に対しては、知的財産法自身が権利の行使を否認する（他者による侵害を否定する）方法もあれば、競争法が権利の行使を否認する（競争法違反を認定する）方法もある。両法が相俟って技術革新を促進する法的環境を整える必要があり、両法は相互補完的である。その意味で、競争法規制は、知的財産法制度やその運用の在り方によって影響を受けるのである[34]。

　別の例を挙げると、東アジアの競争法においては、「公正な競争」が重視され、日本の独占禁止法における「不公正な取引方法」に相当する実体規定が設けられていることも少なくない[35]。これは、不正競争法、ないしは事業上の不法行為（business tort）に関する民事的規律が未発達であるという実体面と、被害者が民事的な救済を求めるための民事手続が利用しにくいという手続面の両面にわたる制約の結果として、行政的執行を主体とする競争法に必要な実体規定を設け、競争当局にその規制の任に当たらせているものとして評価することもでき、東アジアの競争法の土着性の一例といえる。

　このように、競争法は、土着的な性質を併せ持つのであり、特に、市場経済が未成熟であり、また、関連法制度やその活用が未発達な状況においては、競争法（特にその行政的執行）の果たすべき役割が大きくなる可能性がある[36]。こうした競争法の機能拡張に対して、一律に競争法の守備範囲外であると決め付けることは適切ではない。もちろん、こうした競争法の拡張的機能は常に見直される必要があり、市場経済の発展や他の法制度の整備状況によっては、自らの守備範囲を縮小させることを厭うべきではない。

---

33) 土田（2012）
34) 白石（2005）
35) 小川・高橋編（2005）、稗貫（2012）
36) 日本の独占禁止法における優越的地位濫用規制の位置付けを巡る論争をこのような観点から捉えることもできると思われる。

4. 競争法の普遍性と土着性からみた競争法整備支援の内容

(1) 競争法の普遍性と土着性を考慮した法整備支援の必要性

　競争法の普遍性と土着性を考慮した場合に、競争法整備支援の内容はいかに
あるべきか。これまでの競争法制定の経緯をみると、比較的短期間で制定作業
を終えた国と長期間掛けて制定に漕ぎ着けた国とがある。前者の例として、東
アジア地域ではタイ、インドネシア、シンガポールが挙げられ[37]、後者の例と
してはベトナムや中国が挙げられる。しかし、検討期間の長短を問わず、競争
法の実体規定について、それぞれの法域で競争上の弊害をもたらしている行為・
慣行や市場取引の実態に関する調査・分析を踏まえて検討されたのかといえば、
おそらく否定的に解される。ベトナムや中国において長期間を要した理由は、
社会主義経済体制との整合性や国有企業の取扱い、他の行政機関との関係を含
め、競争法を制定することが自国の経済発展にとって利益になるのかという根
本的な問題に関わる国内的議論によるところが大きく[38]、市場実態の調査等を
綿密に行ったことによる遅延とは考え難い。競争法制定支援を行うドナーとし
ても、レシピエント国内の市場競争・取引の実態を調査して支援に反映させる
ことは実際上困難であろう。インドネシアやベトナムにおいて、競争法の制定
後、比較的短期間で改正の検討が始められたことは、競争法の土着性に配慮し
た検討が不足していたことを示している可能性がある。

　ただし、競争法の実体規定の抽象性を考えれば、競争法制定段階で土着性を
考慮することの必要性は必ずしも大きくないとも考えられる。この段階では、
不正競争法、消費者法等の関連法制度の整備状況を考慮して、競争法がこうし
た分野をも対象とするものとして制定されるべきかどうかが大きな課題になっ
てきたと思われる[39]。

　競争法制定段階での大きな課題は、むしろ、執行態勢をどのように構築する

---

[37] タイ及びインドネシアについては、経済危機を乗り切るための国内改革の一環として、ま
　た、シンガポールでは米国との自由貿易協定を締結する際の約束の履行として、競争法が
　短期間に立案・制定されたという経緯がある。

[38] 中国について、川島（2007）参照。

[39] この点では、ベトナムは不正競争法、消費者法の要素を取り入れた競争法を制定し、中国
　はこうした要素を入れることなく独占禁止法を制定した（なお、中国では、既に反不正当
　競争法が制定されていたという事情もある）。

かという点にある。しかし、この問題は、各法域における政府組織全体の在り方や行政組織・行政手続・行政救済に関わる憲法・行政法制度による制約を受けることから、競争法整備支援による取組には限界があると思われる[40]。

競争法の土着性への着目が特に必要になるのは、むしろ競争法執行支援や競争唱導支援の段階である。競争法の執行に当たっては、違反被疑行為を識別して必要な審査を行うことになるが、法執行の優先分野を選定するに当たっても、違反審査を実施する上でも、取引や参入障壁、関係企業の市場地位をはじめとする市場実態の把握が不可欠である。また、競争唱導に当たっても、競争実態の把握や関連する法制度の調査等が先決である。競争当局が独自にこうした調査・分析を的確に行うことができるようになるために、以上述べたような競争法の土着性を反映した競争法整備支援を具体化することが求められる。

(2) 競争法の普遍性と土着性からみた日本の競争法整備支援

日本の競争法整備支援の中核をなす競争法執行支援の研修プログラムにおいては、日本の独占禁止法の規律内容や公正取引委員会の審査実務を解説・伝授する方法が広く採られているようである。しかし、筆者には、日本の独占禁止法の制度や運用をそれ自体として伝授することが有益であるとは思われない。研修の対象者や目的に応じて、次のような内容のプログラムとすることが適切ではないかと考えている。

競争法の基礎を学ぶ研修にあっては、日本法に特化したプログラムでない限り、「標準的な」競争法の体系や分析手法を解説することが適切である[41]。標準的な競争法の体系や分析手法を理解することにより、それを自国の競争法や実務と比較したり、自国の競争法による分析に応用したりすることが可能になる。後述するように、日本の独占禁止法の体系や解釈、分析手法は、必ずしも標準的なものではなく、各法域からの研修受講者にとって、理解が困難であったり、応用の可能性に乏しいものであったりするからである。

----

[40] 特に、競争当局の独立性の確保については、競争法整備支援において常に強調される点であるが、実情としては競争当局の独立性に疑問があることも少なくない。インドネシアの事業競争監視委員会とタイの取引競争委員会との比較について、栗田（2007）参照。
[41] ICNは、近年、途上国競争当局向けの標準的なマニュアルの作成に力を入れている。

190

第**8**章 競争法整備支援とその評価

　日本の独占禁止法に特化した研修の場合には、単に日本法の解説をするのではなく、その背景にある歴史・経緯を紹介し、日本法の特殊性が由って来る所以を理解できるようにすることが望ましい。その上で、自国の競争法との比較を含め、日本法から学ぶことができる点（受容すべきでない点を含む）を具体的に示すことが有益である。特に、公正取引委員会の行政実務を取り上げる際には、日本における一般行政法や行政活動の実務との関連を併せて解説し、自国における関連法制度や行政実務と対比して、日本における実務の理解とその批判的な検討や選択的な受容ができるように工夫することが必要である[42]。

　こうした内容の競争法執行支援を的確に行うためには、ドナー側には、単に自国の競争法やその執行実務に関する知識・経験だけでなく、その理論的な基礎や歴史的経緯、関連法との関係についての十分な理解は当然のこととして、競争法に係る比較法的な知識やリサーチ能力、レシピエントの競争法その他関連法制度に対する理解力、更にはレシピエントの経済・取引の実態に対する洞察力も必要になると思われる。

（3）競争法執行支援において前提とする市場実態

　競争法執行支援において最も多用される方法として、ケーススタディがある。具体的な（現実の、あるいは仮想的な）事案を基に、当該事案に記述されている関連法規制、取引実態、競争法違反となり得る行為等に関する情報を標準的な競争法分析の手法・手順を用いて分析し、競争法違反と判断されるか否か、（違反と判断される場合に）どのような排除措置を命ずる必要があるかについて検討し、結論を導く訓練を通して、実際の競争法違反事件の審査・分析に役立てるものである[43]。

　こうしたケーススタディの事案は、ドナー側が一方的に提示することが多いと思われるが、ここに落し穴が潜んでいる可能性もある。同じ商品・サービスを巡る競争であっても、法域ごとに関連する規制の違い、競争実態の違いがある場合には、事案の理解自体がドナー側とレシピエント側とで食い違うおそれ

---

[42]こうした観点からの競争法整備支援の具体的な内容については、後記5（2）参照。
[43]こうしたケーススタディに加えて、実際の競争法違反事件の審査過程において適時適切に助言することも重要な支援の内容であり、主として長期専門家の役割である。

191

がある。事案の内容自体について、双方が綿密に打ち合わせ、事案の理解に離齬がないようにする必要がある。また、複数の競争当局の職員を集めた集合研修においては、各国からの参加者が自国における事例を基にしたケーススタディを報告し、参加者同士で議論する方法が採られることも多い。しかし、この場合に、報告者は自国の法制度や市場実態を前提としており、取り上げる事案の背景事情として関連法制度や市場実態に関する紹介を適切に行うのでないと、参加者間での理解が食い違い、議論が噛み合わないこととなるおそれがある[44]。ケーススタディにおいては、とかく競争法上問題となり得る行為の内容面に関心が向きがちであるが、特に独占行為・支配的地位濫用行為の場合には、違反被疑行為だけなく、むしろその背後にある関連事実(法制度や市場構造、取引実態等)こそが違反の成否を分けるのであり、また、こうした関連事実の違いが競争法の実体規定の違い(例えば、支配的地位に係る推定規定の有無)に投影されていることもあり得るのである。

5. 日本の独占禁止法の特徴と競争法整備支援の内容

(1) 日本の独占禁止法の特徴

日本の独占禁止法には、日本の市場の特性・実態や関連法制度との関係等を反映した土着性があると同時に、立法経緯や特異な解釈の結果としての特殊性、さらには、公正取引委員会の行政的執行の実務を反映した特徴が認められる。したがって、日本の独占禁止法を基礎にして競争法整備支援の内容を考えるに当たっては、こうした特徴や特殊性に注意を払う必要がある。日本の独占禁止法の土着性や特殊性がレシピエントにとって有用な場合もあるが、そのためには一定の条件が必要であり、逆に、無用、あるいは却って害悪となる場合があり得るからである。

まず、日本の独占禁止法の特異な実体規定とそれを前提とした特殊な運用の

---

[44] 筆者が競争法執行支援のプログラムに最初に参加したのは1996年に韓国で開催された集合研修であったが、電気通信事業(固定電話網)を巡るケーススタディにおいて、ある参加者が、自国の長距離通信回線がボトルネックになる状況を前提として報告していたのに対し、筆者は、地域通信網がボトルネックとなる状況を想定していたことから、当初、その事案が理解できず、相互の発言が噛み合わなかった記憶がある。

例として、共同行為を規制する「不当な取引制限」について、「事業活動の相互拘束」が明示的な要件となっていること、そして、その解釈として、競争者間の相互的な制限に限定する立場が基本的に維持されていることが挙げられる。また、ハードコア・カルテルについても、「一定の取引分野における競争の実質的制限」が要件となっている点も特異である。独占行為規制としては、「私的独占」のうち「排除」行為について限定的な解釈が採られている半面、別途、「不公正な取引方法」の規定が存在し、緩やかな要件の下に極めて広範囲に及び得る曖昧な規制が可能になっていることが挙げられる[45]。企業結合規制においては、合併、事業譲受け、株式取得といった結合の手段別の規制になっており、新たな結合手段が開発・実施されると、どの規定を適用するのかという問題が生じ、特に、技術的に適用できる規定が存在しないという場合が生じかねない。

　また、日本の法制度（特に行政法）を前提とした独占禁止法の法制と運用の例として、まず、硬直的な課徴金制度を挙げることができる。独占禁止法違反に対する行政上の金銭的措置である課徴金制度は、賦課要件が法定され、賦課するか否か、（賦課する場合に）どれだけの額を賦課するかについて公正取引委員会の裁量はないとされており、法運用の硬直化とコスト高を招いている[46]。違反事件審査における立入検査の方法、供述に依存した立証方法といった行政調査の実務も、関係人の手続的保障の観点を含め、批判が少なくない[47]。さらに、日本の独占禁止法の法目的達成の手法として、違反事件の審査・処分というハードな手法に加えて、ガイドラインの策定、事前相談に対する回答、実態調査の実施と改善指導といったソフトな手法（非法的な手法）が多用されていることも指摘できる[48]。

(2) 日本の独占禁止法の特徴を考慮した競争法整備支援の具体的内容

　上記のような日本の独占禁止法の制度や運用は、歴史的経緯、関連法を含む

---

[45] 特に不公正な取引方法規制にあっては、違反行為類型のメニューに該当することをもって違反と判断する外形重視（form-based approach）の傾向が残り、市場における競争への悪影響を具体的に判断する効果重視（effect-based approach）が十分に浸透していないことも指摘できる。

[46] 栗田（2011）

[47] 21世紀政策研究所（2016）、ABA（2016）

[48] Kurita（2004）, Kurita（2011）

法制度・法体系全般、行政活動の在り方全般にも関わる問題であり、こうした背景を抜きにしては理解が困難である。したがって、競争法整備支援の内容として、これらを表面的に取り込むことが適切であるとは思われない。

他方、競争法整備支援の観点からは、日本経済の実情や取引の実態を踏まえた独占禁止法の制度及び運用の中に、レシピエントにとって有用な手本、あるいは反面教師となる可能性を秘めているものがある。以下に紹介するような制度や運用は、歴史的にみれば、国内産業の保護、外資の参入阻止といった保護主義的な機能を果たしてきた面もあり、単純に日本の経験を伝授することが適切であるわけではなく、場合によっては保護主義的手法の輸出の謗りを免れないことに留意する必要がある。しかし、日本の経験を振り返り、また、現下の国際経済法ルールを尊重しつつ、次のような事項を競争法整備支援の内容として取り入れることは有益であると思われる[49]。

第1に、適用除外カルテル制度である。開発途上国の競争法には、広範な適用除外を設けているものが少なくなく[50]、しかも、特段の弊害防止の仕組みを設けていないのが通常である。我が国においても、独占禁止法の初期の段階でカルテルを中心に各種の適用除外制度が設けられ、その弊害が指摘されてきたが、1990年代末にこれらの制度はほぼ全廃されている。しかし、これらの制度には、途上国の参考となる点も少なくない。適用除外カルテルの要件を厳格に規定し、その充足を個別的に認定した上で認可する手続を設けるとともに、適用除外にならない例外を設けて、その弊害を防止する仕組みを備えていたことである。様々な経済政策上の理由から適用除外制度が必要であるとしても、その弊害を防止するメカニズムをビルトインしておくことが適切であり、日本のこうした経験は参考になるものと思われる。

第2に、協同組合制度を挙げておく（第1の点に含まれるともいえるが、その重要性に鑑み、独立の項目とした）。中小企業の保護と協業化の促進の観点

---

[49] 金子（2011）は、ベトナムに対する民事法整備支援を素材として、比較法的にみてユニークな地位にある日本による法整備支援が比較優位を持つという。以下では、日本の独占禁止法の特殊性を考慮した競争法整備支援が途上国競争当局にとって有益なものであり得ることを述べるにとどまっており、日本の独占禁止法に関する比較法的考察を踏まえた検討は今後の課題としたい。

[50] おそらく、競争法の導入についてのコンセンサスを得る上で、広範な適用除外を設けることが必要とされたものと考えられる。

から、中小企業カルテルを適用除外とする競争法は少なくないが、中小企業の共同化を通した競争力強化を図る上で、協同組合原則に則った組織化は、一つの有効な対応策である[51]。組織化の弊害を防止しつつ競争力強化を図る観点から、協同組合制度の創設を支援することが有効であるが、そのためには、競争政策と中小企業政策の連携が必要である。

第3に、物価対策的見地からの競争法の運用を挙げる。開発途上国では、物価対策の観点から生活必需品の価格統制を政策手段として残していることが多い。しかし、統制的手法には様々な弊害を伴う。それに代替するものとして、競争法を活用し、競争法違反行為の規制という手法を用いることが可能である。我が国では、独占禁止法の運用が停滞を余儀なくされていた1960年代の一時期に、公正取引委員会では消費財に係る価格カルテルや再販売価格維持行為に対する規制に力点を置いていた。競争当局の法執行の優先度を生活関連分野に置き、生活必需品その他の消費生活に密接に関連する商品・サービスに係る違反事件を重点的に取り上げることにより、競争法や競争当局に対する消費者の理解が深まり、支持を得ることにつながる。こうした競争法の執行と競争政策の唱導とが相俟って、競争文化が経済社会に根付くのである。

第4に、ガイドラインの作成や事前相談といったソフトな手法による競争法の啓蒙・遵守確保である。公正取引委員会がこうした手法を多用した背景には、違反事件の審査・処分というハードな手法を用いることが困難な状況があったことはいうまでもなく、そうした事情は多くの途上国競争当局に共通している。そして、こうしたソフトな手法には、多くのメリットとともにデメリットがある[52]。公正取引委員会の豊富な経験（成功体験だけでなく、失敗体験を含む）や実施上のノウハウを伝えることは、途上国競争当局が限られたリソースを有効に活用して競争法の普及に当たる上で有効であると思われる。

最後に、国際的技術導入契約の審査について付言しておきたい。開発途上国が海外から技術を導入する際に、海外のライセンサーから国内のライセンシー

---

[51] 日本の独占禁止法も、1947年の制定以来、一定の要件を満たす協同組合の行為を原則として適用除外としている（22条）。

[52] Kurita（2004）は、中国の独占禁止法制定の検討過程において、ソフトな手法の意義と課題を論じ、将来の中国における独占禁止法運用に対する示唆を提示したものである。

にとって不利な条件を課されることがあり、あるいは受入国の長期的な発展に
とって好ましくない条件が求められることがある。こうしたライセンサーの要
求に対して、受入国政府が介入するための正統な根拠として、競争法が注目さ
れている。外資規制立法に対しては、国際経済法ルール、なかんずくWTO協
定上の義務が及んでおり、自由に外資に対する規制ができる時代ではない。そ
うした中で、競争法は、（内外無差別といった基本原則を前提に）国際的な制
約を受けることなく政府が介入できる根拠となり得る。そして、技術供与側と
しても、競争法の適正な執行として一定の規制を受けることに対しては受け入
れざるを得ない面がある。こうした中で、我が国が1960年代から1980年代にか
けて行ってきた国際的技術導入契約に対する独占禁止法による審査の経験・ノ
ウハウは技術導入を図る途上国にとって有益な面がある。ただし、我が国のこ
うした審査に対しては、自国企業保護の批判が常になされてきたし、そして、
何よりも技術供与側のライセンスのインセンティブを損ない、受入国の開発政
策上も却ってマイナスになるおそれもある[53]。したがって、この問題を競争法
整備支援の内容に取り入れる場合には、慎重な配慮が求められる[54]。

6. 競争法の普遍性と土着性からみた競争法整備支援の評価

(1) 競争法整備支援の評価の現状

　法整備支援の評価の手法や指標については、いまだ十分な蓄積がなく、試行
錯誤の状況にあるといわれてきた[55]。また、その性質上、定量的な評価が困難
であることも否めない[56]。我が国のこれまでの競争法整備支援（実質的には競
争法執行支援）については、JICAの評価マニュアルに沿って評価が行われて
おり、タイ、中国及びベトナムに対する支援プロジェクトの評価報告書が公表

---

[53] 稗貫（1999）、山根（2013）
[54] 経済産業省編（2018）は、WTO・TRIPS協定との適合性（内国民待遇等）の観点から、
　途上国にみられる過度のライセンス契約規制の問題点を指摘している。
[55] 金子（2006）
[56] 日本政府の「法制度整備支援に関する基本方針（改訂版）」には、「法制度整備支援の性格
　上、定量的な指標で成果を計ることの困難さはある一方、事業成果についての説明責任が
　強く求められている。現地のニーズや事業に対する評価をきめ細かく聴取することで、よ
　り事前・事後の評価に意を用いる。」と明記されている。

196

第**8**章　競争法整備支援とその評価

されている。プロジェクトごとの評価方法や評価指標については評価報告書に記載されているが、基本的にはJICAの一般的な評価方法に依拠しており、法整備支援、更には競争法整備支援に特化した評価手法が開発されているわけではない。現状では、プロジェクトにおける活動実績の紹介と表面的なアウトプット（法令の改廃、ガイドラインの策定、違反事件の処理件数等）の評価が中心であり[57]、上位目標（例えば、競争的な市場の形成）に遡った成果（アウトカム）や影響・貢献度（インパクト）の評価は緒に就いたばかりである[58]。アウトプット（例えば、違反事件の処理）とアウトカム（例えば、消費者利益への貢献）とを関連付ける評価が必要であると考えられる[59]。

　当面、既に20年以上にわたり実施されてきている競争法整備支援の評価報告書を精査するとともに、これまでの支援プロジェクトを包括的に評価し、競争法整備支援の評価の手法と指標を定式化する作業が行われる必要がある[60]。

　また、JICAによる評価のほかに、支援実務を担当している公正取引委員会においても、その政策評価の一環として、競争法整備支援を対象とする評価を行ってきている。政策評価の対象として2005年度に初めて「国際協力の推進―独占禁止法と競争政策に関する途上国に対する技術研修」が取り上げられ、その後、2011年度以降継続して「海外の競争当局等との連携の推進」が政策評価の対象とされ、2015年度や2018年度の「実績評価書」にも記述されている[61]。そこでは、途上国競争当局等への技術支援に関する評価が行われているが、評価の対象が集合研修及び国別研修に限られ、評価の手法も研修の受講者に対するアンケート調査が中心であり、分析も初歩的なものにとどまっている。

　こうした状況は、競争法整備支援を積極的に行ってきている米国においても

---

[57] 国際協力機構（2010）は、ベトナムに対する競争法支援プロジェクト（2008-2010年実施）の終了時評価調査報告書であるが、先行するタイ等に対する支援プロジェクトの評価報告書と比べて、評価指標の設定、データ収集等において格段に改善されている。
[58] ベトナムに対して引き続き行われた「競争法改正、施行能力強化支援プロジェクト」（2012-2016年実施）の評価報告書の作成・公表が期待される。
[59] 金子（2006）。なお、アウトプットとアウトカムについて、宮崎（2010）参照。
[60] 三菱総合研究所（2015）では、対ベトナム支援の評価のケーススタディを行う中で、競争法整備支援についても評価を行っているが、国際協力機構（2010）の関係部分の要約の域を出ていないようである。
[61] 公正取引委員会のウェブサイト（トップページ→公正取引委員会について→各府省共通公開情報→政策評価）参照。

197

同様であって、評価自体が組織的に実施されているわけではないとされている[62]。また、OECDやICNのような国際機関でも、どのような競争法整備支援がレシピエントである競争当局の態勢整備や能力開発にとって効果的であるかの検証を行っているが[63]、検証結果を今後の活動にどのように活かしていくかが問われている。

(2) 競争法の普遍性と土着性に着目した競争法整備支援評価の必要性

　国際機関を通じた支援は、特定のドナー側の一方的な思い込みや自国の競争法への固執・偏重といった弊害から自由であり、標準的な競争法分析を提示しやすいというメリットがある。その意味で、多数の競争当局を対象としたプログラムを効率的に実施することができる[64]。また、OECD、ICN等の国際機関は、自らの競争法整備支援活動を含め、各種のドナーが行う支援プロジェクトの内容やその評価に関する情報を収集しやすい立場にある。こうした情報の収集・分析やドナー・レシピエント双方への提供も国際機関に期待される役割である。

　半面、国際機関の競争法整備支援は、競争法の普遍性を重視したものとなりがちであり、その評価においても、多数のプロジェクトを横断した定量的な評価が中心になるおそれがある。しかし、前述したように、競争法整備支援を行う上では、競争法の普遍性だけでなく、土着性にも着目することが必要である。レシピエントが競争法を制定し、執行しようとする具体的な目的（目的は一つではあり得ないから、複数の目的間の優先順位を含む）は、レシピエントごと

---

[62] Federal Trade Commission and U.S. Department of Justice (2009). 筆者が2010年3月に連邦取引委員会の国際協力担当者から行ったヒアリングにおいても、同様の回答を得た。

[63] ICN (2005)、Nicolson, Sokol and Stiegert (2006) は、ICNの活動に参加している競争当局が1996年から2003年に実施した競争法整備支援プロジェクトに関してICNが実施したアンケート調査の概要である。ICN (2007) は、こうした調査・分析を受けて、競争法整備支援の要諦として、①レシピエント、ドナー及び実施担当者間の柔軟かつ能動的な協働、②第一歩としての競争当局のニーズや競争環境の把握、③目標に明確に関連付けられたプログラムの選定、④知識と経験が豊富な実施担当者の選任、⑤現状の能力と今後の能力向上に適合したプログラム、⑥一定水準に達した競争当局への長期専門家の派遣、⑦短期専門家の派遣やワークショップによる能力育成、⑧一定の開発水準に達した法域における立法支援の役割、⑨統制手法が残る法域に向けた考慮、⑩競争当局の地位向上のための支援の10項目に取りまとめている。また、Sokol (2009) は、ICNのアンケート調査の結果も引用しつつ、どのような内容の競争法整備支援が競争当局の態勢整備に有効であるかを検討している。

[64] Lugard (2011)

に異なるはずである。また、取引や競争の実態は、市場ごとに異なる面があり、さらに、関連する法制度の違いや競争当局に与えられている権限・リソースも異なる。こうした違いを考慮しつつ、レシピエントである競争当局の実効的な態勢整備や能力向上を進める上で、二国間の支援が果たすべき役割は小さくない。我が国が行う競争法整備支援、特に競争法執行支援においては、こうした競争法の土着性を重視した支援を指向することが適切であると思われる。そして、そうしたオーダーメイドの競争法整備支援に適合し、競争法の土着性への考慮を適切に評価できる手法や指標が開発される必要がある。

また、競争法整備支援が開始されて20年余りが経過し、国別研修の対象国も相当数に達していること、長期専門家派遣も3か国（タイ、インドネシア及びベトナム）に行われてきていることを考えると、プロジェクト横断的な評価が実施されるべき時期に至っていると思われる。

7. おわりに

筆者の素朴な疑問は、競争法整備支援において何を教えるべきか、という点にあった。筆者の一応の結論は、第1に、基本的に標準的な競争法を内容とすべきであり、日本の独占禁止法を中心的な内容とすることは適切ではないこと、第2に、日本の独占禁止法・公正取引委員会の経験と教訓を内容とすることは、その背景事情や問題点を含めることにより、有益なものとなり得ること、の2点である。

また、競争法整備支援の評価については、国際的にも実績に乏しく、緒に就いたばかりである。国際機関には、各種のドナーが供与する競争法整備支援をデータベース化し、共通の評価手法・指標を用いた評価作業を継続的に実施することが期待される。それと同時に、競争法の土着性を重視した競争法整備支援の意義を考えると、画一的・定量的な評価にはなじみにくいことから、質的な評価の手法や指標の開発も必要である。本稿では抽象的な検討に終始したが、オーダーメイドの競争法整備支援とその評価のための枠組みを引き続き模索したい。

| 参考文献 |

- 鮎京正訓（2011）『法整備支援とは何か』名古屋大学出版会
- 小川正雄・高橋岩和編（2005）『アジアの競争法と取引法制』法律文化社
- 小畑徳彦（2004）「東アジアにおける競争法の発展と公正取引委員会の技術支援」日本国際経済法学会編『日本国際経済法学会年報第13号』法律文化社、p.37-54
- 香川孝三・金子由芳編著（2007）『法整備支援論—制度構築の国際協力入門』ミネルヴァ書房
- 金子由芳（2000）「インドネシア競争法の立法動向」広島法学23巻3号p.117-134
- 金子由芳（2004）『アジア危機と金融法制改革—法整備支援の実践的方法論をさぐって』信山社
- 金子由芳（2006）「平成17年度客員研究員報告書：法整備支援における政策判断に資する立案・評価手法の検討」国際協力機構国際協力総合研修所
- 金子由芳（2010）『アジアの法整備と法発展』大学教育出版
- 金子由芳（2011）「日本の法整備支援の比較優位—ベトナム向け支援事例からの検討」国際開発研究20巻2号p.25-33
- 川島富士雄（2007）「中国独占禁止法2006年草案の選択と今後の課題—改革と開放の現段階」国際開発研究フォーラム34号p.103-122
- 栗田誠（2005a）「『競争政策』雑感」厚谷襄児先生古稀記念『競争法の現代的諸相〔上〕』信山社、p.113-135
- 栗田誠（2005b）「東アジア地域における競争法制定の現状と課題」国際商事法務33巻5号p.631-645
- 栗田誠（2007）「競争法の国際ルール形成と開発途上国における法制化への影響」今泉慎也編『国際ルール形成と開発途上国：グローバル化する経済法制改革』アジア経済研究所、p.117-152
- 栗田誠（2011）「平成21年改正独占禁止法における課徴金制度の問題点〜課徴金対象行為類型の拡大を中心に」千葉大学法学論集26巻1・2号p.314（1）-272（43）
- 経済産業省通商政策局編（2018）『2018年版不公正貿易報告書：WTO協定及び経済連携協定・投資協定から見た主要国の貿易政策』
- 国際協力機構（2010）「ベトナム国 競争法施行、競争政策実施キャパシティ強化プロジェクト 終了時評価調査報告書」
- 国際協力事業団・市場強化のための制度整備協力に係る委員会産業競争力強化分科会（2003）『途上国への制度整備協力の方向性（貿易・投資・競争関連制度）』
- 白石忠志（2005）「『知的財産法と独占禁止法』の構造」中山信弘先生還暦記念『知的財産法の理論と現代的課題』弘文堂、p.496-516
- 瀬領真悟「競争法の国際的エンフォースメント・国際的執行協力」村瀬信也編集代表『国際経済法講座Ⅰ 通商・投資・競争』法律文化社、p.430-449

- 土田和博「規制改革と競争政策―電力自由化の比較法学的検討」村瀬信也編集代表『国際経済法講座Ⅰ　通商・投資・競争』法律文化社、p.392-410
- 根岸哲（2011）「『競争法』のグローバル・スタンダード論に関する覚書」甲南法学51巻4号p.1-19
- 21世紀政策研究所（2016）『独占禁止法審査手続の適正化に向けた課題』
- 林秀弥（2010）「アジアにおける競争法の法整備支援」公正取引715号p.23-28
- 林秀弥（2013）「競争法分野における国際協力」名古屋大学法政論集250号p.217-266
- 稗貫俊文（1999）「戦後の対日直接投資の規制と競争政策：残存する官民協調とその法意識への影響」社会科学研究50巻4号p.71-110
- 稗貫俊文（2012）「東アジア競争法における公正競争と自由競争の均衡」村瀬信也編集代表『国際経済法講座Ⅰ　通商・投資・競争』法律文化社、p.450-466
- ジョン・O・ヘイリー（滝川敏明訳）（2002）「APEC諸国の競争法：多様性を許容する法制度の設計」伊従寛ほか編『APEC諸国における競争政策と経済発展』中央大学出版部、p.3-9
- 松尾弘（2009）『良い統治と法の支配―開発法学の挑戦』日本評論社
- 松尾弘（2016）『発展するアジアの政治・経済・法―法は政治・経済のために何ができるか』日本評論社
- 松下満雄（2004）「発展途上国と競争法・競争政策―競争法・競争政策と開発政策の調和」日本国際経済法学会編『日本国際経済法学会年報第13号』法律文化社、p.1-10
- 三菱総合研究所（2015）「平成26年度外務省ODA評価　法制度整備支援の評価（第三者評価）報告書』
- 宮崎卓（2010）『国際経済協力の制度分析―開発援助とインセンティブ設計』有斐閣
- 山根裕子（2013）「競争法とライセンス規制―歴史から何を読み取るか」根岸哲先生古稀祝賀『競争法の理論と課題―独占禁止法・知的財産法の最前線』有斐閣、p.591-608
- ABA（1991）Section of Antitrust Law, "Crossing Borders: Should U.S. Antitrust Law Be Exported?," Antitrust, Fall/Winter, 6（1）, pp.4-17.
- ABA（2016）Joint Comment of the American Bar Association Section of Antitrust Law and Section of International Law to the Japan Fair Trade Commission on the Summary of Issues concerning the Modality of the Administrative Surcharge System of the Study Group on the Antimonopoly Act（August 31, 2016）.
- Federal Trade Commission and U.S. Department of Justice（2009）Charting the Future Course of International Technical Assistance at the Federal Trade Commission and U.S. Department of Justice: A Report.
- Haley, John O.（2002）Competition Law for the Asia-Pacific Economic Cooperation Community: Designing Shoes for Many Sizes, 1 Wash. U. Global Stud. L. Rev., pp.1-13.
- International Competition Network（2005）Assessing Technical Assistance for Competition Policy: Preliminary Results.
- International Competition Network（2007）Findings Related to Technical Assistance for

Newer Competition Agencies.

- Kennedy, Kevin (2001) Competition Law and the World Trade Organization: The Limits of Multilateralism, Sweet & Maxwell.
- Kurita, Makoto (1995) Recent Developments of Competition Policy in Japan and Their Implications for International Harmonization of Competition Laws, in Chia-Jui Cheng, Lawrence S. Liu and Chih-Kang Wang, eds., International Harmonization of Competition Laws, Martinus Nijhoff Publishers.
- Kurita, Makoto (2004) Effectiveness and Transparency of Competition Law Enforcement –Causes and Consequences of A Perception Gap between Home and Abroad on the Anti-Monopoly Act Enforcement in Japan, 3 Wash. U. Global Stud L. Rev. 387-404.
- Kurita, Makoto (2011) Impediments to Effective Enforcement of Competition Law-- Institutional Flaws in the Antimonopoly Act of Japan and Its Enforcement, Hokkaido Journal of New Global Law and Policy, vol. 10, pp.71-95.
- Lugard, Paul (2011) The International Competition Network at Ten: Origins, Accomplishments and Aspirations, Intersentia.
- Marsden, Philip (2003) A Competition Policy for the WTO, Cameron May.
- Nicholson, Michael W., D. Daniel Sokol and Kyle W. Steigert (2006) An Empirical Analysis of Technical Assistance in Competition Policy (ICN Annual Meeting, April 2006).
- Schwindt, Richard and Devin McDaniels (2008) Competition Policy, Capacity Building, and Selective Adaptation: Lessons from Japan's Experiences, 7 Wash. U. Global Stud. L. Rev., pp.35-86.
- Sokol, D. Daniel (2009) The Future of International Antitrust and Improving Antitrust Agency Capacity, 103 Nw. U. L. Rev., pp.1081-1096.
- Taylor, Martyn D. (2006) International Competition Law: A New Dimension for the WTO?, Cambridge University Press.
- UNCTAD (2005) Model Law on Competition (TD/RBP/CONF.5/7/Rev.2).
- Whitener, Mark D. (2005) Editor's Note: Exporting Antitrust, Antitrust, 20 (1), pp.6-7.
- Williams, Mark, ed. (2013) The Political Economy of Competition Law in Asia, Edward Elgar.
- World Bank and OECD (1999) A Framework for the Design and Implementation of Competition Law and Policy.

第9章

強制執行における日本法とミャンマー法の比較の試み

赤西　芳文

1.　はじめに

　各国における強制執行法は、それぞれの歴史と社会・経済システムを反映している。しかし、他方、技術的側面においては、一定程度、共通の手段（例えば差押と競売）を有していることも事実である。そして、発展途上国においては、今後、国際化の進展により、従来の固有の法制度の部分が変化していくことは避けられないと思われる。このことは、ミャンマーにおいても当てはまる。そして、日本とミャンマーの関係は今後、投資等を通じて、深まっていくと考えられるので、特に経済的な交流の深まりのためにはミャンマーの法制度の理解は避けて通れない。そこで、現時点において、日本とミャンマーの強制執行制度を比較しておくのも、今後の相互の法制度改革を考える上で、意味があるものと考える。

　日本の強制執行においては、金銭債権についての執行が主であり、そのうち、強制執行法は不動産執行を基本として規定されている。そして、対象不動産についての差押えと売却が基本的な構造である。そこで、今回は、上記の場面に限定して、日本法とミャンマー法の手続について、主として執行の効率性という点に焦点を当てて、気づいた点について比較を試みたものである。ただし、検討材料が限定されていることと筆者の研究不足のため、誤解している点が多々あると思われるが、各位のご指摘を待ち、今後の検討課題としたい。

　なお、本検討は、執行法の構造的な比較や実体的な内容には深く立ち入らず、実務的な観点からの手続的な指摘にとどまる（ミャンマーの執行制度の内容を具体的に分析したものとして、金子由芳「ミャンマーの法と開発」第六章「民事執行制度の課題」甲洋書房　184頁以下参照）。

2. ミャンマーの強制執行制度概要

　ミャンマーの強制執行制度[1]は、ビルマ法典12巻所収のThe Code of Civil Procedure（India ActV1908）中に規定されており（以下、慣例に従いCPCと略称する）、総則規定のほか、主としてOrder21中のRuleによって規定されている（本稿では総則規定の条文にはSectionを付し、Orderの下のRuleは、Orderの数字とRuleの数字を表示するが、強制執行に関するOrder21中の各Ruleについては「Order21」の記載を省略する）。検討材料としては、注1掲記の「実態」及び「報告書」、私達が2017年1月にミャンマーを訪問した際[2]、ヤンゴン西部地区地方裁判所から交付された書面（同裁判所のDaw Swe Swe判事作成に係る「The Procedure of the Court in Execution」と題するパンフレット書面、以下「地裁パンフレット」という）及び同訪問の際に設けていただいた同裁判所裁判官らとの意見交換会からの聴取に基づく知見である[3]。なお、日本の強制執行制度については、本稿では必要に応じて簡単な説明を加えるにとどめる。なお、日本においては、現在では不動産に対する強制執行事件数は減少しており（平成27年度司法統計によれば、同年の未済事件数は2,278件）、担保権実行による不動産競売数の方が多いが（同統計による未済事件数は21,222件）、担保執行については、強制執行の規定を準用している。担保執行については、日本では、請求権を証明する書面（債務名義）がなくとも担保権を証する書面（登記事項証明書等）があれば、これにより競売申立ができる。この点、ミャンマーでは、抵当権（mortgage）に基づく執行については、Order34に規定されているが、デクリー（Decree）によらず、担保権自体に基づき執行ができるとの規定はないようであり、裁判をして競売で支払う金額を決定するDecreeを得なければならないようである[4]。この点は今回の検討から

---

[1] ミャンマーの執行制度については、西村あさひ法律事務所（2015）p.45以下（以下「実態」と略称する。）、森・濱田松本法律事務所（2013）第5部「ミャンマーの民事訴訟法・仲裁法」p.204以下（以下「報告書」と略称する）参照。

[2] 神戸大学大学院国際協力研究科金子由芳教授、同志社大学法学部川嶋四郎教授と筆者の3名による科研費に基づくミャンマー法制度調査

[3] 文中で聴取結果と記載してある事項について間違いがあれば、勿論、筆者の責任である。

[4] 「実態」p.62以下参照。

は除く。

本節では以下、強制執行制度の特色に言及する。

(1) 金銭債権に関する強制執行の目的・対象

日本では、請求権（金銭債権）を強制的に実現させるための手続であり、金銭債権執行の対象は債務者の財産である。

ミャンマーでも、目的は判決によって決定された金銭債権の請求権の実現であるが、CPCでは、Decreeの執行と表現される（Section38）[5]。そして、金銭支払のDecreeは民事拘禁（detention in the civil prison）とJudgment-Debtor（ここでは、「執行債務者」と訳しておくが、以下「債務者」と略称する）の財産の差押・売却により執行されるとされる（Rule30）。したがって、執行対象は債務者の財産及び債務者の身体ということになる[6]。

ここでいうDecreeについて、Section2（2）（9）によれば、裁判において争われた当事者の権利を決定する裁判所の判断等の公的表明であり、判決（Judgment）に基づいて裁判官が発令するとされ、また、Order20 Rule6（1）では、Decreeの内容として、事件名、当事者名、請求、裁判で認められた救済や決定の明示が必要である旨規定される。したがって、Decreeは判決（Judgment）そのものではなく、判決に基づく執行命令というべきものと解される[7]。

日本においては、執行要件として確定判決などの債務名義の存在があるが、これは、執行目的である請求権を公証した文書であるところ、Decreeはこれ自体が執行目的と表現されているので、債務名義とはやや異なる概念と思われる。しかし、執行によって実現されるべき救済内容を記載した公的文書であり、これに基づいて執行されるという意味では、機能的には、日本法にいう執行名義（執行文の付された債務名義）に対応するといっても良いであろう[8]。

---

[5] 強制執行は、CPC Section36以下に一般規定があり、また、Order21の各Ruleに具体的な規定がある。

[6] 中野貞一郎（2010）p.6では、「人間（の生命・身体・労働力）を対象とする執行（対人執行）は、われわれの文化観念に背馳するばかりでなく、実効をもあげえないところから、現代では、ほとんど影をひそめ」たとされる。

[7] 小松健太（2016）p.73。なお、Decreeの具体例として「実態」添付別紙Ⅳ－2－15参照。本稿で資料1として表示。

206

（2）管轄

　日本では専属管轄である（民事執行法19条）。そして、金銭債権・不動産執行については、当該不動産を管轄する地方裁判所が管轄を有するが、複数の土地建物が執行対象財産の場合に、裁量移送が認められている（同44条）。ミャンマーでは、Decreeを発令した裁判所が管轄を有するが、その管轄外にある不動産に対する執行などの場合にDecree-holder（ここでは、「執行債権者」と訳するが、以下「債権者」と略称する。）の申立てにより他の裁判所にDecreeを送付するとされている（Section38、39）。また、不動産が複数の管轄裁判所にまたがって所在する場合は、いずれの裁判所も差押・売却ができるとの規定もある（Rule3）。したがって、判決裁判所と不動産所在地裁判所の両基準によって管轄が定められているが、原則的な管轄裁判所は判決言渡し裁判所であると考えられる。なお、ミャンマーでは、執行申立てには期間制限があり、Decreeが発令された日から原則 3 年間だが、一定の場合には12年に延長され、同期間経過後は執行命令が発令されない（却下される。Section48，First Schedule of the Limitation Act art.182，183）。日本では、請求権が消滅時効にかからない限り執行可能である。ただし、消滅時効期間が経過しても、債務者が同期間の経過を主張（時効援用の意思表示）しない限り、消滅時効完成の法的効果は生じない（民法145条）。そして、消滅時効が完成したかどうかは、執行裁判所ではなく、執行文付与機関（判決裁判所の書記官等）が判断する（民事執行法25条、26条）[9]。

（3）執行機関

　日本では執行裁判所と執行官である（民事執行法 2 条）。執行裁判所は確定判決など債務名義を形成した裁判所（判決裁判所）とは異なる。執行裁判所は、判決等によって形成された債務名義に基づいて、当該請求権を効率的に実現することを目指して、執行行為をする。

　ミャンマーでは執行裁判所は上記のとおり、原則としてDecreeを発令した

---

[8]　勿論、比喩的表現であり、執行文付与のような手続があるわけではない。
[9]　もっとも、執行裁判所において、消滅時効期間の経過及び時効援用の事実が簡単に判断できる場合は、執行裁判所において申立てを却下できると解したい。

裁判所（及びDecreeの送付を受けた裁判所）であり（Section38）、Decree発令裁判所は判決言渡し裁判所と同じである。そのため、実質的に判決裁判所と同じ執行裁判所が執行手続において、実体的な異議等も判断することとなり、執行停止等についての裁判所の裁量が大きいことと相まって、遅滞を生ずる背景要因となっているのではないかと思われる（ただし、この点は運用にもよる面が大きいので確信をもって言えるものではない）。なお、ミャンマーでは、執行裁判所と執行官との役割の切り分けが規定上明確でない。

(4) 不服申立て・異議と手続停止（中断）

日本では、手続的な問題についての不服申立として、執行異議と執行抗告がある。これらについては、異議・抗告に伴う当然の執行停止効力はない（裁判所が職権で停止することはできる。民事執行法10条6項、11条2項）。なお、執行抗告の場合、遅延目的のもの等に対する原審却下の規定がある（同10条5項）。

実体的な理由（請求権の不存在、消滅、第三者が執行対象物件に関して引渡しを妨げる権利を有するなど）に基づく不服申立として、請求異議（民事執行法35条）、第三者異議（同38条）並びに執行文付与に対する異議の訴え（同34条）等がある。請求異議及び第三者異議の訴えは債権者を相手方とする訴えである（請求異議は請求権の存在等を争うものであり、判決言渡し裁判所に提訴する。第三者異議は執行対象物について、第三者が所有権その他譲渡等を妨げる権利を有するから、強制執行を許さないとの訴えであり、執行裁判所に提訴する）。これらの訴え提起により当然に執行停止がされるわけではなく、異議を申し立てた者は、受訴裁判所に執行停止の仮処分の申立てをし（同36条1項）、また、勝訴判決正本等を執行機関に提出して、執行の停止・取消しを求める必要がある（同39条1項1号、40条1項）。

ミャンマーでは、手続的な異議と実体異議の区別が日本法のように明確に規定されていない。これは、執行裁判所と判決裁判所が区別されていないことにもよるのではないか。また、異議が申し立てられた場合の執行停止の定めが日本法のように整理されていない。もっとも、ミャンマーでも、差押えに対する第三者異議的な規定があり（Rule58～62）、また、Rule63は異議に対する決

定に不服な者が裁判できるとの規定である[10]。Rule58（1）によれば、第三者異議に対する調査手続において、裁判所は、訴訟手続と同様に当事者や関係者を取り調べ、その結果によって職権で売却を延期するとされており（Rule58（2））、実質的には日本法と余り変わらない実務があるのかもしれない。しかし、日本法のように、債権者を相手方とする訴えの方法によるのではなく、執行異議の手続をとるようであり、また、それぞれの異議方法に即した個別の手続停止（Stay）・取消しの規定は見当たらない。なお、手続遅延目的の場合の却下の規定はある（Rule58（1））。手続停止に関し、ミャンマーではRule26～29に規定されている。これによれば、執行のためにDecreeの送付を受けた裁判所は、十分な理由があれば債務者（judgment debtor）がDecree発令裁判所や上訴裁判所（court of appellate jurisdiction）に執行停止申立てその他の申立てをするのに相当な期間、執行停止をしなければならない（shall）等とされている（Rule26）。また、執行債権者と執行債務者間に訴訟が係属している場合、決定が出るまで担保を徴して執行停止ができる（may）とされており（Rule29）、裁判所にかなり広い範囲で執行停止権限が認められているようである（Section151によれば、ミャンマーでは、一般に、司法の目的を果たすため、また、手続濫用を防止するためとして、裁判所に広い裁量権が付与されている。）。ただ、具体的な異議申立てや訴訟提起と執行停止の関係が明確でなく、具体的にどのような場合にどの程度の期間、執行停止がされるのかについての規定は不十分である（個別に上記Rule58（2）のような規定はあるが）。

　日本では、執行停止がされるのは、裁判所が職権で停止する場合（例えば、執行抗告に関する民事執行法10条6項（抗告裁判所・原裁判所）、執行異議に関する同11条2項、執行文付与に対する異議申立てについての同32条2項等）を除けば、申立てによる執行停止の仮処分（同36条1項）と執行裁判所に執行停止文書が提出された場合である（同39条）。職権執行停止以外は、執行裁判所が執行停止について実質的な判断をするのでなく、実質的な判断は、抗告裁判所や請求異議訴訟等の受訴裁判所の判断に委ねられる。すなわち、執行手続に対して不服が申し立てられても、不服申立て自体に基づいて当然の停止はさ

---

[10]「報告書」p.208、209参照。

れない。これらは、執行手続の効率的な進行を考慮したものである。

　ミャンマーでは、日本法と異なり、手続異議、実体異議を問わず、執行停止のための執行停止文書の提出などの要件はなく、異議申立てがあった場合、あるいは執行債権者と執行債務者間に訴訟が提起されている場合などに、執行裁判所が義務的あるいは裁量により停止ができるとされる（ただ、債権者と債務者間の訴訟係属に関するRule29の文言上は、同規定上の裁判所は受訴裁判所を指すように読める）。そして、異議申立てや訴訟の結果を待つために時間がかかるとすれば、これも遅滞の要因といえる。執行裁判所と判決裁判所の分離がないこともその背景にあるのではないかとも思われるが、訴訟提起や異議申立てなどに基づく執行停止の要件を分かりやすく整備することが望まれる。

　なお、ミャンマーにおいて、手続的な問題について異議が出され、その決定に対して上訴されたような場合、記録一式が事件を担当する裁判所に送付されるため、執行手続が事実上進行しなくなる（西部地区地裁裁判官からの聴取）。この点、日本においては、民事執行規則7条において、「執行抗告があつた場合において、執行裁判所が民事執行の事件の記録を送付する必要がないと認めたときは、執行裁判所の裁判所書記官は、抗告事件の記録のみを抗告裁判所の裁判所書記官に送付すれば足りる。」とされており、手続が中断されることを防止している。

　なお、日本では、執行異議に対する決定についての抗告は原則許されず（例外的に手続取消決定に対する抗告　民事執行法12条1項）、執行抗告に対する再抗告も原則許されない（例外として原審却下に対する抗告　同法10条8項）。ミャンマーにおいては、このような制限はされていない。

(5) 強制執行の対象、態様の分類

　日本では、債務名義の種類（請求権の種類）により、金銭執行と非金銭執行（引渡し・明渡し、意思表示、作為・不作為）に分け、さらに、金銭執行については、その執行対象となる財産の種類に応じて、不動産執行、動産執行、債権執行等に分類される。不動産執行の執行態様は強制競売（差押・売却）と強制管理である。

　ミャンマーでは、CPCにおいて、執行手続（procedure of execution）の表

210

題の下、執行裁判所の権限として、裁判所は、執行債権者の申立てにより、Decreeの執行として、(1) 財産の引渡し、(2) 差押・売却と差押えによらない売却[11]、(3) 民事拘禁、(4) 管財人指定、(5) 救済の性質に応じた行為を命じるとされる（Section51）。このうち、(1) と (5) は請求権の内容に合致した執行を命ずるものと考えられるが、(2)(3)(4) は請求権の内容ではなく、執行方法である。さらに、Order21中、「強制執行の態様」（mode of execution）の表題の下、Rule30以下において、Decreeの内容による分類がされ、これに応じた執行方法が規定されている。すなわち、金銭支払のDecree（Rule30）、特定動産所有権のDecree（Rule31）、契約による特定行為請求・婚姻上の権利の回復・差止のDecree（Rule32、33）、文書又は流通証券のDecree（Rule34）、不動産引渡しのDecree（Rule35）、賃借人占有の不動産引渡しのDecree（Rule36）に分類され、その中で、各Decreeについての執行方法が規定される。上記のうち、金銭支払のDecree（金銭債権）については、債務者（judgment-debtor）の財産の差押・売却と民事拘禁、双方の適用等が規定されている[12]。なお、地裁パンフレットによれば、金銭債権の執行方法として、その他に（6か月間の）分割支払命令も独立した執行方法と解されているようである。分割支払のDecreeについては、Order20、Rule11に規定されているが、これによれば、裁判所は、金銭支払のDecreeを発令する際に分割支払を命ずることができ、また、金銭支払のDecreeの発令後にも、執行債務者の申立てにより、執行債権者に告知後、債務者財産差押えや担保徴求などの条件を付して、分割支払を命ずることができるとされる。西部地区地裁裁判官からの聴取によれば、執行債務者は、殆どの場合、分割支払を申し立て、裁判所はこれを認めることが多いという。そして、分割支払命令に対する異議が債権者及び債務者双方から（債務者からは分割条件についての異議）出されることが多く、その異議の調査・判断や上訴の結論が出るまでに時間を要し、遅滞の要因となる、また、債権者は、債務者が分割支払を遅滞するかどうかを（6か月間）待たねば執行できないので、これも遅滞要因となるとのことであった。

---

11) 差押によらない売却は、担保権実行の場合の執行を指すようである（西部地区地裁裁判官からの聴取）。
12) これらについてのCPCの翻訳は「報告書」p.205-207参照。

執行態様について、Section51が総論的規定であり、Order21 Rule30以下が具体的なDecreeに適用した個別規定という形であるが、請求権と執行方法・執行対象の関係が必ずしも整理されておらず、法文規定のほかに実務上、執行方法とされているものもある（分割支払）など、日本法と異なり、請求権と執行方法・執行対象に基づく分類という点では不十分である。しかし、ミャンマーでは、そのような分類より、実務的な観点から、具体的なDecreeの内容に合わせた執行方法を具体的に考慮しているのであろう。

　なお、金銭債権の分割支払に関しては、日本では分割支払の債務名義の場合、債権者は、執行のために債務者が分割支払を怠ったことを主張・立証する必要はなく、単純執行文による執行が可能であるとされる（最判昭和41．12．15民集20．10．2089債務者が履行したことについて主張・立証責任を負う）。また、執行裁判所が単純支払の債務名義について、職権で分割支払に変更することは認められていない。当事者間で合意することはできるが、その場合、債権者が執行を取り下げるか、和解調書（民事執行法39条１項４号）あるいは弁済猶予文書（同条１項８号）を作成して執行裁判所に提出し、執行停止を得ることになろう。

(6) 金銭債権・不動産執行に関する強制執行の流れに即して

　日本の場合、概ね以下のような流れで売却が行われる（表記のない条文はいずれも民事執行法）。

①債権者は、債務名義（確定判決等）と執行文を債務者に送達しておき、執行対象不動産を特定し、不動産が所在する管轄執行裁判所に強制執行を申し立てる（22条、26条、29条、43条、44条）。

②裁判所による強制執行開始決定・差押宣言（45条）

③裁判所による債権調査手続:配当要求終期決定・公告、債権届出催告（49条）

④裁判所による売却準備：現況調査（執行官）・評価命令（評価人）・物件明細書作成（書記官）（57条、58条、62条）、

⑤裁判所による売却基準価額決定（60条）

⑥売却実施（書記官・執行官）（64条等）

⑦入札・開札（66条　民事執行規則44〜48条等）

⑧売却許可決定（69〜71条等）

⑨代金納付（78条）

⑩引渡命令（83条）

⑪配当（84条）

つぎに、上記の日本の執行の流れに沿い、ミャンマーの制度との対比から気づいた点を摘記する。

①金銭支払のDecreeについて、債権者（Decree-holder）がDecreeを発した裁判所へ、Decreeの写しを添付して、強制執行を申し立て（Section38、rule10、11）[13]、裁判所は、執行開始令状（Process）を発出して、執行が開始されるが、この令状には、命令発出の日を記載し、裁判官が署名し、裁判所の押印がされ、適切な公務員（執行官を意味するかどうかは不明）に交付される（Rule24）

執行開始令状の発令は、日本法の強制執行開始決定に応答するものと思われるが、上記のRuleによれば、日本と異なり、執行対象不動産等に対する差押命令は執行開始令状に記載されないようである。これは、別に行われる差押申立てに対する差押決定（Rule54）によると思われる。

強制執行の申立ては、原則として書面によりなされる（Rule11（2））。その書面において、債権者は、Section51で規定されている執行態様を選択する（Rule11（2）（j）不動産執行の場合は、差押・売却、差押によらない売却[14]、民事拘禁、もしくはその双方）。債権者が不動産の差押・売却を選択した場合、差押えの申立てを行い、これには地番を付し、図面を添付するなど当該不動産の特定をしなければならない（Rule13（1））[15]。

②申立を受けた裁判所（原則としてDecreeを発令した一審裁判所）は、当事者を召喚する[16]。

---

[13] 実例として、「実態」の別紙Ⅳ−10−（5）−（イ）参照：本稿で資料2。

[14] 西部地区地裁裁判官によれば、「差押によらない売却」は上記のとおり、担保執行方法であるとのことである。

[15] 実例として「実態」の別紙Ⅳ−10−（6）参照：本稿で資料3。

[16] 「実態」p.48、49参照。

213

召喚について、Rule22は、Decree発令の日から３年以上経過してから申立
があった等の場合に、裁判所は、被申立人に召喚を告知（notice）して、被申
立人に対し、Decreeが執行さるべきでない理由を示すように求めねばならな
いとしている。しかし、実務では、そのような限定なく、執行開始の事前手続
として召喚は広く行われるようであるが（「実態」p.49、西部地区地裁裁判官
からの聴取）、債務者が出頭することは少なく、執行開始令状（Process）発令
後に出頭することが多いとされる（「実態」p.49）。召喚については、金銭支払
のDecreeに関し、債権者が民事拘禁を選択した場合に、事前手続としての告
知と聴聞のための召喚が必要であり（Section51、Rule40）、また、差押を選択
した場合に、債権者は裁判所に、債務者等を召喚して、Decreeを満足させる
財産等を有するのか等について口頭審尋をするよう求めることができるとの規
定がある（Rule41）。これらの規定は、執行手続開始の際の一般的な召喚とは
別に、執行開始後に拘禁や差押といった個別の執行に際して、行われるように
読める。

　日本では、執行開始のための手続としての召喚制度はないが、これは、執行
対象が債務者の財産であり、執行開始申立てに当たって、債権者が事前に執行
対象財産の特定を行うので債務者召喚の必要がないためである。ミャンマーに
おいては、執行開始決定の前提とされているように推測されるが、上記実務の
運用をみると、実際には執行開始決定後に行われる場合が多く、そうすると、
上記拘禁や差押選択に当たっての召喚との区別が不明瞭であると思える。そし
て上記分割支払の運用をも考慮すれば、ミャンマーにおいては、執行手続の運
用について裁判所の裁量の余地が大きく、また、債務者側の事情をできるだけ
幅広く考慮するとの実務があるようであるが、召喚制度の位置づけやその具体
的な運用についての整理が少なくとも規定上は十分でないように思える。その
運用によっては、召喚までに時間を要するなど手続の遅延につながる要因があ
るのではないかと思える。

　なお、差押に当たっての召喚は、財産開示手段としても用いられているよう
に読めるが、この点、日本では類似の制度として財産開示手続がある（民事執
行法196条以下）。しかし、同制度は利用されることが少なく、不奏功要件や制
裁（30万円以下の過料）について改正されるべきであるとの意見がある。また、

現在、債権執行について、金銭支払義務に違反する債務者の預金口座情報を裁判所が銀行などに照会できる制度が検討され、これらの点について、改正試案が作成されている。これらの対比の点でもミャンマーにおいてRule41の活用状況を知りたいところである。

③差押

日本では、開始決定において対象不動産に対する差押が宣言され、差押登記が嘱託される（民事執行法45条1項、48条）。これによって競売手続が開始されたことが公示される。差押の効力は、開始決定が債務者に送達されたときか、差押登記のされたときのいずれか早いときから生ずる（同法46条1項）。

そして、その後の債務者と第三者との取引行為や債務者による担保設定、用益権設定は原則的に執行手続に対抗できないから、公示としての登記は重要である。

ミャンマーでは、差押について、職権による登記・登録の定めはないようである（差押えは登記法Registration Act17条1項（e）の義務的登録対象文書である「不動産に係る権利の制限を内容とする裁判所の命令」に文言上は該当するように思われるが[17]、ミャンマーの裁判所ではそう解されていないようである[18]）。そうすると、ミャンマーにおいては、強制執行手段としての差押命令が発令されても、公示が十分とはいえないであろう。なお、ミャンマーにおいて、差押は、債務者に対し、対象不動産についての権利を第三者に移転したり担保を設定するなどの行為を禁じ、第三者が債務者のそのような行為から利得することを禁止する効力を有し、太鼓の鳴動などの慣習的な方法で宣言され、当該不動産等に差押命令書の貼付がされると規定されているが（Rule54（2））、これが公示制度として十分とは思えない。差押の効力は債務者からの無償による権利移転者に対しては差押命令の日から、その他すべての者に対しては、差押命令を知ったと合理的に考えられるときから、もしくはRule54（2）の太鼓鳴動等の方法で宣言されたときのいずれか早いときから生ずるとされる（rule54（3））。しかし、上記の規定によれば、（差押の事実を秘した）債務者から取引

---

[17] 森・濱田松本法律事務所ヤンゴンオフィス（2016）p.225参照。
[18] ただし、この点は、実務の状況をさらに確認する必要があると思われる。Yuka Kaneko（2017）参照。

行為により権利移転を受けた者や担保設定を受けた者らは、取引行為時に実際には差押命令の存在を知らない場合も多いのではないかと思われる[19]。また、差押登記がされないため、差押命令以降に、対象物件について、例えば譲渡契約により債務者から財産権を（なお、ミャンマーにおいては、殆どの土地は法制度上は「政府の所有」である。上掲「ミャンマー法務最前線」p.193以下、特にp.199以下参照）取得した者が、当該売買契約の登録をすることはできると思われるところ、それ以降の権利取得者はその登録を見て、善意で順次権利移転取引をすることになるのではないか。その場合、差押命令後の権利取得は、取得者の善意・悪意にかかわらず無効あるいは、競売による買受人に対抗できないとすれば、差押の公示が不十分であることから、善意の権利取得者に酷な結果とならないか。特に、今後、経済発展に伴い、取引対象不動産を必ずしも見分しないで取引が行われるようになれば、問題が発生しないか気になるところである。なお、日本では、差押後の権利取得も取引行為の当事者間では有効であるが、執行手続上は無視される、すなわち、対象物件の買受人に対抗できないとされる（民事執行法87条1項）。

④売却準備

　ミャンマーにおいて、日本と同様な形で裁判所が主導して、現地調査、価格評価がされ、権利関係についての裁判所作成の書面が作成されるとの規定は見当たらない。ただ、Rule66（2）（3）によれば、裁判所は、地租額や先取特権、填補額（the amount for the recovery）、その他買主にとっての重要事項を告知することになっている。そして、Rule66（4）によれば、裁判所は職権で参考人を呼び出して審尋し、必要書類の提出を求めることができるとされるから、裁判所が主導的に売却対象物件の調査を行うことになっている。また、「実態」p.60、61によれば、債務者が対象不動産の権利証的書面（Grant）、図面、価格情報等を提出し、専門家が資産評価を行い、裁判所がこれを踏まえて最低入札価格を決定するようである。そうすると、実質的には裁判所が主導して、債務者に書面を提出させて売却の準備をするように考えられるが、執行官が現地を

---

[19]「実態」p.60によれば、土地の場合、執行官が差押令状を貼付した掲示を当該土地上にくい打ち等によって行うとのことであり、現地を見分すれば、差押えの事実が判明することはあろう。

見分して報告するのか等具体的な作業手順が明確でなく、規定の整備が望まれる。

⑤売却手続

　日本では、売却実施手続は執行官が行い、現在では期間入札（民事執行規則34条）による売却が殆どであるが、ミャンマーでは、売却（競売）は執行官または副執行官（Bailiff or Deputy Bailiff）によって実施され、すべて競売によるようである。その他、売却実施にかんしてはRule64ないし68に規定されている（日本語訳は「実態」p.55、56、60、61参照）。

　ミャンマーでは、債務者は、（抵当権設定、賃貸、任意売却により）Decreeの返済資金額を集めることができる（the amount of the decree may be raised）との理由で、売却の延期を裁判所に申し出ることができ、裁判所は、これに理由があると考えれば、相当な期間、売却を延期することができる（Rule83）。これは、債務者側の事情を考慮する興味深い制度である。もっとも、裁判所の裁量が大きく、運用によっては、手続の遅延に繋がる可能性はあろう。

⑥代金納付と買受人の所有権取得

　日本では代金納付時に買受人は所有権を取得する（民事執行法79条）。ミャンマーにおいても、売却時に財産権（property）が移転するとされ（Section65）、日本と同じではないかと思われる（ただし、後記売却取消制度との関係が不明確である。）。しかし、ミャンマーでは、代金納付について、買受人は、買受人決定時に代金の25パーセントをデポジットとして支払い、その後、15日間に残金を支払うが、これらの支払がない場合は再売却となる（Rule84〜87）。これは事実上代金の分割支払を認めていることになり、売却手続を不安定にし、手続の遅延を招くと思われる。この点、日本では、代金の分割納付は認められていない（日本では、買受人決定時ではなく、買受申出時に、保証金として、売却基準価格の2割を提供するとされている。民事執行法66条、民事執行規則39条）。ただ、配当債権者の場合は、配当額もしくは弁済額を差し引いて差額納付ができるが（民事執行法78条4項）、ミャンマーでも同様の規定がある（Rule72）。

　なお、日本では、代金納付による買主の所有権取得の効果は、債務名義である請求権の不存在・消滅によっても影響を受けないとされる。もっとも、Aと

Bが通謀して、Cに対する債務名義（仮執行宣言付支払命令）を騙取した場合には、その債務名義の効力はCに及ばず無効であり、Aがこれを債務名義としてC所有不動産に対して強制執行を申立て、Dがこれを競落しても、Dは当該不動産の所有権を取得しないとされる（最判昭和43年2月27日　民集22・2・316）。また、債務者が元来執行対象不動産の所有権を有していなかった場合には、競落人は所有権取得の基礎を欠くから所有権を取得しないとされる。ミャンマーにおいて、このような場合、どのように考えられているか不明であるが、ミャンマーにおいては、後記の売却取消制度において、同様な考慮がされているようである。

⑦売却取消（set aside）制度

ミャンマーでは、一定の利害関係を有する者は、一定の金額のデポジットの支払により、また、詐欺や重大な手続瑕疵等を理由として、売却の取消しを申し立てることができる（Rule89、90「実態」p.57〜58参照）。なお、債務者が売却すべき権利を有していなかった場合は、買主は、裁判所に売却の取消を求めることができる（Rule91）。上記Rule89、90の申立ては代金納付後も可能なように思えるが、期間制限があるのかどうか明確でない（「実態」p.61、62によれば、代金支払後30日間は、競売に関する異議申立てが可能であるとされるところから、取消についても同様の期間制限があるようにも思えるが、規定上は不明確である）。詐欺や手続瑕疵に関し、具体的な理由にもよるが、執行手続外の事情を売却決定の取消し事由として広く認めるのは、手続を不安定にし、遅延を生ずる要因になるのではないか。上記30日間の異議申立て制度も同様ではないかと考えられる。売却取消しの要件や異議申立ての要件を具体的に整備するのが紛糾を避けるために良いのではないかと考える。日本では、上記⑥のとおり、代金納付による買受人の所有権取得（民事執行法79条）は、執行債権の不存在によっても影響されないが、（1）債務者が債務名義を騙取された場合や（2）債務者が当該不動産の所有権を有していなかった場合は、所有権を取得しないとされる。この点、ミャンマーのRule91の規定は、（2）と同一の考えに基づくものといえる。ミャンマーのRule90の手続瑕疵及び詐欺による売却取消の規定が（1）と同様のことを考慮しているとすれば、日本の判例の趣旨と共通する。しかし、規定上、その具体的な要件が明確でない。実務の取扱例が

あれば知りたいところである。

⑧売却確定

　ミャンマーにおいて、売却が確定した場合は、裁判所は買受人に、売却財産及び買受人等を記載した証明書を授与し、その写しが当該土地を管轄する副登録官（sub registrar）に送付され、また、買受人の情報は土地登録監督官（superintendent of land record）に認証される（Rule94、Rule94AB）。この規定の趣旨が、競売による買受については、土地登録簿への記載あるいは登録法（Registration Act）上の登録が職権でされるというものであれば[20]、日本における登記嘱託制度（民事執行法82条）と同趣旨である。仮に、公売の結果として職権による義務的な登録がされるのであれば、執行手続の開始の際の差押命令についても職権による登記（登録）とした方が、整合的であり、差押対象不動産についての取引に伴う混乱を避けるためには良いのではないか。しかし、「実態」p.62によれば、債務者が名義変更に応じない場合、買受人は裁判所に名義変更の申立てを行い、執行官（Bailiff）が債務者（義務者）に代わって署名できるとの書面を発行し、これを役所に持参して名義変更するとのことであり、これによれば、職権による登録制度は行われていないようである[21]。

⑨配当

　複数債権者が存在する場合、日本では、強制執行申立人以外の債権者は配当要求することにより、配当が受けられる（民事執行法87条１項）。

　ミャンマーでは複数の金銭支払のDecreeを有する債権者がいた場合、裁判所に強制競売の申立てをすることにより、配当を受けられる（Section73（1））。

　これは、配当を受けるためには、二重競売申立てが必要とされる趣旨であり、それぞれについて執行手続が行われるとすれば、手続の効率性を害する恐れが懸念されるが、実質的には、競売申立てにより配当要求と同一の機能を果たしているのではないかと思われる。ただし、配当の順序は、手続費用、執行申立てDecreeの債権額、担保権（incumbrance）の元利金、競売申立てをした金銭

---

20) ミャンマーの登録、登記については、「ミャンマー法務最前線」p.218以下によれば、不動産の譲渡、賃貸を行うには、登記法（登録法）に基づく登記（登録）手続と土地登録簿（Land Record）の記載の変更という２個の手続が必要であるとされる。なお、ミャンマーの土地の権利及び登記（登録）制度についての歴史的経緯について、岡本郁子（1997）参照。

21) この点についても、さらに実態を調査する必要があると思われる。

債権者の債権額（按分）である（Section73（1）（c））。なお、日本では、二重競売開始申立てがされた場合、同申立ては受け付けられるが、最初の申立てによる手続が先行し、これが取下げなどで終了する場合に、後の申立てによる手続が行われる（民事執行法47条）。

⑩引渡命令（Rule95）

　ミャンマーでは、賃借人（tenant）や占有権原のある者が対象不動産を占有している場合にも、裁判所は買受人への引渡しを命じるとしている（Rule96）。この点、日本では、抵当権の設定がない場合、差押え前からの賃借人に対しては引渡し命令が発令できず、抵当権設定後差押え前からの賃貸借人に対しては、6か月間に限り占有を認めることとしている（民事執行法83条、民法395条1項1号）。ミャンマーの規定は占有権原のある占有者に対しても引渡し命令ができるかのように読めるが、実際は、賃借期間満了までは占有を認めるとのことである（西部地区地裁裁判官からの聴取）。運用と規定を整合することが望まれる。

⑪占有移転妨害について

　Rule97〜99に規定があり（「実態」p.59参照）、債務者等を民事拘禁できるとの規定がある。同規定は、実際に用いられることは稀であり、実質的にはいわば間接強制的な効果を有しているのではないかと推認される（西部地区地裁裁判官との意見交換会からの印象）。しかし、悪質な妨害の場合には警察の援助を受けることが本来であろうが（民事執行法6条1項）、ミャンマーにおいては、警察との連携が円滑に行われているとの印象を受けなかった。そうであれば、この点の制度整備が望ましい。

3. 残された論点

(1) 民事拘禁の問題

　ミャンマー法には、民事拘禁の制度があり、これについては、「報告書」p.207、208、「実態」p.51、52に触れられているところ（「実態」では、民事拘禁は利用されているが、債権者が債務者の生活費を負担せねばならず、頻繁には用いられていないとされる。）、筆者が西部地区地裁裁判官から聞いたところでは、

民事拘禁の申立ては経験したことがないとのことで、少なくともヤンゴン市では利用されることは稀ではないかと思われる。日本法の見地からは注5記載のとおり、同様の制度を採用する余地はないが、ミャンマーにおいても実際上の機能は大きくないと思われる（西部地区地裁裁判官との意見交換会の印象では事実上の間接強制的機能は有していることは感じられたが）。この点は、ミャンマーにおいて、今後検討されるべき問題であろう。

(2) 改革課題

ミャンマーにおいては、1908年のIndia Act V 1908によるCPCが基本法であり、その後、実務の要請に従って、運用されてきたものと考えられる。そして、実務は、当事者（特に債務者）の事情に配慮したものとなっており、その工夫は尊重すべきである。しかし、社会・経済の発展に伴い、法典の規定内容と実務のやり方が必ずしも整合していない部分が出てきているようである。この点は、運用と規定を整合するように整理する必要があろう。また、法典自体、複雑な構成となっており、総則的規定とOrder以下のRuleに分かれており、必ずしも整理されていないところがある。

また、裁判所の裁量の余地が大きく、実務の運用に当たっての具体的な要件が整備されていないので、当事者の様々な申立てや異議があった場合の帰趨が見えにくく、裁判所の負担も重く、手続の遅延を招く要因となっているのではないかと思われる。

(3) 個別的論点

最後に気づいた点をいくつか摘記すると以下のとおりである。

(a) 不服・異議の申立てについて、手続の各段階に応じた制度の整備が望まれる。

また、不服・異議申立てと執行停止との関係を整理する必要があろう。また、記録送付についても実務的な工夫が必要であろう。なお、異議に対する決定について上訴できる場合を限定することも効率的な執行の運用のために検討すべきであろう。

(b) 召喚手続についても執行手続におけるその位置づけを明確化すべきで

あろう。

(c) 分割支払の実務についても、裁判所の命令とするのか（その場合は Decreeを与えるのか）、当事者の合意とするのか、その場合の執行停止・猶予の要件等、その位置づけを明確化すべきであろう。

(d) ミャンマーの登記・登録制度の実態とも関係するが、土地取引に関して、登録法による登録がされることが多くなってきたのであれば（西部地区地裁裁判官からの聴取）、差押について職権による登録が検討されても良いのではないか。

差押後の権利取得や担保権者・賃借権者との調整の規定が十分でないと思える。現状では余り問題が発生していなくとも、不動産取引の活発化に伴い、差押の事実を知らずに第三者が権利の移転を受けたり担保の設定を受けたり、賃借をする事例が増えてくれば、執行手続との調整が必要となってくると思われる。この点、差押との対抗関係によって処理する日本の制度も参考となるのではないか。いずれにしても、差押の公示方法について検討する必要があろう（仮に、職権で登録するとの実務があるのであれば、これを明確にして、土地登録簿（Land Record）との記載の統一を図る規定の整備が望まれる）。

(e) 執行対象不動産の現況や権利関係を調査する手続の整備が望まれる。

(f) 売却手続についても、債務者の要望による売却延期制度や事実上の代金分納制度、売却取消制度を維持するのか、維持する場合の要件整備、複数人の債権者がいる場合の配当要件の規定整備等の検討が望まれる。

(4) 結語

本稿は、日本法との比較を基軸として効率的運用という手続的な側面からミャンマーの強制執行法を検討してみたが、ミャンマーにおける実務を知らない表面的な考察にとどまり、実情に即さず、誤解に基づく点が多々あることを恐れる。これらの諸点については、各位のご指摘、ご教示を受けて、今後さらに検討していきたいと考えている。

末尾に、金銭執行・不動産執行におけるミャンマー法と日本法の簡単な対比表を資料4として付した。

（なお本稿は近畿大学法科大学院論集、2018年 3 月、第14号掲載の論文を加筆修正のうえ再掲した。）

参考文献

・岡本郁子（1997）「植民地期ビルマの地租制度と土地所有権」『東南アジアの経済開発と土地制度』アジア経済研究所
・小松健太（2016）「ミャンマーの民事裁判における当事者主義（1）」『ICD NEWS』No.68
・中野貞一郎（2010）『民事執行法』〔増補新訂 6 版〕青林書院
・西村あさひ法律事務所（2015）「ミャンマーにおける民商事関係等の紛争解決制度の実態」
・森・濱田松本法律事務所（2013）『ミャンマー連邦共和国法制度調査報告書』
・森・濱田松本法律事務所ヤンゴンオフィス（2016）『ミャンマー法務最前線』商事法務
・Yuka Kaneko（2017）"Issues of the Civil Execution System in Myanmar"『国際協力論集』Vol.25, No.1

資料1「ミャンマーにおける民商事関係等の紛争解決制度の実態」の別紙Ⅳ-2-15
【Decree の記載例】

```
┌─────────────┐
│    紋 章     │
└─────────────┘
```

貸金返還請求命令書
（民事訴訟法典 Order 34）

- -

○○管轄地域

○○市裁判所

20XX 年、民事事件○号

［原告名］原告　及び　［被告名］被告

　本件 20XX 年○月○日に［裁判官名］市裁判官の法廷にて原告［原告名］と被告［被告名］が出頭した。判断とは、被告○○は原告○○に対し、10,000,000 チャットと共に、貸した日である 20XX 年○月○日から返還する日までに 1 年間あたり 100 チャットを金利として返還せよ。さらに裁判費用の 15,005 チャットを本日から納入する日までに 1 年間あたり　100 チャットを金利として支払いせよ。

　20XX 年○月○日に当裁判所の押印した上で、私が署名する。

［署名］

［裁判官名］

市裁判官

資料２「ミャンマーにおける民商事関係等の紛争解決制度の実態」の別紙Ⅳ-10-(5)-(イ)
　　　　【執行の申立書の記載例】

> ５チャット印紙

○○管区判所

20XX 年民事執行事件○号

　　　［勝訴者名］　------------------------------------　勝訴

及び

　　　［勝訴者名］　------------------------------------　勝訴

民事訴訟法典 Order 21 − Rule 11 に基づき、執行の申立て

　上記の勝訴者が申し立てる。

　１．上記事件は○○管区○○県裁判所、○○裁判官第○号法廷にて［勝訴者名］勝訴者が［敗訴者名］敗訴者に対し、信託した○○○万チャット及び賠償金○○万チャット、合計金 額○○○万チャットを請求する民事事件○号で提訴した。

　２．○○県裁判所は 20XX 年○月○日に信託した○○○万チャット及び裁判費用○万チャットを勝訴者に返済するよう判断及び判決を下し、当該判決を執行するよう申し立てる。

［署名］勝訴者弁護士

20XX 年○月○日

○○市

資料３「ミャンマーにおける民商事関係等の紛争解決制度の実態」の別紙Ⅳ-10-（6）
【不動産の差押命令の申立書の記載例】

○○管区判所
20XX 年民事執行事件○号

［勝訴者名］　------------------------------------- 　勝訴

及び
［勝訴者名］　------------------------------------- 　勝訴

民事訴訟法典 Order 21 － Rule 54 に基づき、不動産の差押命令申立て

上記の勝訴者が申し立てる。

　１．本件、敗訴者は勝訴者に対し、○○○万チャット及び裁判費用○○万チャットの返済する判断及び decree が下され、執行するよう申し立てる。

　２．敗訴者は送達状を受け取ったものの、裁判所に出頭しなかった。また、判断decree が下され、執行するよう申し立てたが、敗訴者より異議がなかった。しかし、返済の約束はなされていなかった。

　３．敗訴者は勝訴者に対し、裁判所が下した判決によって、返済する義務を負う。

敗訴者の所有物

○○管区、○○市、○○区、○○通り、○○番地の土地、建物及び全権利。

［署名］勝訴者の弁護士
20XX 年○月○日
○○市

第**9**章 強制執行における日本法とミャンマー法の比較の試み

資料4 ミャンマーと日本法における金銭債権・不動産執行対比表

	日本（民事執行法）	ミャンマー（CPC） Rule は Order30 以下のものを指す
強制執行分類体系	金銭債権に対する執行と非金銭債権に対する執行に大別（その他に形式競売と財産開示手続がある。） 金銭債権執行 　対象財産―不動産・準不動産・動産・債権 　執行方法―差押・売却、強制管理、債権取立・転付命令 非金銭債権執行 　執行内容―引渡、意思表示擬制（登記手続）、作為・不作為 　執行方法―強制履行、代替執行、間接強制	金銭支払命令の Decree（判決に基づいて発せられる）の執行 （金銭債権執行） 執行対象―債務者の財産、債務者の身体 執行方法―差押・売却、民事拘禁Rule30 非金銭債権執行 執行内容―引渡、作為・不作為、流通証券裏書等 執行方法―強制履行、管財人指定、民事 　　　　拘禁(間接強制的効果?)差押・ 　　　　売却等Section51、Rule31〜35
執行の基礎	債務名義＋執行文　執22条、26条	Decree　Section38
執行機関	執行裁判所（含む書記官）―判決言渡し裁判所と異なる。 執行官　執2条	執行裁判所―判決言渡し裁判所と同じ 　　　　　　（原則） 　　　　　　Section2（2）、38 執行官
管轄	不動産所在地を管轄する地裁（原則） 移送可能　19条、44条	Decree 交付裁判所（原則）Section38 移送可能 対象不動産が複数の裁判所管轄に跨る場合は、いずれの裁判所も管轄を有する。Rule3
手続停止（中断）	（実体異議） 執行停止仮処分　　36条1項 義務的停止―執行停止・取消文書提出　39条1項、40条 （手続異議―執行抗告） 職権による手続停止　10条6項 （上訴による仮執行宣言の執行停止）申立てによる。 民訴法403条2号、3号	（第三者異議） 職権による売却延期　　Rule58（2） 一般的に職権による停止可　Rule26〜29 上訴の場合の上訴裁判所及び原審裁判所の停止命令 　Order41 Rule5（1）（2）
抗告・異議の決定に対する抗告、上訴の制限	実体異議（請求異議、第三者異議）についての判決に対しては上訴できる。 執行異議に対する決定に対し、原則抗告できない。12条 執行抗告に対する決定に対し、原則再抗告できない。10条8項	特段の制限はないか？

227

執行申立て	書面による。民事執行規則1条 執行文付与を受けた債務名義の写しを提出して申し立てる。 差押物件を特定する（動産を除く）。 規則21条	原則書面による。 Decreeの写しを添付し、執行方法を選択して申し立てる。 差押の場合は目的物を特定する。 Rule11、13（1）
裁判所の開始 決定	開始決定の際に、差押命令の宣言をする。45条1項	債務者を召喚して事情聴取し、執行開始令状（Process）発出。差押命令は同時にされない。 Rule22、24
差押え	債権者が事前に対象物件を特定して申し立てる（動産を除く） 差押宣言　45条1項 職権による登記嘱託　48条 手続相対効　46条	債権者が事前に対象物件を特定する。 Rule13（1） 債権者申立てによる債務者召喚、審尋手続　Rule41 太鼓鳴動等の慣習的方法＋命令書貼付による公示　Rule54（2） 絶対効か？　Rule54（1）
売却準備	裁判所主導　57条～62条 　現況調査（執行官） 　価格調査（評価人） 　物件明細書（書記官）	裁判所が調査？　Rule66（2）～（4） 債務者召喚 執行官の役割が明確に規定されていない。
売却手続	執行官による実施　64条 期間入札（規則46条～48条）が殆ど 次順位買受人制度　　　67条	執行官による実施　Rule64～68 当日競売 債務者による売却延期申出制度　Rule83 売却取消制度　Rule89、90 競売に関する異議申立て（30日間）
代金納付の効 果	買受人への所有権移転　79条 職権による登記嘱託　　　82条 請求債権不存在により買受人の所有権取得は影響を受けない。 ただし、債務者が所有権を有しない場合、また、債権が欺罔の手段で騙取された場合は、買受人は所有権を取得しない。　　判例	財産権（property）取得？　Section 65 登記嘱託制度なし。 請求権不存在による財産権取得への影響は不明確 売却取消制度（欺罔的手段の場合に適用？） 債務者が権利を有しない場合は、買受人が売却取消請求できる。　Rule91
引渡命令	83条、民法395条1項1号 差押時及び抵当権設定時との先後による調整	Rule95、96 適法な賃借人等の占有と差押の調整は不明確 実務は、差押以前の賃借権を引渡命令より優先させるようだ。

第10章 ベトナムにおける法制度改革と企業発展

松永 宣明

1. はじめに

　ベトナム社会主義共和国は経済発展著しい国として脚光を浴びているが、この国が本格的に経済発展を開始したのは1990年代に入ってからである。2017年現在、総人口9,554万人が31.01万km²の国土に住んでおり、1人当たりGNI（アトラス方式による国民総所得）は2,170ドル、平均寿命は76歳であり、国連により低位中所得国に分類されている。図1に見られるように近年の経済発展は目覚ましく、1人当たりGDP（2010年の固定価格）は1990年の432ドルから2017年には1,835ドルへ4倍以上に上昇している。また、1人当たり1日1.9ドル（2011年の国際ドル表示）以下で暮らす貧困人口は1992年の52.9％から2016年には2.0％へと大幅に減少している[1]。

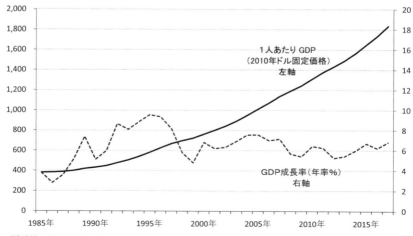

図1　ベトナムの1人あたりGDPとGDP成長率の推移

（資料）　World Bank, *World Development indicators*.

第**10**章 ベトナムにおける法制度改革と企業発展

このように、ベトナムはわずか1世代の間に急成長を遂げ、絶対的貧困から脱しているが、その成功の要因を法制度改革と企業発展に注目して分析するのが、本章の目的である。次節では法制度改革の歴史を簡単に振り返り、それが「マクロ面での企業発展」（経済発展を担う中心的企業の交代）にいかなる影響を与えたかを分析する。3節では制度的要因が「ミクロ面での企業発展」（家計企業のフォーマル化）に及ぼす影響を検討し、経済発展を促進するために必要な制度改革について考察する[2]。最後に、結論と今後の課題を述べる。

2. 法制度改革とマクロ面での企業発展

まず、ベトナムの歴史を簡単に振り返っておこう。ベトナムは中国への服従を長く続けていたが、清への服従関係を断ちつつもフランスの植民地になったのが1884年、独立運動の中でインドシナ共産党が創設されたのが1930年、日本軍の仏印進駐（1940年）を契機として、ベトナム独立同盟が「ベトナム民主共和国」の樹立を宣言し、ホー・チ・ミンが初代の国家主席に就任したのが1945年である。46年からの対仏独立戦争を経て54年に独立を果たすが、北緯17度線で国土を南北に分断された。北部では土地改革と民間企業の接収等が実施されたが、南部ではアメリカの支援の下に「ベトナム共和国」が成立し、北部と対立した。75年には対米戦争（ベトナム戦争）に勝利し、76年に南北統一を果たして「ベトナム社会主義共和国」となるが、78年のカンボジア侵攻を非難した中国から攻撃を受けて中越戦争が始まり、戦時体制は89年まで続いた。またこの時期には、急進的な社会主義経済化（農業の集団化、民間企業の国有化・集団化、価格統制と配給制度、重工業の優先的発展、貿易の国家独占など）が進

---

1) World Bank, *World Development Indicators*による。
2) 「企業発展」については、松永（1996）を参照。「零細な家族経営体が内部構造の変化を伴いながら段階的に成長していくことによって会社企業が生じる過程が『企業発展』である。これは個々の企業から見た、いわばミクロ面での企業発展である。ところで、二重経済モデルでは近代部門が伝統部門から余剰労働力を引き出しながら資本蓄積を進めて生産を持続的に拡大していくことにより経済が発展していくと考えられている。これを経営体に着目して見ると、生産の主役が家族経営体から会社企業へ次第に移行していくことによって経済発展が進むと考えることができる。これは経済全体から見た、いわばマクロ面での企業発展と言える。（p.102）」本章では「家族経営体」を家計企業、「会社企業」を有限・株式会社と考えている。

231

められたため国内経済は疲弊し、国民は困窮した。

　この事態に対処するために地方レベルでは様々な実験が試行されたが、それに基づき中央政府でも79年頃から価格の自由化、農産物請負制、国営企業の自主権拡大などが実施された。しかし、政策転換を決定的にしたのは86年12月の共産党全国大会で打ち出されたドイモイ（刷新）政策であり、これにより「社会主義志向型市場経済」を目指す改革・開放が進められた。その主たる内容は「生産手段の所有形態の多様化、価格の自由化、国際分業の重視などによる市場経済の本格的導入」であり、民間企業や外資系企業の是認、市場価格の尊重、貿易と外国投資の自由化などが進められた[3]。様々な国営企業の改革も実施されたが、以下では民間企業に関連した法制度改革を中心に整理する。

　1970年代末まで民間企業は社会主義の敵と見なされ、私営企業や家計企業など限られたものしか認められず、それらでさえ厳しい規則に縛られて、政府の支援を受けるどころか敵対的な環境の下での操業を余儀なくされていた。ドイモイ政策の後、88年に所有に関する政令27号と28号、非国有部門に関する決議16号が出され、これにより民間企業の存続と役割が正式に認められ、投資金額と雇用者数の上限が撤廃された。90年には会社法と私営企業法が出されて民間企業が正式に認可されたが、許認可行政が複雑だったため新規登録企業はごくわずかしかなかった。これらの新制定法が現実的に効力を有するようになったのは、92年に新憲法が制定され、生産手段に対する私的所有制度の確立と民間企業の存在が正式に保証されるようになってからであり[4]、この年から新規登録企業が記録されている（**図2**の新規登録企業数を参照）。

　2000年に発効した新企業法は、すべての国内民間企業（私営企業、有限責任会社、株式会社）に法的枠組みを与えた画期的な法律である。これは1990年の会社法と私営企業法を統合したもので、企業登録は認可制から登録制へと簡素化された。その結果、登録に要する日数が90日から7日以下に短縮されただけでなく、費用も20分の1に減少し、さらに180もの営業許可証が廃止され、法律で明確に禁止されていなければ事業活動の権利が認められた。しかも、この

---

[3] トラン（2010）p.53。ドイモイ実施に至る詳しい経緯については、これに加えて吉田（2009）を参照。

[4] Le and Harvie（2012）、ホーン（2010）などを参照。

法律に実効性を与えるために強力な監視組織が設立されたため、新規登録企業数は急増した。また、2002年の憲法改正では民間企業に国有企業と平等な競争条件を保証することが明記されたため、新規登録企業数は以後さらに増えた[5]（図2を参照）。

ところで、ドイモイ以後は国内民間企業に加えて外資系企業も容認され、1987年には外国投資法が制定された。その後、92年に同法は改定され、96年には新たな外国投資法が公布されたが、なお規制色が強く、差別的待遇も残されていた。そのため外国直接投資の流入は、90年代前半から一時的に増えたが、アジア経済危機の影響で後半には急減した。2000年には外国投資法が大幅に改正され、それまでの規制色が払拭されて外国直接投資の積極的導入に転換した。その後、WTO加盟に向けて国内企業と同一の投資環境を提供することが必要となり、2005年の統一企業法と共通投資法の制定によってすべての企業が同一

図2 新規登録企業数と外国直接投資受入件数・金額の推移

（資料）GSO, *Statistical Yearbook of Vietnam*, various issues; Business Information Centre, Agency for Enterprise Development, MPI.
（注1）金額の単位は100米ドル。
（注2）1988～90年には211件、16億40万ドルの外国直接投資が認可されている。

----

[5] Le and Harvie (2012) を参照。なお、この新規登録数には、既に存在していた企業が登録した場合も含まれ、また登録しても操業していない企業も含まれる。

の法令で規定され、差別的な取り扱いがなくなった[6]。その結果、新規登録企業数だけでなく外国直接投資の受入件数も金額も大幅に増加したが、2008年のリーマンショックの影響で減少した。最近は新規登録企業数も外国直接投資受入件数も急増し、記録を塗り替えている（**図2**を参照）。

　以上のように、ベトナムの法制度は大きく変化してきたが、それによって企業がどのような影響を受けてきたかを所有形態別に見よう。**図3**は所有形態別企業の工業生産と純売上高の推移を示したものである[7]。ここで工業生産に注目しているのは、産業構造の変化、特に農業比率の低下による影響を除いた変化を見たいからであるが、それが可能なのは2005年までである。そこで2000年からベトナム統計総局『統計年鑑』のデータを図に加えて示しているが、これは工業生産だけでなく農業・商業・サービス業などを含む「純売上高」（税引後の売上高）に関する割合であり、「工業生産」のデータとは連続しない。

　国有企業の工業生産割合を見れば、1954年に独立してから急激に社会主義経済化を推進していった様子が明らかであるが、76年の南北統一後は非国有企業の割合が15ポイントほど高くなっている。91年から非国有企業の割合が低下しているが、それは外資系企業の参入によるものであり、2000年に新企業法が発効してから非国有企業の割合は上昇している。国有企業の割合は南北統一後ほぼ一貫して低下しており、2005年には34.3％となり外資系企業の37.2％を下回っている。純売上高の割合を見ると、2005年以降も国有企業の低下傾向が続いているのに対して、非国有企業は2008年まで上昇した後、低迷しており、外資系企業は2008年以降は逆に上昇していることが確認できる。ただし、このような傾向は構成比に関するものであり、その実質金額は国有企業でさえ一貫して増加している点に注意する必要がある。

　次に、**表1**により1985～2004年の企業数と雇用者数の推移を見ると、以下の点が分かる[8]。企業数の合計は一貫して増えており、特に1990～95年の増加は著しいが、この急増は88年に民間企業の存続と役割が正式に認められた結果、

---

[6] 坂田編（2006）p.18-19、トラン（2010）p.117-120などを参照。
[7] 「工業生産」（industrial output）は、鉱業、製造業、電気・ガス・水道部門における生産額の合計であり、「純売上高」（net turnover）は、それに農林水産業、建設、運輸・通信、商業、金融、サービス業を加えた部門において企業が稼いだ税引後売上高の合計である。

234

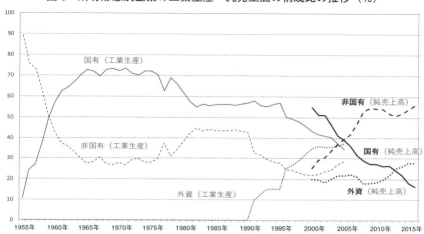

図3 所有形態別企業の工業生産・純売上高の構成比の推移（％）

（資料）GSO（2006）, *Vietnamese Industry in 20 Years of Renovation and Development*; GSO, *Statistical Yearbook of Vietnam*, various issues.
（注）1955～2005年は工業生産（1975年までは北部のみ、76年以降は全国）の構成比、2000～2016年は純売上高の構成比を示している。

家計企業が急増したためと考えられる。企業形態別に見ると、1985～2004年に国有企業の数は半減しているのに対して、非国有企業は2.5倍、外資系企業は7倍以上にも増加している。非国有企業を詳しく見ると、集合企業は社会主義下で「合作社」として多数あったものが、86年以降のドイモイにより一旦減少した後、96年の合作社法制定によって以後は「組合」に形を変えて増加しており、私営企業は90年の私営企業法による正式な認可以降に急増した後、2000年の新企業法の下で順調に増えている。しかし、企業数が急増しているのは有限・株式会社（有限責任会社と株式会社の合計）であり、この表では示されていないが、1994年に1,031社で初登場してから2004年には10倍以上に増えており、特に2000年に新企業法が施行されてからの増加は著しい。外資系企業も急増して

---

8) この表において「集合企業」は農業分野以外の合作社（組合）、「私営企業」は一個人が出資して設立した個人経営の企業、「家計企業」は事業所を有し、法的責任を負い、1年に4ヶ月以上の生産を行なう農業分野以外の私有の経済単位（ベトナムでは「個人基礎」と呼ばれる自営業者）を指す。資料の注に加えて、坂田編（2006）p.7、p.24も参照。なお、合名会社はごく僅かしかないので割愛している。

いるが、その割合は全体の0.3％程度しかない。家計企業の数は膨大で全体の95％以上を占めているだけでなく、その数は一貫して増加している。

　就業者数の合計はほぼ一貫して増えており、1985～2004年に倍増している。国有企業でも就業者数は少しではあるが、概ね順調に増えている。集合企業の就業者数は1990～95年に急減した後、停滞しているが、その割合は全体の2％程度しかない。就業者数を急増させているのは、外資系企業、私営企業、有限・株式会社であり、特に外資系企業は14年の間に10倍近く増やしている。家計企業の就業者数はほぼ一貫して増えているだけでなく、全体の4割前後を占めており、この割合は国有企業よりも高いが、低下傾向にある。

　工業生産額構成比を見ると、以上の変化は一層顕著である。1990年から2005年にかけて国有企業は58.0％から34.3％に、集合企業は9.1％から0.5％に、家計企業は22.3％から8.8％にその比率を減らしているのに対して、私営企業は1.0％から3.1％に、外資系企業は9.6％から37.2％に、有限・株式会社は0％から16.1％にその比率を増やしている。社会主義経済の担い手である国有企業と集合企業から、資本主義経済の担い手である有限・株式会社と外資系企業への移行が顕著であり、また家計企業の縮小と私営企業の拡大も確認できる。

　この表では2000年に発効した新企業法と06年に発効した統一企業法による影響は十分に分析することができないので、**表2**により2000年以降のデータを見よう。**表1**と比べると、**表2**には家計企業が含まれていないので企業数の合計は大幅に減っているが、農林水産業、鉱業、建設、商業、運輸、飲食・宿泊、情報・通信、金融、サービス業が含まれているため、非国有企業と外資系企業の企業数は逆に増えている。

　合計の企業数を見ると2000～16年に6.9倍に増えているが、これは1985～2000年に倍増した**表1**の企業増加率を大きく凌駕している。国有企業は一貫して減少しているのに対して、その他の企業はほぼ増加している。とりわけ有限責任会社と民間株式会社の増加は著しく、2000～16年にそれぞれ32.2倍と223.4倍、その構成比は24.7％→66.7％、1.1％→20.0％と急上昇している。国有系株式会社は絶対数では少ないが、08年まで増加し、それ以降は減少している[9]。私営企業は2002年までは最大勢力であったが、04年以降は有限責任会社が最大勢力となっており、10年には民間株式会社が私営企業を抜いて第2の勢力とな

表1 所有形態別の企業数、就業者数、工業生産額構成比の推移

企業数	1985年	1990年	1995年	2000年	2001年	2002年	2003年	2004年
合計	313,293	393,586	615,374	654,962	697,225	766,797	773,533	768,920
国有企業	3,050	2,720	1,977	1,688	1,535	1,538	1,425	1,359
非国有企業	310,243	390,834	612,959	652,216	694,242	763,560	770,102	765,210
（集合企業）		13,086	1,093	1,174	1,258	1,368	1,427	2,663
（私営企業）		743	4,007	4,195	4,588	5,184	5,581	6,232
（有限・株式会社）			1,320	2,734	4,225	5,983	7,673	10,514
（家計企業）		377,005	606,539	644,113	684,171	751,025	755,421	745,801
外資系企業		32	438	1,058	1,448	1,699	2,006	2,351

構成比	1985年	1990年	1995年	2000年	2001年	2002年	2003年	2004年
国有企業	1.0%	0.7%	0.3%	0.3%	0.2%	0.2%	0.2%	0.2%
非国有企業	99.0%	99.3%	99.6%	99.6%	99.6%	99.6%	99.6%	99.5%
（集合企業）		3.3%	0.2%	0.2%	0.2%	0.2%	0.2%	0.3%
（私営企業）		0.2%	0.7%	0.6%	0.7%	0.7%	0.7%	0.8%
（有限・株式会社）			0.2%	0.4%	0.6%	0.8%	1.0%	1.4%
（家計企業）		95.8%	98.6%	98.3%	98.1%	97.9%	97.7%	97.0%
外資系企業	0.0%	0.1%	0.2%	0.2%	0.2%	0.2%	0.3%	0.3%

就業者数（千人）	1985年	1990年	1995年	2000年	2001年	2002年	2003年	2004年
合計	2,510	2,261	2,633	3,306	3,587	4,237	4,640	4,932
国有企業	738	744	750	830	804	875	900	890
非国有企業	1,772	1,507	1,778	2,113	2,340	2,727	2,940	3,069
（集合企業）		458	56	81	55	63	65	77
（私営企業）		19	77	102	118	144	174	198
（有限・株式会社）			136	387	524	661	805	961
（家計企業）		1,030	1,509	1,543	1,644	1,859	1,896	1,833
外資系企業		10	105	364	443	636	800	973

構成比	1985年	1990年	1995年	2000年	2001年	2002年	2003年	2004年
国有企業	29.4%	32.9%	28.5%	25.1%	22.4%	20.6%	19.4%	18.0%
非国有企業	70.6%	66.7%	67.5%	63.9%	65.3%	64.4%	63.4%	62.2%
（集合企業）		20.3%	2.1%	2.4%	1.5%	1.5%	1.4%	1.6%
（私営企業）		0.9%	2.9%	3.1%	3.3%	3.4%	3.8%	4.0%
（有限・株式会社）			5.2%	11.7%	14.6%	15.6%	17.4%	19.5%
（家計企業）		45.5%	57.3%	46.7%	45.8%	43.9%	40.9%	37.2%
外資系企業		0.4%	4.0%	11.0%	12.3%	15.0%	17.2%	19.7%

工業生産額構成比	1985年	1990年	1995年	2000年	2001年	2002年	2003年	2004年	2005年
国有企業	56.3%	58.0%	50.4%	41.8%	41.1%	40.3%	38.6%	37.0%	34.3%
非国有企業	43.7%	32.4%	24.6%	22.3%	23.6%	24.3%	25.7%	26.9%	28.5%
（集合企業）		9.1%	0.6%	0.7%	0.7%	0.6%	0.6%	0.5%	0.5%
（私営企業）		1.0%	2.2%	2.2%	2.3%	2.5%	2.4%	2.8%	3.1%
（有限・株式会社）			4.2%	7.5%	9.6%	10.6%	12.8%	14.3%	16.1%
（家計企業）		22.3%	17.6%	11.8%	11.0%	10.6%	9.9%	9.3%	8.8%
外資系企業		9.6%	25.1%	35.9%	35.3%	35.4%	35.8%	36.0%	37.2%

（資料）GSO（2006）, *Vietnamese Industry in 20 Years of Renovation and Development.*
（注1）企業数と就業者数については各年末(12月31日)において現に活動している企業に関する値。
（注2）対象は鉱業、製造業、電気・ガス・水道のみ。
（注3）工業生産額について1985〜89年は82年価格、1990〜94年は89年価格、1995〜2005年は1994年価格。

表2　所有形態別の企業数，就業者数，純売上高の構成比の推移（その2）

企業数	2000年	2002年	2004年	2006年	2008年	2010年	2012年	2014年	2016年
合計	42,288	62,908	91,756	125,092	192,179	279,360	346,777	402,326	505,059
国有企業	5,759	5,363	4,597	3,699	3,307	3,281	3,239	3,048	2,662
非国有企業	35,004	55,237	84,003	117,173	183,246	268,831	334,562	388,232	488,395
（私営企業）	20,548	24,794	29,980	37,323	46,530	48,007	48,159	49,222	48,409
（有限責任会社）	10,458	23,485	40,918	63,658	103,091	163,978	211,069	254,952	336,884
（国有系株式会社）	305	558	815	1,360	1,812	1,710	1,761	1,536	1,295
（民間株式会社）	452	2,272	6,920	14,801	31,746	55,057	73,261	82,015	100,948
外資系企業	1,525	2,308	3,156	4,220	5,626	7,248	8,976	11,046	14,002
構成比	2000年	2002年	2004年	2006年	2008年	2010年	2012年	2014年	2016年
国有企業	13.6%	8.5%	5.0%	3.0%	1.7%	1.2%	0.9%	0.8%	0.5%
非国有企業	82.8%	87.8%	91.6%	93.7%	95.4%	96.2%	96.5%	96.5%	96.7%
（私営企業）	48.6%	39.4%	32.7%	29.8%	24.2%	17.2%	13.9%	12.2%	9.6%
（有限責任会社）	24.7%	37.3%	44.6%	50.9%	53.6%	58.7%	60.9%	63.4%	66.7%
（国有系株式会社）	0.7%	0.9%	0.9%	1.1%	0.9%	0.6%	0.5%	0.4%	0.3%
（民間株式会社）	1.1%	3.6%	7.5%	11.8%	16.5%	19.7%	21.1%	20.4%	20.0%
外資系企業	3.6%	3.7%	3.4%	3.4%	2.9%	2.6%	2.6%	2.7%	2.8%

就業者数（千人）	2000年	2002年	2004年	2006年	2008年	2010年	2012年	2014年	2016年
合計	3,537.0	4,657.8	5,770.7	6,565.2	7,948.6	9,830.9	11,084.9	12,135.0	14,012.3
国有企業	2,088.5	2,259.9	2,250.4	1,899.2	1,697.9	1,691.8	1,606.4	1,537.6	1,285.9
非国有企業	1,040.9	1,706.9	2,475.4	3,220.6	4,421.3	5,983.0	6,758.5	7,148.4	8,572.4
（私営企業）	236.3	339.6	431.9	499.2	565.9	631.0	543.0	483.1	472.5
（有限責任会社）	516.8	922.6	1,393.7	1,739.8	2,217.9	3,086.9	3,439.3	3,764.6	4,608.9
（国有系株式会社）	61.9	144.3	184.1	367.5	500.4	505.5	475.4	405.2	336.3
（民間株式会社）	43.6	139.9	307.5	613.7	1,136.2	1,758.6	2,298.4	2,491.7	3,154.7
外資系企業	407.6	691.1	1,044.9	1,445.4	1,829.5	2,156.1	2,720.0	3,449.0	4,154.0
構成比	2000年	2002年	2004年	2006年	2008年	2010年	2012年	2014年	2016年
国有企業	59.0%	48.5%	39.0%	28.9%	21.4%	17.2%	14.5%	12.7%	9.2%
非国有企業	29.4%	36.6%	42.9%	49.1%	55.6%	60.9%	61.0%	58.9%	61.2%
（私営企業）	6.7%	7.3%	7.5%	7.6%	7.1%	6.4%	4.9%	4.0%	3.4%
（有限責任会社）	14.6%	19.8%	24.2%	26.5%	27.9%	31.4%	31.0%	31.0%	32.9%
（国有系株式会社）	1.7%	3.1%	3.2%	5.6%	6.3%	5.1%	4.3%	3.3%	2.4%
（民間株式会社）	1.2%	3.0%	5.3%	9.3%	14.3%	17.9%	20.7%	20.5%	22.5%
外資系企業	11.5%	14.8%	18.1%	22.0%	23.0%	21.9%	24.5%	28.4%	29.6%

純売上高の構成比	2000年	2002年	2004年	2006年	2008年	2010年	2012年	2014年	2016年
国有企業	54.9%	51.2%	41.2%	35.8%	28.9%	27.2%	26.3%	21.9%	16.4%
非国有企業	25.1%	30.4%	37.1%	42.0%	53.3%	54.3%	51.9%	52.1%	56.0%
（私営企業）	8.8%	7.7%	7.9%	8.2%	7.1%	5.2%	4.2%	3.9%	3.1%
（有限責任会社）	13.1%	17.0%	20.6%	21.3%	25.4%	24.9%	24.6%	26.5%	29.0%
（国有系株式会社）	1.3%	2.5%	3.7%	5.1%	6.1%	5.8%	5.2%	3.6%	2.6%
（民間株式会社）	0.8%	2.0%	4.2%	6.7%	14.1%	18.4%	17.9%	18.1%	21.2%
外資系企業	20.0%	18.5%	21.8%	22.2%	17.8%	18.5%	21.8%	26.0%	27.6%

（資料）GSO, *Statistical Yearbook of Vietnam*, various issues.
（注1）各年末（12月31日）において現に活動している企業に関する値。就業者数の単位は千人。
（注2）対象は農林水産業、鉱業、製造業、電気・ガス・水道、建設、商業、運輸、飲食・宿泊、情報・通信、金融、サービス業。
（注3）2006年以降の数値には集合企業が含まれていないため、2006年以前の数値とは厳密には連続しない。

第**10**章 ベトナムにおける法制度改革と企業発展

っている。16年末の時点で操業していた50.5万社のうち、国有企業は2,662社（0.5％）、国有系株式会社は1,295社（0.3％）、外資系企業は1.4万社（2.8％）しかないのに対して、有限責任会社33.7万社（66.7％）、民間株式会社10.1万社（20.0％）、私営企業4.8万社（9.6％）が合わせて96.3％を占めている。

　企業数の増加に伴って就業者数も増えており、この期間に合計は4倍に増えている。国有企業の就業者数は2002年から減少に転じており、その構成比は2000〜16年に59.0％から9.2％へと急減している。これに対して、有限責任会社と民間株式会社は一貫して就業者数を増やし、同時期にそれぞれ8.9倍と72.4倍になっており、その構成比は14.6％→32.9％、1.2％→22.5％と急増している。外資系企業の就業者増も顕著で、同時期に10倍にも増え、構成比は11.5％から29.6％に上昇している。国有系株式会社と私営企業の就業者数は2010年まで増加しているが、その後は減少に転じ、2016年に構成比はそれぞれ2.4％と3.4％にまで低下している。

　純売上高（税引後の売上高）の構成比を見ると、以上の変化は一層顕著である。国有企業は2000年〜16年に54.9％→16.4％と急減しているのに対して、有限責任会社は13.1％→29.0％、民間株式会社は0.8％→21.2％、外資系企業は0％→27.6％と急増しており、16年に後3者は合わせて全体の77.8％を占めている。企業数では全体の1〜5割を占めていた私営企業も、純売上高の割合は16年には3.1％にまで減少している。

　以上を要約しよう。1986年にドイモイが開始されてから国有企業は一貫して減少しているのに対して、非国有企業と外資系企業は一貫して増加しており、特に新企業法が施行された2000年以降の有限責任会社と民間株式会社の増加は著しい。私営企業は1990年の私営企業法により正式に認可されてから急増し、その後も増えてはいるが、2004年には有限責任会社、10年には民間株式会社に凌駕されて、企業数では第3の勢力となっている。

　国有企業の就業者数は、ドイモイの進展した1988〜93年に減少した後、一旦

9）国有系株式会社は、国有企業が「株式化」されたものであり、国有の株式が50％未満の企業である。50％以上の株式が国有の場合は国有企業に、株式の100％が私有の場合は民間株式会社に分類されている。外国人が投資している場合は、その比率とは無関係に外資系企業に分類されており、合弁企業もこれに含まれる

増加したが、2004年以降は減少に転じており、08年には最大の雇用創出者ではなくなった。同年に最大の雇用創出者になったのは有限責任会社で、それに外資系企業と民間株式会社が続いている。私営企業と国有系株式会社は10年まで一貫して就業者数を増やしたが、その後は減少に転じ、近年はマイナーな存在になっている。家計企業は04年まで最大の雇用創出者で、就業者数は増えているが、その構成比は低下している。

　工業生産や純売上高の構成比も、企業数や就業者数と同様の変化を見せており、国有企業と集合企業の持続的低下、外資系企業と有限・株式会社の急増により、前２者から後２者への重心移行が顕著に見られる。企業数では圧倒的多数を占め、2000年まで就業機会の約半数を提供していた家計企業は、工業生産の構成比を大きく低下させている。2000年代初期には一定の存在感を示していた私営企業も、純売上高の構成比を減らし、近年は国有系株式会社とともにマイナーな存在となっている。

　社会主義経済下では国有企業と集合企業（合作社）が正式な経済の担い手であり、一般に民間企業は敵視され、家計企業や私営企業は黙認されていたにすぎなかった。1986年以降、ドイモイ政策により法制度改革が進められると、まず私営企業が増殖し、次に有限責任会社と株式会社が多数設立され、さらに外資系企業が認可されて、これらが企業数で国有企業を凌駕するようになった。その背後には、国有企業の「株式会社化」（民営化）だけでなく、新規登録企業と外国直接投資の急増があり、ドイモイ開始後、約１世代を経てベトナム経済発展の担い手は、国有企業と集合企業から民間企業と外資系企業に様変わりしている。この変化は就業者数や工業生産・純売上高の構成比を見ると一層顕著であり、これは法制度改革に伴って生じた国有・集合企業の衰退と民間・外資系企業の勃興・増大による変化である。

　しかし、それと並行して大きな変化が生じていることを見逃してはならない。圧倒的地位を誇っていた家計企業の相対的縮小と有限・株式会社の増殖・拡大である。企業数や就業者数のシェアの変化はそれほど大きくないが、1990〜2005年に家計企業の工業生産のシェアは急減し、有限・株式会社のそれは急増しており、このような変化は05年以降もさらに進んでいる。つまり、民間企業の中でも家計企業から有限・株式会社へという主役の交代が見られるが、この

第10章 ベトナムにおける法制度改革と企業発展

ような経済発展を担う中心的企業の交代を「マクロ面での企業発展」と呼ぶことができる。そして、この企業発展によって経済発展は進むのである[10]。ベトナムで特徴的なのは国有・集合企業から民間・外資系企業への主役の交代に加えて、家計企業から有限・株式会社へという主役の交代が同時に進行した点である。

表3 ベトナム、台湾、韓国における企業発展の比較

ベトナム	就業者構成比（％）			工業生産構成比（％）			企業数構成比（％）		
工業	国有企業	会社企業	家計企業	国有企業	会社企業	家計企業	国有企業	会社企業	家計企業
1990年	53.2	1.3	45.5	67.1	10.6	22.3	4.0	0.2	95.8
2004年	19.6	43.2	37.2	34.8	56.4	9.3	4.0	0.2	95.8

台湾	就業者構成比（％）			付加価値構成比（％）			企業数構成比（％）		
商工業	公営企業	会社企業	個人企業	公営企業	会社企業	個人企業	公営企業	会社企業	個人企業
1966年	11.4	35.7	52.9	32.9	52.1	14.9	0.1	5.3	94.6
1991年	7.0	69.0	24.0	21.4	63.9	14.7	0.1	29.4	70.5

韓国	就業者構成比（％）			付加価値構成比（％）			企業数構成比（％）		
製造業	公営企業	会社企業	個人企業	公営企業	会社企業	個人企業	公営企業	会社企業	個人企業
1963年	7.0	42.9	50.1	16.9	53.6	29.5	2.9	9.3	87.8
1993年	0.8	68.9	30.2	2.4	84.1	13.5	0.5	27.0	72.5

（資料）表1および松永（1996）のp.187-189とp.228-232
（注1）ベトナムの国有企業は集合企業を含み、会社企業は私営企業、有限・株式会社、外資系企業を含む。対象は製造業、鉱業、電気・ガス・水道。
（注2）韓国の公営企業は民法や特例法に基づいて設立された法人企業である。対象は製造業、鉱業、建設業。
（注3）台湾の会社企業は有限・株式会社、個人企業は家族企業を含む。対象は製造業、鉱業、建設業、商業、電気・ガス・水道、運輸・倉庫・通信業、金融・保険・不動産業、サービス業。

最後に、このマクロ面での企業発展がベトナムに見られる特殊な現象か否かを検討しよう。**表3**は表1のデータに高度経済成長期の台湾と韓国のそれを加えたものである。対象となる部門（工業、商工業、製造業）も企業分類（国有企業と公営企業、家計企業と個人企業）も微妙に異なるが、概ね比較可能と言えよう。就業者構成比を見ると、韓国でも台湾でも公営企業と個人企業の割合は低下し、会社企業の割合は上昇している。このような変化は、台湾の個人企業を除けば、付加価値構成比でも同様に見られ、これからマクロ面での企業発展がベトナムだけに特殊な現象ではないことが確認できる。むしろ、国有・公

10) この点について詳しくは松永（1996）p.102-107を参照されたい。

営企業と家計企業から会社企業への主役の交代は経済発展に伴って生じる一般的現象と言えるかもしれない。ただし、社会主義経済であるベトナムにおいて国有企業の割合が高いのは当然であり、それがわずか14年間に急減しているのが特徴的である。また、韓国と台湾よりも急激に会社企業の割合が高まっている点がベトナムの特徴と言えるが、これはベトナムの方が外資系企業の構成比がはるかに高いためである。

この家計企業から会社企業へという生産における主役の交代は、最初から会社企業として開業した企業の設立だけでなく、家計企業の会社企業への転換（フォーマル化）によっても生じる。この家計企業のフォーマル化を「ミクロ面での企業発展」と呼ぼう。次節では制度的要因がそれにどのような影響を及ぼすかを検討し、ベトナムの経済発展を促進するためにはいかなる法制度改革が必要かを考察しよう。

3. 家計企業のフォーマル化

まず、家計企業の定義を2004年に出された政令109号により示すと以下の通りである[11]。家計企業は、1個人もしくは1家族が所有し、1か所のみで登録され、10人以下の労働者を雇い、公印を持たず、無限責任を負う私企業である。低所得（その水準は地方の人民委員会が設定する）の農林水産業、製塩業、露天商、サービス業に従事する家計企業は事業登録を免除されている。なお、家計企業は10人を超えて労働者を雇用するか、2つ以上の事業所を持つと、企業法に基づく企業に転換しなければならない。国際連合統計部とILOが1993年に合意したインフォーマル部門の定義は、少なくとも一部の生産物を市場のために生産し、一定数以下の労働者を雇用し、国内法の下で登録していない、家計が所有する非法人企業である[12]。ベトナムの家計企業の定義は概ねこの定義に沿ったものであり、それゆえ家計企業の大半は登録の有無を問わず、インフォーマル部門に属していると言える。

---

11) http://www.kenfoxlaw.com/resources/legal-documents/governmental-decrees/2590-vbpl.htmlの第24条を参照。

12) http://unstats.un.org/unsd/nationalaccount/glossresults.asp?gID=632を参照。

第**10**章 ベトナムにおける法制度改革と企業発展

　表1で見たように、家計企業は2004年において鉱工業の企業数の97％を占め、就業者の37％を雇用し、工業生産額の9.3％を生産している。しかし、**表2**で見たように2005年以降、家計企業に関するデータは『統計年鑑』では発表されていない。そこで、ベトナム統計総局『農外個人事業所統計』のデータを**表2**の所有形態別企業に加えた**表4**を作成した。ここで、個人事業所はベトナム語では家計企業と全く同じ表記であり、両者は同一であるから、農外個人事業所の数値は農林水産業を除いている分だけ企業数「合計」よりも少ないはずである。ところが、個人事業所の数は企業数「合計」の9.7〜37.7倍もあり、その数は一貫して増加し、2016年には490万を超えている。また、個人事業所の就業者数は「合計」の59〜94％もあり、その数は一貫して増加し、2016年には826万人が就業している。つまり、個人事業所ないし家族企業は2005年以降も絶対数では増加しており、その比率は一貫して低下してはいるが、16年でも企業数「合計」の約10倍、就業者数「合計」の約6割を占める一大勢力である。

　しかし、実際には家計企業の存在はさらに大きい。当局に未登録の家計企業が極めて多いためである。以前は未登録の家計企業に関する調査は実施されていなかったので、その全貌を知ることは不可能であったが、2007年にILOの技

表4　所有形態別企業と個人事業所の企業数と就業者数の推移

企業数	2003年	2005年	2007年	2009年	2010年	2011年	2013年	2015年	2016年
国有企業	4,845	4,086	3,494	3,364	3,283	3,265	3,199	2,835	2,662
非国有企業	64,526	105,167	147,316	238,932	280,762	312,416	359,794	427,710	488,395
外資系企業	2,641	3,697	4,961	6,546	7,254	9,010	10,220	11,940	14,002
A）合計	72,012	112,950	155,771	248,842	291,299	324,691	373,213	442,485	505,059
B）個人事業所	2,712,177	3,053,001	3,748,138	3,986,071	4,124,980	4,236,352	4,536,046	4,754,826	4,909,827
B/A	37.7	27.0	24.1	16.0	14.2	13.0	12.2	10.7	9.7

就業者数	2003年	2005年	2007年	2009年	2010年	2011年	2013年	2015年	2016年
国有企業	2,265	2,038	1,763	1,736	1,689	1,664	1,660	1,372	1,286
非国有企業	2,050	2,979	3,933	5,266	6,235	6,681	6,855	7,713	8,572
外資系企業	860	1,221	1,686	1,920	2,156	2,551	3,051	3,773	4,154
C）合計	5,175	6,237	7,382	8,922	10,080	10,896	11,566	12,857	14,012
D）個人事業所	4,843	5,584	6,594	7,161	7,413	7,558	7,733	7,987	8,262
D/C	0.94	0.90	0.89	0.80	0.74	0.69	0.67	0.62	0.59

（資料）GSO, *Statistical Yearbook of Vietnam*, various issues; GSO, *Non-farm Individual Business Establishments*, various issues.
（注1）企業数は、各年末（12月31日）において現に活動している企業の数。就業者数の単位は千人。
（注2）国有企業、非国有企業、外資系企業、合計の数値は表2と同じ部門を対象としている。
（注3）個人事業所の数値は表2の対象から農林水産業を除いたもの。

術協力が開始されて、その成果が発表され、初めてその全貌が明らかになった[13]。以下、この成果に基づいて家計企業について考察する。

表5は『労働力調査』に基づいて推計されたものであり、農林水産業における家計企業も含まれているが、ここでは農林水産業を除いた家計企業に注目して考察したい。本業に限定しても、当局に未登録のものも含めれば家計企業は2007年時点で915万社もあり、副業も含めれば1,027万社にもなる。これは表3における個人事業所375万の2.4～2.7倍である。副業も含めた合計の値を見ると、農林水産業を除く家計企業の4割強が商業に従事しており、製造業とサービス業が3割ずつを占めている。また、登録済みの家計企業より未登録の家計企業の方が圧倒的に多く、合計の8割強を占めており、製造業では9割にもなる。

このように、ベトナムでは未登録の家計企業を含めれば企業の数は極めて多く、その一部でも経済発展の担い手にできれば、それらが経済発展を牽引していくポテンシャルは大きいと考えられる。その第一歩は未登録の家計企業のフォーマル化を促し、正式に経済に参加させて政府の支援を受けられるようにすることである。そして、家計企業の一部が順調に成長して私営企業や有限会社に、さらには株式会社になれば、それらは経済発展を支える強力な担い手となるかもしれない。以下では未登録の家計企業について特徴を明らかにし、それがフォーマル化するために必要な条件を検討しよう。

Cling et al.（2011）は『労働力調査』に基づいた推計だけでなく、ハノイとホーチミン市において大規模な家計企業調査（サンプル数はそれぞれ1,333と1,305）を実施し、未登録の家計企業の特徴を登録済みのものと対比している。未登録の家計企業は、①専用の敷地を有しておらず、②業主を含めても就業者が平均1.5人と零細規模であり、③労働時間当たりの所得が低く、④業主の教育年数が短く、⑤投資額が少なく、⑥他の経済部門との結びつきが希薄で、⑦マイクロ・ファイナンス以外の支援は政府から受けていないし、⑧期待もしておらず、⑨子供に跡を継がせたいと望む業主は少ない。以上のような特徴は、多くの途上国で共通に見られるインフォーマル部門の特徴であるが、ここでは家計企業について未登録のものと登録済みのものを比較した結果であることに

---

[13] Cling et al.（2011）を参照。なお、最新のデータについてはGSO（2016）を参照されたい。

第**10**章 ベトナムにおける法制度改革と企業発展

表5 家計企業の推計（2007年）

企業数	本業(main jobs)			副業(second jobs)			合計		
	未登録	登録済み	合計	未登録	登録済み	合計	未登録	登録済み	合計
農業	16,774,800	55,600	16,830,400	5,161,300	5,100	5,166,400	21,936,100	60,700	21,996,800
製造業	2,177,500	266,700	2,444,200	472,000	10,700	482,700	2,649,500	277,400	2,926,900
商業	2,908,300	1,011,600	3,919,900	327,600	34,200	361,800	3,235,900	1,045,800	4,281,700
サービス業	2,249,200	541,500	2,790,700	238,200	28,800	267,000	2,487,400	570,300	3,057,700
合計	24,109,800	1,875,400	25,985,200	6,199,100	78,800	6,277,900	30,308,900	1,954,200	32,263,100
農業を除く合計	7,335,000	1,819,800	9,154,800	1,037,800	73,700	1,111,500	8,372,800	1,893,500	10,266,300
製造業	29.7%	14.7%	26.7%	45.5%	14.5%	43.4%	31.6%	14.7%	28.5%
商業	39.6%	55.6%	42.8%	31.6%	46.4%	32.6%	38.6%	55.2%	41.7%
サービス業	30.7%	29.8%	30.5%	23.0%	39.1%	24.0%	29.7%	30.1%	29.8%
農業を除く合計	100.0%	100.0%	100.0%	100.0%	100.0%	100.0%	100.0%	100.0%	100.0%
製造業	89.1%	10.9%	100.0%	97.8%	2.2%	100.0%	90.5%	9.5%	100.0%
商業	74.2%	25.8%	100.0%	90.5%	9.5%	100.0%	75.6%	24.4%	100.0%
サービス業	80.6%	19.4%	100.0%	89.2%	10.8%	100.0%	81.3%	18.7%	100.0%
農業を除く合計	80.1%	19.9%	100.0%	93.4%	6.6%	100.0%	81.6%	18.4%	100.0%

（資料）Cling et al.（2011）*The Informal Economy in Vietnam: Study for the ILO.*
（原資料）GSO（2007）*Labour Force Survey*（LFS）.

注意する必要がある。（通常、家計企業は登録の有無を問わず、そのすべてがインフォーマル部門に分類されている。）

　Cling et al.（2012）は、同じデータを用いて、家計企業の従事する部門をコントロールした上で、事業登録の決定要因について計量分析を行なっている。その結果は、(1)業主や家族労働者を含めた就業者が多いほど、(2)雇用者が少ないほど、(3)付加価値（所得）が大きいほど、(4)路上ではなく専用の敷地か自分の住居に立地している方が、事業登録する傾向は高いというものである。(1)と(3)は規模が大きいほど役人の目につきやすいので、登録を要求されやすいこと、(2)は契約書のある雇用者には労働法が適用され、社会保険料を支払う義務が生じるので、それを避けるために登録に消極的なこと、(4)は事業の安定性が高いほど、そして役人の目につきやすいほど、登録に積極的なことを示唆している。なお、業主の特徴も事業登録の有無を左右しており、(5)教育レベルが高く、(6)失業したためではなく、独立あるいは家業を継ぐために開業した、(7)移住者ではない、(8)男性の方が、登録する傾向は高い。さらに、登録による利点についても分析されており、(9)市場へのアクセス、大企業への販売の可能性や宣伝効果、(10)汚職の被害回避が、事業登録にプラスで有意となっている[14]。

　これまでは未登録の家計企業が事業登録し、登録済みの家計企業になるため

245

に必要な条件を探ってきた。しかしながら、家計企業は、登録の有無を問わずインフォーマル部門として一括される場合が多く、そのフォーマル化には企業法に基づき登録することが必要とされている。ここで、企業法に基づいて登録された民間企業（私営企業、有限責任会社、株式会社）を「登録企業」と呼び、フォーマル化を家計企業の登録企業への転換と捉えて、それを促進する要因を考察したい。

　家計企業から「登録企業」に転換すると、①２ヶ所以上の事業所が所有でき、②10人を超える労働者が雇え、③公印が使用でき、④貿易業が営め、⑤電力など公共サービスへのアクセスが改善し、⑥制度金融へのアクセスが改善する。さらに有限会社や株式会社へ転換すると、⑦法人格が得られ、⑧有限責任が可能になり、⑨２社以上の会社を設立でき、⑩政府調達や公的補助金への申請が可能になり、⑪大企業など顧客が拡大し、⑫良質の労働者も雇用しやすくなる。また、有限責任会社は50人までしか雇用できないが、株式会社はそのような制約はなく、⑬株式・社債などの証券も発行できる。しかし、登録企業に転換すると、(1)登録料、(2)税金、(3)社会保険料の支払いだけでなく、(4)会計帳簿をつける必要が生じる。したがって、①～⑬の利点により事業は安定し、事業拡大が容易になるが、同時に(1)～(4)などのコストが生じる[15]。これらのコストと利点を秤にかけてフォーマル化するか否かを家計企業は検討すると考えられるが、その決定に際して重要なのは(a)当該分野の需要拡大、(b)資金調達の困難性、(c)政府の規制、(d)政府の優遇政策などである[16]。

　さて、ベトナムでは家計企業から登録企業への転換は、実際どれほどあるのであろうか？　Nguyen et al.（2014）は、2005年に未登録だった家計企業1,023社のパネル・データを用いて、07年、09年、11年にフォーマル化した割合を示している[17]。これによれば、それぞれ5.7％、2.5％、3.0％であり、2005～11年にフォーマル化した家計企業の割合は11.0％と意外に高い。これは未登録の家計企業のうち登録してフォーマル化した企業の割合を示したものである

---

[14] 信用（融資）へのアクセスは有意となっていないが、これは家計企業が借入の際に土地使用権証書（LURC）を担保にできるので、事業登録証を必要としないためと考えられる。詳しくはRand and Torm（2012a）を参照。

[15] 2005年の統一企業法（法令番号 60/2005/GH11）を参照。

[16] この点について詳しくは松永（1996）p.107-111を参照されたい。

246

| 第**10**章 | ベトナムにおける法制度改革と企業発展

が、既に登録した企業のうち家計企業からフォーマル化した企業の割合はどの程度だろうか？

　これについては、ベトナム商工会議所（VCCI）がアメリカ国際開発局（USAID）の支援を受けて実施したProvincial Competitiveness Index（PCI）に関する報告書が有用である。これは省別の「競争力指標」を示したものであり、2005年から毎年発刊されている。例えば、2009年の報告書では省別・所有者別・産業別・規模別の登録企業数に基づいて無作為抽出された全国の9,890企業に対して詳細なアンケート調査が実施されている。これによれば、09年の調査対象のうち63.5％が家計企業として開業した後に事業登録して登録企業に転換しており、開業時から事業登録して設立されたものは36.5％にとどまる[18]。また、2007年の同報告書によれば、調査対象企業6,279社のうち62.7％が家計企業として開業した後に登録企業に転換しており、その割合を開業年別に見ると、新企業法の施行された2000年より以前は64.1〜93.8％（平均66.1％）であるのに対して、それ以後は59.5〜63.5％（平均61.2％）と低く、開業年が古い企業ほど登録企業に転換した割合は高い（開業時から事業登録している企業の割合は低い）傾向が見られる[19]。

　つまり2000年代において、登録企業のうち家計企業から転換した割合は3分の2近くもあり、また家計企業として開業し、その後フォーマル化した企業の割合は11％程度である。この結果は、インフォーマル企業が将来の経済発展のポテンシャルであると論じたDe Soto（1989，2000）の主張を支持するものであり、彼の主張を「91％の登録企業は最初から登録企業として開業している」と述べて退けたLa Porta and Shleifer（2014）と対立する[20]。調査対象国が異

----

[17] これは同年に実施された全国規模の中小企業調査の対象2,600社の民間製造企業のうち、未登録の家計企業を追跡調査した結果である。調査の際には、対象の代表性を担保するために層化抽出法がとられている。詳しくは、Nguyen et al.（2014）のp.580を参照。

[18] 調査対象企業の内訳は、所有形態別では私営企業が35.5％、有限会社が45.3％、株式会社が18.8％、合名会社等が0.4％、産業別では製造業・建設業が32.7％、商業・サービス業が56.9％、農業・養殖業が7.6％、天然資源関連が2.8％、労働者数では4人以下が15.0％、5〜9人が21.6％、10〜49人が41.8％、50〜200人が15.9％、200人超が5.7％である。また、2000年の企業法施行以前に登録した企業が14.2％、以後が85.8％を占めており、これから企業法施行以後に家計企業から法人企業に転換した企業が急増していることが分かる。詳しくはMalesky（2009）p.7-9を参照。

[19] Malesky and Taussig（2009）p.42を参照。

なることもあり、さらなる検討が必要であるが、筆者はインフォーマル企業が経済発展に伴って淘汰され消滅するだけの存在ではなく、少数ではあってもその中にはフォーマル企業になって成長するものもあると考えている。

　それでは、いかなる制度的要因があれば最初から事業登録して開業する企業がベトナムで多いのか、また家計企業がフォーマル化するまでの期間が短くなるのであろうか。Malesky and Taussig（2009）は、企業の特徴（操業年数、輸出の有無、開業時の資本金額）、企業家の特徴（所有者の経歴）、省別の特徴（電話普及率、教育水準、少数民族の比率、1人当たりGDP、立地など）をコントロールした上で、事業登録の決定要因についてProbit分析を行なっている。その結果は、各省の①事業参入コスト（登録・開業に必要な時間と許可証の数）、②土地へのアクセスと使用権、③事業に必要な情報へのアクセス、④規制遵守に要する時間コスト、⑤インフォーマルな支払い（賄賂）、⑥国有企業への優遇措置、⑦民間企業の振興、⑧事業振興サービス、⑨職業訓練と技能開発、および⑩法制度への信頼性から計算される「競争力指標」が高いほど、最初から事業登録して開業する企業が多いというものである[21]。

　また、家計企業として開業したものが何ヶ月で登録企業に転換したか、その期間を従属変数として同様な分析をした結果を見ると、「競争力指標」が高いほど短期間でフォーマル化している。①～⑩の中で個別の指標として統計的に有意なのは、②土地へのアクセスと使用権、⑩法制度への信頼性であり、特に前者はDe Soto（2000）の有名な仮説「土地所有権は長期の安定性を通じて企業家行動を促進する」を支持するものである[22]。以上は制度的要因の重要性を示しており、競争力指標が低い省では法制度を改善すれば、最初から事業登録する企業も、開業後、短期間で事業登録する企業も増え、省内の経済発展も促進されうることを示唆している[23]。

....

[20] La Porta and Shleifer（2014）p.117。これはWorld Bank Enterprise Survey 2006を資料として中南米の14ヶ国について述べたLa Porta and Shleifer（2008）p.310による結論である。この資料はサンプル数が500～1,500社程度しかなく、その後の同資料を見ると同じ国でも調査時期によって結果が大きく異なる場合もあるため信頼性に問題がある。

[21] 有意なコントロール変数について述べると、開業時の資本金が多いほど、電話の普及率が高いほど、1人当たりGDPが低いほど、所有者の経歴が役人や国有企業のマネージャー・従業員である場合に、最初から事業登録して開業する企業が多い。項目①～⑩は各年版によって若干異なっており、例えば2009年版では⑥が除かれて9項目になっている。

248

第**10**章｜ベトナムにおける法制度改革と企業発展

　上記の研究は、既にフォーマル化した企業を対象とした2007年におけるクロスセクション分析であり、家計企業が企業法に基づいてフォーマル化した要因を時間の経過を辿って分析したものではない。先述のNguyen et al.（2014）は、2005年に家計企業だった1,023社の民間製造企業を対象とし、その後それがフォーマル化したか否かを被説明変数として、2005年、07年、09年、11年のパネル・データを用いてrare-event logistic regressionモデルにより回帰分析している。その結果は、それぞれ２年前に①政府の金融支援を得た家計企業、②多くの賄賂を支払った家計企業、③新製品・新技術を導入した家計企業の方が、フォーマル化する傾向が高いというものである。この結果は、雇用者の増加数、企業の操業年数、立地（都市地域か否か）、技術水準による産業区分などをコントロールした場合も変わらない[24]。

　Nguyen等は、この結果をattention theoryに基づいて解釈しているが、見るべき企業組織を有さない小規模企業についてこの理論を適用するのは妥当とは思われない。次のような解釈で十分であると思われる。①政府の金融支援を受けるためには最低限の条件として会計帳簿などが必要であり、また金融支援を受ければ事業の拡大を目指した事業登録は容易になる。②支払わざるをえなかった賄賂が多いほど、それを回避すべくフォーマル化する動機は高くなるのは当然であろう。③新製品・新技術を導入した家計企業の方がフォーマル化する傾向が高いのは、そのような家計企業には他に仕事がないから仕方なく開業したようなSurvivorsではなく、専門家として開業したProfessionalsが多いから

----

22) 省政府は、1993年の土地法により省内の土地を農民等に長期で賃貸しなければならなくなった。賃貸を証明するものは「土地使用権証書」と呼ばれ、賃貸期間は90年にも及ぶ。これにより土地の交換・又貸し・担保設定が可能になったため、土地使用権証書の有る土地は無い土地に比べて価値は極めて高いが、2008年において実際に土地使用権証書が与えられている割合は、省によって19.5〜98.8％と大きく異なる。Malesky and Taussig（2009）p.30を参照。なお、②については、企業による土地使用権証書の保有率、接収リスクの評価、接収の際に公正な補償を得る見込み、市場価格の変化を反映した政府の土地価格の変更、土地の獲得・拡張に際する諸問題、⑩については、役人の汚職を上訴する企業に対する法制度、財産権と契約を守る法制度に対する企業の信頼、省の経済裁判所への民間企業の訴訟件数や比率、紛争解決時に裁判所に訴える比率、それに必要とされる日数や費用の平均が、PCI報告書の調査項目として挙げられている。詳しくは、Malesky（2009）を参照されたい。

23) Malesky（2009）p.5によれば、省政府は「競争力指標」を経済改革のために広範に利用しているが、そもそも「競争力指標」はそのために創られたのである。

24) 雇用者の増加数と都市立地はプラスで有意、低技術の産業はマイナスで有意となっている。

249

であろう[25]。

　以上を要約しよう。⑴未登録の家計企業が登録済みの家計企業になるための条件としては、事業の安定性改善（専用の敷地や自宅で営業できること）と汚職の被害回避が重要であり、⑵最初から登録企業として開業するか、登録企業へ転換するための条件としては、①土地へのアクセスと使用権の保障、②法制度に対する信頼性、③政府の金融支援が特に重要であることが明らかにされている。つまり、家計企業のフォーマル化（ミクロ面での企業発展）を含めた企業全体のフォーマル化（登録企業の増加によるマクロ面での企業発展）を促進するには、これらの条件を改善しうる法制度改革が重要と考えられる。

4.　おわりに

　ドイモイが本格的に実施されてから、ベトナムの経済発展は目覚ましい。その成功要因を法制度改革と企業発展に注目して分析するのが、本章の目的であった。ドイモイによる制度改革を現実化するために、新憲法が制定・改正され、数多くの法律が公布され、それに関連して多数の政令や決議が出されただけでなく、それに実効性を与えるために強力な監視組織が設立されて、企業登録のコストが引き下げられた。さらに、2005年からは省別の「競争力指標」が毎年公表され、地方を競い合わせる形で制度改革が進められた。以上の結果、特に2000年以降、爆発的な企業設立が起こり、外資系企業の進出急増と相まってベトナム経済の急成長が実現されたのである。

　このプロセスを通じて経済発展の担い手は、かつての国有企業と集合企業か

---

[25] Cling et al.（2011）p.30によれば、ベトナムのインフォーマル家計企業には3種類が共存しており、Survivorsが39％、Professionalsが10％、Resourcefulが51％を占めている。Survivorsはインフォーマル家計企業の底辺に存在する最も不安定なグループであり、業主の教育水準は極めて低く、その多くは屋外でサービス業を営んでいる。その大半は、他に仕事が見つけられなかったため自ら開業しているとされる。Professionalsはグループの最上位に存在し、教育水準は高く、比較的大規模で、専用の敷地を有しており、製造業に就いている場合が多い。その半分近くは自分がボスになるために開業しているとされる。Resourcefulは両者の中間にあるグループであり、その大半は自宅で就業し、業主の半分は中等教育を受けており、サービス業と商業だけでなく製造業にも就いている。その大半は他に仕事が見つけられなかったためではなく、所得を増やすためなどの理由で開業している。

ら民間企業と外資系企業へ激変し、さらに民間企業の主体は家計企業と私営企業から有限責任会社と株式会社へと変化している。しかも、国有企業は戦略的に重要な「管制高地」として優遇されながらも[26]、このような「マクロ面での企業発展」が進展したのである。その背後にあったのは、無数に存在する家計企業のフォーマル化、特に企業法に基づいた登録企業への転換であり、その結果として現れた企業設立の急増である。この転換こそ「ミクロ面での企業発展」であり、個々の企業の質的変化を伴った企業成長である。

つまり、法制度改革によりマクロ・ミクロ両面の企業発展が進展した結果として急激な経済発展が進んだと言える。しかし、ベトナムは依然として低位中所得国であり、さらなる経済発展を目指している。その方策として重要なものは何か？　創業時から登録企業として設立される企業を増やすだけでなく、家計企業のフォーマル化を促進して、経済発展に参加する担い手を増やしていくことが必要であり、そのためには汚職の被害を減らし、事業の安定性を高めるために土地使用権を保障し、法制度への信頼性を高め、政府の金融支援を強化するといった法制度改革が重要である。さらなる経済発展のためには、一層の法制度改革が必要なのである。

最後に、本章の限界と今後の課題について述べたい。インフォーマル部門に関する研究は近年増えてきたが、インフォーマルという特徴のためにデータが入手しにくく、実証研究は多くない。ベトナムは例外的にデータが入手しやすい国であり、それに基づいた研究を本章でも幾つか紹介したが、そのデータはベトナムの政府機関や援助機関が実施した調査により得られたものである。独自の調査を実施し、その結果に基づいて執筆したかったが、予算の制約などのため実現できていない。また、国有企業の変容に関する研究は紙幅の制約により割愛せざるをえなかった。合わせて今後の課題としたい。

---

[26] Beresford（2010）p.260を参照。Tran（2013）では、国有企業の優遇政策により民間企業が悪影響を受けている点が示されている。特に、2006年から本格化した企業集団の形成による影響は大きいが、紙幅の制約もあり、本章では触れることができなかった。

〔謝辞〕

　本章は、拙稿（2015年）に最新データの更新を行ない、大幅に加筆・修正したものである。論文の掲載を許可された神戸大学経済経営学会に感謝を申し上げる。

| 参考文献 |

・Beresford, M.（2010），"The Development of Commercial Regulation in Vietnam's Market Economy" *in* Gillespie, J. and A. H.Y. Chen eds., *Legal Reforms in China and Vietnam: A Comparison of Asian Communist Regimes*, Abingdon, Oxon: Routledge.

・Castela, P. and T.-T. Tob（2012），"Informal Employment in the Formal Sector: Wages and Social Security Tax Evasion in Vietnam," *Journal of the Asia Pacific Economy*, 17-4, p.616-631.

・Cling, J.-P., M. Razafindrkoto and F. Roubaud（2011），*The Informal Economy in Vietnam: Study for the ILO*, ILO.

・Cling, J.-P., M. Razafindrkoto and F. Roubaud（2012），"To Be or Not to Be Registered? Explanatory Factors behind Formalizing Non-farm Household Businesses in Vietnam," *Journal of the Asia Pacific Economy*, 17-4, p.632-652.

・De Mel, S., D. McKenzie and C. Woodruff（2009），"Who Are the Microenterprise Owners? : Evidence from Sri Lanka on Tokman v. de Soto, "*World Bank Policy Research Working Paper* 4635.

・De Soto, H.（2000），*The Mystery of Capital: Why Capitalism Triumphs in the West and Fails Everywhere Else*, New York: Basic Books.

・De Soto, H.（1989），*The Other Path: The Invisible Revolution in the Third World*, New York: Harper and Row.

・Do, Q.-T. and L. Iyer（2008），"Land Titling and Rural Transition in Vietnam," *Economic Development and Cultural Change*, 56, p.531-579.

・Gillespie, J.（2006），*Transplanting Commercial Law Reform, Developing a 'Rule of Law' in Vietnam*, Aldershot, Hants, England: Ashgate.

・GSO, *Statistical Yearbook of Vietnam*, various issues.

・GSO, *Non-farm Individual Business Establishments*, various issues.

・GSO（2016），*2016 Report on Informal Employment in Viet Nam*.

・GSO（2006），*Vietnamese Industry in 20 Years of Renovation and Development*.

・International Labor Office（2002），*Decent Work and the Informal Economy*.

・Jütting, J.P. and de J.R. Laiglesia eds.（2009），*Is Informal Normal? Towards More and*

Better Jobs in Developing Countries, Paris: OECD Development Centre.

- Laeven, L. and C. Woodruff (2004), "The Quality of the Legal System, Firm Ownership, and Firm Size," *World Bank Policy Research Working Paper* 3246.
- La Porta, R. and A. Shleifer (2014), "Informality and Development, *Journal of Economic Perspectives*, 28-3, p.109-126.
- La Porta, R. and A. Shleifer (2008), "The Unofficial Economy and Economic Development," *Brookings Papers on Economic Activity*, p.275-352.
- Le, V. and C. Harvie (2012), "Regulatory Reform and the Growth of Private Entrepreneurship in Vietnam," *in* R. A. Blackburn and M. T. Schaper eds., *Government, SMEs and Entrepreneurship Development: Policy, Practice and Challenges*, Farnham, Surrey: Gower.
- Malesky, E. (2009), *The Vietnam Provincial Competitiveness Index: Measuring Economic Governance for Private Sector Development, Final Report*, Ha Noi, Vietnam: Vietnam Chamber of Commerce and Industry and United States Agency for International Development's Vietnam Competitiveness Initiative.
- Malesky, E. and M. Taussig (2009), "Out of the Gray: The Impact of Provincial Institutions on Business Formalization in Vietnam," *Journal of East Asian Studies*, 9-2, p.249-279.
- McKenzie, D. and Y. S. Sakho (2007), "Does It Pay Firms to Register for Taxes? : The Impact of Formality on Firm Profitability," *World Bank Policy Research Working Paper* 4449.
- Nguyen, T., M.-L. Verreynneb and J. Steen (2014), "Drivers of Firm Formalization in Vietnam: An Attention Theory Explanation," *Entrepreneurship & Regional Development: An International Journal*, 26-7-8, p.574-593.
- Oostendorp, R. H., T. Q. Trung and N. T. Tung (2009), "The Changing Role of Non-Farm Household Enterprises in Vietnam," *World Development*, 37-3, p.632-644.
- Rand, J. and N. Torm (2012a), "The Benefits of Formalization: Evidence from Vietnamese Manufacturing SMEs," *World Development*, 40-5, p.983-998.
- Rand, J. and N. Torm (2012b), "The Informal Sector Wage Gap among Vietnamese Micro-firms," *Journal of the Asia Pacific Economy*, 17-4, p.560-577.
- Reeg, C. (2013), "Micro, Small and Medium Enterprise Upgrading in Low- and Middle-Income Countries: A Literature Review," *German Development Institute, Discussion Paper* 15/2013.
- Tran, V. T. (2013), "Vietnamese Economy at the Crossroads: New Doi Moi for Sustained Growth," *Asian Economic Policy Review*, 8-1, p.122-143.
- World Bank, *World Development Indicators*, various issues.
- 石川滋・原洋之介編（1999）『ヴィエトナムの市場経済化』東洋経済新報社
- 石田暁恵（2004）「ベトナム工業化の課題」石田暁恵・五島文雄編『国際経済参入期のベ

トナム』アジア経済研究所
・岩見元子（1996）『ベトナム経済入門』日本評論社
・大野健一（2013）『産業政策のつくり方——アジアのベストプラクティスに学ぶ』有斐閣
・大場由幸（2010）「ベトナムの中小企業と金融」木下俊彦編著『東アジア新時代とベトナム経済』文真堂
・香川孝三・金子由芳編（2007）『法整備支援論——制度構築の国際協力入門』ミネルヴァ書房
・金子由芳（2009）「ベトナム民事訴訟の改革と動態」『神戸法学雑誌』59-3
・坂田正三編（2006）『変容するベトナムの経済主体』アジア経済研究所
・関満博・池部亮編（2006）『ベトナム市場経済化と日本企業』新評論
・出井富美（2006）「ベトナム農村工業化政策の展開」藤田麻衣編『移行期ベトナムの産業変容』アジア経済研究所
・トラン・ヴァン・トウ（2012）「ベトナム経済の現段階：発展論と体制移行論からみた特徴」『比較経済研究』49-1
・トラン・ヴァン・トウ（2010）『ベトナム経済発展論：中所得国の罠と新たなドイモイ』勁草書房
・ホーン・ド・マン（2010）「ベトナムの経済発展と民間セクターの振興」木下俊彦編著『東アジア新時代とベトナム経済』文真堂
・松永宣明（1996）『経済開発と企業発展』勁草書房
・松永宣明（2015）「ベトナムの法制度改革と企業発展—非国有企業を中心に—」『国民経済雑誌』211-4、p.1-19
・吉田元夫（2009）『ドイモイの誕生—ベトナムにおける改革路線の形成過程』青木書店

第**11**章

法の起源、金融発展、産業構造変化

川畑 康治

1. はじめに

　本稿は、法の起源と金融発展、産業構造変化の関係、特に因果関係を明らかにしようとするものである。この分析の背景として、①金融発展と経済成長、②法の起源と金融発展、③経済成長と産業構造変化、という3つの関係が存在する。

　まず金融発展と経済成長の関係において、両者の関連性が非常に高い点はこれまで多くの研究で指摘されてきた[1]。そしてこの両者の因果性に関しては依然として議論があるものの、近年ではLevine（2005）が指摘するように、様々な分析において金融発展が経済成長を促すものとして明示されている。またこれに関連して、金融制度の違いによる経済成長への影響についても多くの研究がなされているが、これまでのところ明確なコンセンサスはなく、「金融制度の違いは経済成長に多大な影響をもたらさない」とする研究結果が近年増えている。

　次に法の起源と金融発展の関係では、La Porta et al.（1997，1998）等が金融発展は投資環境、すなわち投資のルールや規制に依存するが、そのような投資制度に関する法体系は大陸法や英米法といった法の起源による影響が大きいことを明示した。ただし法の起源が金融発展の度合いを規定する訳ではなく、金融制度の違いに影響を及ぼすことが示されている。例えば、英米法を採用する国では一般的に直接金融が相対的に大きく、逆に大陸法を採用する国では間接金融が相対的に大きい傾向がある（Demirgüç-Kunt and Levine，2001b）。

　最後に経済成長と産業構造変化との関係では、両者は不可分の関係として、

---

[1] Levine（2005）。

既に多くの研究で指摘されている[2]。ただしこの研究分野に関しては、両者の高い相関性は共通認識となっているものの、その因果関係は確立されるまでには至っていない[3]。そして近年では経済成長の重要なキー・コンセプトとして産業構造変化が認識されるようになってきている（Herrendorf et al., 2014）。

このように3つの関係については様々な既存研究が存在し、特に①経済成長と金融発展、②金融発展と法の起源に関して、これらを統合し、法の起源と金融発展、経済成長の関係を同時に考察する研究も増えつつある。本稿ではこれらの先行研究をベースに、従来の経済成長に代えて産業構造変化との関係性を考察する。さらに本稿では、金融発展を金融制度の違いによって分類し、それぞれ産業構造変化との関係を考察する。その際、法の起源や所得水準等の要因により産業構造変化と金融制度との関係性が変化する可能性があり、この点を踏まえて分析を行う。

また「金融発展と経済成長」「産業構造変化と経済成長」に関する研究分野においては、いまだ理論分析と実証分析の間の関係性が脆弱であり、仮説を検証するための実証モデルが理論モデルから導出されるような状況になっていない。そこで本稿では、モデルを特定化することなく、時系列分析のもとで、「金融発展と産業構造変化の関係」および「金融制度の違いによる産業構造変化への影響」について考察する。

これまで「金融発展と経済成長」の研究分野において産業構造変化との関係を考察した分析はなく、また「産業構造変化と経済成長」の研究分野においても金融発展や法の起源との関係について考察した分析はない。したがって本稿のような分析は「金融発展と経済成長」、「産業構造変化と経済成長」の両分野において有益なものと思われる。

以下の節では、第2節にて関連研究をレビューし、分析の枠組みを述べる。第3節で分析手法およびデータについて述べ、第4節で分析結果を明示する。第5節で結論を述べる。

---

[2] この関係は「ペティ＝クラークの法則」として知られている。最近のレビュー論文としてはHerrendorf et al.（2014）、Matsuyama（2008）、Restuccia（2013）等を参照のこと。
[3] Gollin（2010）。ただしHerrendorf et al.（2014）が示すように、Alvarez-Cuadrado et al.（2017）をはじめとして因果性を示唆する様々な理論モデルが明示されている。

2. 先行研究と分析の枠組み

(1) 先行研究

　金融発展と経済成長の関係においては、長らく「単なる相関関係に過ぎない」「因果関係にある」というような論争が行われてきた。Levine（2005）にあるように、近年においては「金融発展と経済成長の関係は単なる相関関係ではなく、前者から後者への因果関係にある」ことが一応のコンセンサスとなっている。

　この研究分野では様々な手法や変数を用いた分析が示されているが、ここでは時系列分析によるものに限定する。代表的な分析として、金融部門付加価値額を用いたNeusser and Kugler（1998）、金融仲介指標を用いたRousseau and Wachel（1998）、株式市場および銀行発展の指標を用いたArestis et al.（2001）等があり、これらは先進国を対象とした分析で金融発展が経済成長を促進する因果性を見出した。それに対し、流動性指標を用いたDemetriades and Hussein（1996）、金融深化指標を用いたLuintel and Khan（1999）等は、途上国を対象とした分析で金融発展と経済成長の相互因果性を明示している。しかしこれらの研究に対し、Christopoulos and Tsionas（2004）は短い分析対象期間による頑健性の問題を指摘し、改善策としてパネルデータによる分析を行った結果、途上国を対象とした分析でも先進国と同じように金融発展が経済成長を促すという因果関係が見いだされ、また共和分の存在から長期的関係が示唆されることを明示している。

　金融制度と経済成長の関係に関する分析では、Arestis et al.（2001）を嚆矢として様々な研究があるものの、金融制度の違いによる経済成長への影響の有無について明確な共通認識はいまだ存在していない。「金融制度の違いは経済成長に影響をもたらさない」とする研究結果が近年増えている程度である[4]。ただしDemirgüç-Kunt and Levine（2001b）が指摘するように、金融制度を直接金融・間接金融に分類した場合、経済成長に伴って両制度共に発展していくこと、そして相対的に直接金融のシェアが高まること等が、例外はあるにせよ

---

[4] Levine（2005）。

一定のコンセンサスとなっている。

　またこれに関連して、法の起源が金融制度の重要な要因であることはLa Porta et al.（1997，1998）等により指摘されている。金融発展や金融制度は投資環境に依存するため、商法等、投資のルールや規制に左右される。そのような法的なルールや規制は、当該国がどのような法体系を採用しているのかに依る。そして各国の法体系は、英米法、あるいは大陸法に起源を持つものとして分類される。したがって当該国の法体系の起源により、金融制度等に影響を及ぼすことになる。一般に、英米法は株主保護に好意的であり、大陸法はそうではないと言われている（La Porta et al.，2008）。その結果、英米法に起源を持つ法体系の国は直接金融に友好的な投資環境にあり、逆に大陸法に起源を持つ法体系の国では間接金融に優位な投資環境にある可能性が高い。

（2）分析の枠組み

　本稿では、「金融発展と産業構造変化の関係」および「金融制度の違いによる産業構造変化への影響」について考察するため、Arestis et al.（2001）のように金融発展指標を銀行発展・株式市場の指標を用いて表し、それぞれの問題を分析する。また計量分析手法として、Christopoulos and Tsionas（2004）と同じくパネルデータを分析対象とすることで、頑健性の改善を試みる。さらにArestis et al.（2001）ではコントロール変数が十分でないため、推定結果にバイアスが生じている可能性がある[5]。したがってChristopoulos and Tsionas（2004）と同じく、コントロール変数として投資および価格変動の指標を加えて分析する。

　Demirgüç-Kunt and Levine（2001b）が指摘するように、金融制度が経済発展に影響を及ぼす度合いは、法制度等、各国の制度構築に依存する可能性がある。したがって本稿では各国制度は地域ごとに類似すると想定し、地域別に分析する。また同じくDemirgüç-Kunt and Levine（2001b）が指摘するように、金融制度は各国の経済発展の段階に依存する可能性がある。したがって所得水準別にも分析を行い、金融制度による産業構造変化への影響の変化を分析する。

[5] Levine（2005）。

3. 分析手法およびデータ

(1) 分析手法

本稿ではモデルを特定せず、時系列分析を用いて産業構造変化と金融発展、法の起源との関係を考察する。時系列分析の手法としてはGranger因果性検定および分散分解を使用し、産業構造変化を引き起こす金融制度や法の起源の違いについて考察する。

分析対象としては東アジア諸国を主な対象とするが、比較分析のため、適宜、中南米諸国に対しても同様の分析を行い、それぞれの経済的特徴とあわせて分析結果を検討する。

(2) データ

使用データは地域別に分類された各国の年次データであり、最大1988-2005年のパネルデータ構造である。各地域に含まれる分析対象国と分析対象期間、ならびに各国の法体系の起源は**表1**のとおりである。

データ出所は、Groningen Growth and Development Center（GGDC）10-sector databaseならびにWorld Development Indicators（WDI）である。GGDC

表1　サンプル国とサンプル期間

	国名	期間	法体系
東アジア	インドネシア	1988－2005	大陸法(仏)
	日本	1988－2005	大陸法(独)
	韓国	1988－2005	大陸法(独)
	マレーシア	1988－2005	英米法
	フィリピン	1988－2005	大陸法(仏)
	タイ	1988－2005	英米法
中南米	アルゼンチン	1988－2005	大陸法(仏)
	ボリビア	1994－2005	大陸法(仏)
	ブラジル	1988－2005	大陸法(仏)
	チリ	1988－2005	大陸法(仏)
	コロンビア	1988－2005	大陸法(仏)
	コスタリカ	1992－2005	大陸法(仏)
	メキシコ	1988－2005	大陸法(仏)
	ペルー	1989－2005	大陸法(仏)
	ベネズエラ	1988－2005	大陸法(仏)

第**11**章 法の起源、金融発展、産業構造変化

からは産業別労働者数を用いて農業労働者比率（以下での略称La）を算出し、産業構造変化指標として使用する。またWDIからは、間接金融指標として「銀行部門による国内信用額（対GDP比、略称bb）」、また直接金融指標として「上場企業株式時価総額（対GDP比、略称mb）」を用いている。この2つの指標は金融発展指標としても使用する。

さらにWDIからはコントロール変数として、粗国内資本形成（対GDP比）およびGDPデフレーター（変化率）をそれぞれ投資指標、価格指標として使用する。その他、所得水準別分類に基準となる所得水準指標は、Penn World Tables version 7.1（PWT7.1）から、1人当り実質GDP（2005年国際ドル、PPP）を使用している。

また各国における法体系の起源に関しては、Demirgüç-Kunt and Levine（2001）から使用した。

（3）基礎統計

表2では本稿の分析で使用する東アジア地域のデータの基礎統計を示している。

農業労働者比率に関しては、東アジア地域は平均および中央値で30%前後である。中南米地域では東アジアよりも低く、平均・中央値が20%程度である。

表2　基礎統計

	農業労働者比率（%）	銀行等による国内信用額（対GDP比）（%）	上場企業時価総額（対GDP比）（%）	粗固定資本形成（対GDP比）（%）	インフレ率（GDPデフレーター）（%）	1人当りGDP（2005年国際ドル、PPP）
東アジア（n=108）						
平均	28.5	117.3	67.5	28.1	6.0	10,678
中央値	35.4	86.0	51.2	26.8	5.1	6,256
最大値	62.3	315.4	328.9	43.6	75.3	31,380
最小値	5.9	19.5	0.3	17.8	-4.0	1,921
標準偏差	16.7	84.6	59.1	6.7	8.2	9,662
中南米（n=151）						
平均	20.8	45.9	25.8	18.9	188.0	7,256
中央値	20.6	37.8	18.3	18.6	12.1	7,423
最大値	41.1	212.9	123.7	28.6	6,836.9	11,642
最小値	7.7	10.5	0.4	11.7	-1.8	2,893
標準偏差	8.4	29.6	26.3	3.2	746.5	2,217

（出所）GGDC 10 sectors; World Dvelopment Indicators; Penn World Tables.

また標準偏差は東アジアで約17%、中南米で約8%であり、東アジアは中南米と比較して変動が大きい。これは後述するように、東アジア地域では一国内での変動が大きいというよりも、地域内での各国の水準が大きく異なっているためである。つまり中南米が均質的であるのに対し、東アジア地域の産業構造変化レベルは各国で多様であり、平均的には中南米よりも遅れていることが分かる。

　金融発展指標に関しては、いずれの指標に関しても東アジアは中南米よりも平均値・中央値ともに高い数値を示している。これは金融発展に関しては、平均的には東アジアは中南米よりも発展していることを示唆している。ただし東アジアの標準偏差は中南米に比べ高く、ここでも東アジアは中南米に比べ地域内で多様な金融発展状況であることを示唆している。

　コントロール変数である粗国内固定資本形成およびインフレ率に関しては、前者は東アジアで高く、後者では中南米で高い。また所得水準に関しては、東アジアでの平均値と中央値の乖離が大きいものの、両地域とも同じような所得水準とみることができる。

　ここで**表2**の基礎統計を東アジアにおける各国別にまとめ、表中の所得水準の順に上段から示したものが**表2a**である。金融発展の指標に関して、間接金融指標である「銀行等による国内信用額」は、日本の平均値が約280%と突出しており、続いてマレーシアとタイが約130%、その後に韓国、インドネシア、フィリピンが50‐60%となっている。また直接金融指標である「上場企業時価総額」は、マレーシアが平均値で約160%、続いて日本が約80%、韓国、タイ、フィリピンが50%前後、インドネシアが約20%となっている。

　これらの数値は、前述した①高所得国は間接金融・直接金融ともに金融発展の度合いが高い、②英米法に法体系起源を持つ国は直接金融志向的、というstylized factsと整合的であることを示している[6]。

---

[6] ここでタイの直接金融数値の低さや韓国の両数値の低さはstylized factsと矛盾しているように見えるが、他の指標を用いることでstylized factsと整合的な説明が可能である。詳細はDemirgüç-Kunt and Levine（2001b）を参照のこと。

第**11**章 法の起源、金融発展、産業構造変化

表2a　基礎統計（1988-2005）

	農業労働者比率 (%)	銀行等による国内信用額 （対 GDP 比） (%)	上場企業時価総額 （対 GDP 比） (%)	1 人当り GDP (2005 年国際ドル、PPP)
日本				
平均	7.2	283.2	80.2	28,938
中央値	6.8	285.9	69.7	29,100
最大値	9.7	315.4	145.5	31,380
最小値	5.9	248.0	51.3	25,013
標準偏差	1.2	22.3	26.2	1,513
韓国				
平均	12.7	65.4	44.6	16,663
中央値	11.8	59.3	42.1	16,857
最大値	19.7	88.7	88.8	22,577
最小値	8.1	49.9	8.9	10,575
標準偏差	3.4	15.4	20.1	3,650
マレーシア				
平均	19.0	128.4	162.8	8,158
中央値	16.6	132.9	132.9	8,632
最大値	31.3	163.4	328.9	10,482
最小値	13.8	72.7	66.1	4,998
標準偏差	5.6	25.0	75.0	1,704
タイ				
平均	48.4	126.6	50.9	5,530
中央値	45.0	128.2	42.0	5,689
最大値	62.3	177.6	104.8	6,966
最小値	38.6	84.1	14.3	3,514
標準偏差	7.7	27.5	27.6	937
インドネシア				
平均	42.0	50.1	19.6	2,684
中央値	39.3	50.0	18.6	2,731
最大値	51.5	62.1	45.8	3,224
最小値	35.4	28.7	0.3	1,921
標準偏差	5.4	8.5	12.8	385
フィリピン				
平均	40.8	47.1	45.4	2,430
中央値	39.9	54.2	38.5	2,403
最大値	45.1	78.5	97.4	2,788
最小値	37.1	19.5	11.3	2,185
標準偏差	3.2	18.3	25.0	162

（出所）GGDC 10 sectors; World Dvelopment Indicators; Penn World Tables.

4. 分析結果

(1) パネル単位根検定

表3 パネル単位根検定

		LLC	IPS
東アジア	La	-9.256 ***	-4.129 ***
	ln(bb)	-1.985 **	-1.099 **
	ln(mb)	-5.539 ***	-4.509 ***

*10%, **5%, ***1% 有意水準
La: 農業労働者比率
ln(bb): 銀行等による国内信用額（対 GDP 比、対数値）
ln(mb): 上場企業時価総額（対 GDP 比、対数値）
LLC: Levin Lin & Chu t stat.
IPS: Im, Pesaran and Shin W-stat
ラグ次数は AIC にて決定

　内生変数である各変数のパネル単位根検定の結果は**表3**で示されている。Levin, Lin & Chu（LLC）の検定では、両地域ともすべての変数でI（0）過程を示している。東アジア地域の間接金融 ln（bb）で、Im, Pesaran & Shin（IPS）検定では非定常性の帰無仮説を棄却できない結果となっているものの、LLC検定では定常性を示している。単位根検定の低い検定力を勘案し、ここではすべての変数をI（0）過程として認識する[7]。

(2) 因果性検定および分散分解

　先の単位根検定の結果からすべての変数は定常性を満たすとして、VAR推定からGranger因果性検定および分散分解分析を行う。VAR推定におけるラグ次数はAICにより決定した。ここでも比較分析のため、中南米地域の分析結果も示している。

　表4および**図1**ではGranger因果性検定の結果を示している。金融発展から産業構造変化Laに対する因果性に関しては、東アジア、中南米の両地域において間接金融 ln（bb）、直接金融 ln（mb）ともにGranger因果性が示されている。また**表5**では産業構造変化Laに対する各要因の分散分解の結果（10期間）が示されており、東アジアでは直接金融ln（mb）の寄与度が高く、中南米では相

---

[7] 同様の検定において、中南米地域も仮説を棄却しており、I（0）過程と認識できる。

表4 パネルGranger因果性

帰無仮説	東アジア Chi-sq	中南米 Chi-sq
ln（bb）does not Granger Cause La	23.560 ***	13.029 ***
ln（mb）does not Granger Cause La	70.930 ***	6.668 **
La does not Granger Cause ln（bb）	7.742	1.968
ln（mb）does not Granger Cause ln（bb）	8.809	0.467
La does not Granger Cause ln（mb）	17.196 **	1.863
ln（bb）does not Granger Cause ln（mb）	6.977	13.782 ***

*10%, **5%, ***1% 有意水準
La: 農業労働者比率
ln(bb): 銀行等による国内信用額（対GDP比、対数値）
ln(mb): 上場企業時価総額（対GDP比、対数値）
ラグ次数は AIC にて決定

図1

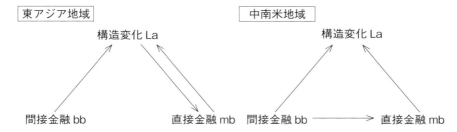

表5 産業構造変化に対する分散分解（10期間、%）

	標準誤差	産業構造変化 La	間接金融 ln（bb）	直接金融 ln（mb）
東アジア	1.44	34.27	4.75	60.99
中南米	3.39	65.79	28.35	5.86

対的に間接金融の寄与度が高いことを示している。

　金融発展に対する影響としては、間接金融 ln（bb）に対する因果性に関しては、両地域において産業構造変化La、直接金融 ln（mb）ともに有意ではなく、Granger因果性は示されていない。また直接金融 ln（mb）に対する因果性に関しては、東アジアでは産業構造変化Laからのみ有意となっており、間接金融 ln（bb）からのGranger因果性は認められない。逆に中南米では間接金融か

らのみ有意になっており、産業構造変化Laからの Granger 因果性は認められない結果となっている。

(3) 考察

　上記の結果から、産業構造変化を脱農業化と定義した場合、東アジア地域は、中南米地域と同じく直接金融、間接金融の両方から影響を受けることが示唆される。これは金融制度に関係なく、産業構造変化が金融発展から影響を受けることを示している。ただし分散分解で示されるように、東アジアは直接金融から、中南米は間接金融からそれぞれ相対的に大きな影響を受けている。

　逆に産業構造変化から金融発展への因果性に関しては、金融制度、地域により影響が異なることを示唆している。第1に、金融発展指標として間接金融指標を使用した場合、産業構造変化から金融発展への因果性は両地域ともに見られない。第2に、金融発展指標として直接金融指標を用いた場合、東アジアにおいては産業構造変化から金融発展への因果性が見られるが、中南米では見られない。したがってこの結果から、産業構造変化と金融発展における相互因果性が成立するのは、金融指標に直接金融を用い、東アジアを対象国とした場合に限られる。

表6　パネル Granger 因果性

帰無仮説	低所得水準 （PPP$8,000 以下） Chi-sq
ln（bb）does not Granger Cause La	9.725 ***
ln（mb）does not Granger Cause La	4.400
La does not Granger Cause ln（bb）	0.611
ln（mb）does not Granger Cause ln（bb）	0.602
La does not Granger Cause ln（mb）	4.366
ln（bb）does not Granger Cause ln（mb）	1.475

*10%, **5%, ***1% 有意水準
La: 農業労働者比率
ln(bb): 銀行等による国内信用額（対 GDP 比、対数値）
ln(mb): 上場企業時価総額（対 GDP 比、対数値）
ラグ次数は AIC にて決定

|第**11**章|　法の起源、金融発展、産業構造変化

　ここでDemirgüç-Kunt and Levine（2001b）が指摘するように、金融制度の構成は経済成長とともに変化することを考慮すると、所得水準によって金融制度の違いが産業構造変化に及ぼす影響が異なる可能性がある。そこで東アジア、中南米の両地域データを統合し、所得水準を2005年の購買力平価8,000ドル以下に限定して、Granger因果性検定を行った[8]。検定結果は**表6**に示されているが、産業構造変化指標Laに対する因果性は間接金融ln（bb）のみであり、直接金融ln（mb）からの影響は見られない[9]。したがって特に所得水準が低い段階においては、間接金融のみが産業構造変化に対して影響を及ぼすことを示している。またこの結果とこれまでの分析結果から、所得水準の上昇とともに、直接金融による産業構造変化への影響は相対的に増大することが示唆されている。

　また金融制度は法の起源によっても影響を受けるため、東アジア各国を英米法グループ（マレーシア、タイ）と大陸法グループ（日本、韓国、インドネシア、フィリピン）に分類し、再び分散分解を試みた。その結果が**表7**に示されている。**表7**では、東アジアの英米法の国は**表5**の東アジアと同じく産業構造変化に対する寄与度は直接金融が最大である一方、東アジアの大陸法の国では、**表5**の中南米と同じく間接金融が相対的に大きい寄与度を示している。したがって東アジアの金融制度が産業構造変化に及ぼす影響の度合いは、法の起源に依存することを示唆している。

表7　産業構造変化に対する分散分解（10期間、%）

	標準誤差	産業構造変化 La	間接金融 ln（bb）	直接金融 ln（mb）
東アジア（英米法）	1.25	39.20	15.96	44.84
東アジア（大陸法）	1.15	40.10	46.74	13.16
東アジア・中南米（$8000以下）	3.90	79.62	18.04	2.34

　これら一連の分析結果を産業構造変化の観点からみると、経済発展プロセスにおいて産業構造変化が生じるためには、信用市場等、十分な間接金融の発展

8）パネル単位根検定において、使用するすべての変数は定常であった。
9）ただし直接金融ln（mb）から産業構造変化Laに対するGranger因果性、およびその逆の因果性については、p値が11－12%であり、表4における東アジアと近い結果となっている。また産業構造変化Laに対する要因の分散分解については、10期間で間接金融18.04%、直接金融2.34%となっており、この点は表5における中南米と近い結果である。

267

が前提であり、また産業構造変化が生じる際には、証券市場等の直接金融の拡大が連動することを示唆している。

5. 結論

本稿では金融発展と産業構造変化との関係を考察した。パネルデータを用いたGranger因果性分析の結果、東アジア地域では、金融発展による産業構造変化を示している。これは産業構造変化と経済成長との関連性を考慮すると、先行研究における「金融発展による経済成長」という因果性と合わせて妥当な結果である。また金融制度の違いによる産業構造変化への影響に関しては、直接金融と間接金融に分類した場合、両制度ともに産業構造変化に影響を及ぼすことが明らかとなった。ただし東アジア地域全体では中南米地域とは異なり、直接金融による影響が相対的に大きいことを示している。

また所得水準を考慮すると、低所得水準では間接金融からのみ産業構造変化へ影響を及ぼすことが示され、これは所得上昇とともに直接金融の影響力が相対的に増すことを示唆している。これらの分析結果は、経済発展プロセスにおいて産業構造変化が生じるためには、信用市場等、十分な間接金融の発展が前提であり、また産業構造変化が生じる際には、証券市場等の直接金融の拡大が連動することを示唆している。また東アジア諸国を法の起源により2グループに分類すると、産業構造変化への影響は、英米法の国では直接金融の寄与度が高い一方、大陸法の国では中南米諸国と同じく、間接金融の寄与度が高いことを示唆している。

なお時系列分析では変数選択の問題が必ず付随するため、本稿においても他の変数を付加することにより異なる結論が導出される可能性がある。この点は本稿の限界であり、今後の課題である。

参考文献

- Alvarez-Cuadrado, Francisco, Ngo Van Long, and Markus Poschke (2017) "Capital–Labor Substitution, Structural Change, and Growth," *Theoretical Economics*, Vol.12, No.3, p.1229–1266.
- Arestis, Philip, Panicos O. Demetriades and Kul B. Luintel (2001) "Financial Development and Economic Growth: The Role of Stock Markets," *Journal of Money, Credit and Banking*, Vol. 33, No. 1, p.16–41.
- Christopoulosa, Dimitris K. and Efthymios G. Tsionas (2004) "Financial Development and Economic Growth: Evidence from Panel Unit Root and Cointegration Tests," *Journal of Development Economics*, Vol. 73, p.55–74.
- Demetriades, Panicos O. and Khaled A. Hussein (1996) "Does Financial Development Cause Economic Growth? Time-series Evidence from 16 Countries," *Journal of Development Economics*, Vol. 51, p.387–411.
- Demirgüç-Kunt, Asli, and Ross Levine (2001) *Financial Structure and Economic Growth: A Cross-Country Comparison of Banks, Markets, and Development*, Cambridge, MA.: MIT Press.
- Demirgüç-Kunt, Asli, and Ross Levine (2001a) "Financial structure and economic growth: Perspectives and lessons," in Asli Demirgüç-Kunt and Ross Levine, eds., *Financial Structure and Economic Growth: A Cross-Country Comparison of Banks, Markets, and Development*, Cambridge, MA.: MIT Press, p.3–14.
- Demirgüç-Kunt, Asli, and Ross Levine (2001b) "Bank-based and market-based financial systems: Cross-country comparisons," in Asli Demirgüç-Kunt and Ross Levine, eds., *Financial Structure and Economic Growth: A Cross-Country Comparison of Banks, Markets, and Development*, Cambridge, MA.: MIT Press, p.81–140.
- Gollin, Douglas (2010) "Agricultural Productivity and Economic Growth," in Prabhu Pingali and Robert Evenson, eds., *Handbook of Agricultural Economics*, Volume 4, Amsterdam and New York: North Holland/Elsevier, Chapter 73.
- Herrendorf, Berthold, Richard Rogerson and Akos Valentinyi (2014) in Philippe Aghion and Steven N. Durlauf eds., "Growth and Structural Transformation," *Handbook of Economic Growth*, Volume 2, Amsterdam and New York: North Holland/Elsevier, Chapter 6.
- La Porta, Rafael, Florencio Lopez-de-Silanes and Andrei Shleifer (2008) "The Economic Consequences of Legal Origins," *Journal of Economic Literature*, Vol. 46, No. 2, p.285–332.
- La Porta, Rafael, Florencio Lopez-de-Silanes, Andrei Shleifer, and Robert W. Vishny (1997) "Legal Determinants of External Finance," *Journal of Finance*, Vol. 52, No. 3, p.1131–1150.

- La Porta, Rafael, Florencio Lopez-de-Silanes, Andrei Shleifer, and Robert W. Vishny (1998) "Law and Finance," *Journal of Political Economy*, Vol. 106, No. 6, p.1113-1155.
- Levine, Ross (2005) "Finance and Growth: Theory and Evidence," in Philippe Aghion and Steven N. Durlauf eds., *Handbook of Economic Growth*, Volume 1A, Amsterdam and New York: North-Holland/Elsevier, Chapter 12.
- Luintel, Kul and Mosahid Khan (1999) "A Quantitative Reassessment of the Finance-growth Nexus: Evidence from a Multivariate VAR," *Journal of Development Economics*, Vol. 60, p.381-405.
- Neusser, Klaus and Maurice Kugler (1998) "Manufacturing Growth and Financial Development: Evidence from OECD Countries," *Review of Economics and Statistics*, Vol. 80, p.636-646.
- Matsuyama, Kiminori (2008) "Structural Change," in Steven N. Durlauf and Lawrence E. Blume, eds., *The New Palgrave Dictionary of Economics*, 2nd ed., Palgrave Macmillan.
- Restuccia, Diego (2013) "Factor Misallocation and Development," in Steven N. Durlauf and Lawrence E. Blume, eds., *The New Palgrave Dictionary of Economics*, Online Edition, Palgrave Macmillan.
- Rousseau, Peter L. and Paul Wachtel (1998) "Financial Intermediation and Economic Performance: Historical Evidence from Five Industrialized Countries," *Journal of Money, Credit and Banking*, Vol.30, No.4, p.657-678.

第**12**章

アセアン後発4か国における解雇法理

香川 孝三

1. はじめに

　解雇は労働者にとっては厳しい労働契約の使用者による一方的な解約である。解雇後、再就職先が見つからなければ、収入の道をたたれ、生活困窮に陥る。失業手当があれば、一定の期間の生活は保障されるが、いつまでも失業手当が保障される国はない。失業手当の支給には期間制限がある。発展途上国では失業手当制度自体がない国もある。最低限の生活を保障する制度として公的な生活保護制度が日本にはあるが、発展途上国にはそれもない場合がある。先進国には解雇を制限する法制を持っているが、発展途上国には、先進国以上に法律によって解雇に規制を加える必要性がある。そこでどのように解雇規制をしているかを見てみたい。本稿では日本が法整備支援の対象としている東南アジアの中で、カンボジア、ラオス、ベトナム、ミャンマーの4か国を取り上げることとする。この4か国はアセアンの中でも後発国にあたる。

　解雇についてのILO158号条約（使用者の発意による雇用の終了に関する条約、1982年）や119号勧告（1963年）および166号勧告（1982年）は、解雇を規制する法律や解雇法理の形成に影響を与えている。ここで取り上げる4か国はILO158号条約を批准していないが、関係する法律の条文を読むとその影響を受けていることが分かる。解雇予告、解雇の正当性、解雇禁止事由、解雇決定前の弁護機会の提供、不当な解雇の救済方法、離職手当や失業手当の給付、整理解雇の実施手続として労働者代表との協議や行政機関への通告が条約に定められているが、それらが本稿で対象とする国々で採用されている。

　解雇を規制することは、逆から見れば、雇用保障をおこなうことを意味する。アメリカのように、外部労働市場が発展している場合には、解雇は容易になされ、外部から新たな雇用で補充がなされる。訓練は企業の外の公的訓練機関に

まかす傾向が強い。労働組合は企業横断的な産業別組織が発達してくる。一方、日本のように、内部労働市場が発展している場合には、費用をかけて企業特有の技能をOJTによって身につけるので、簡単に解雇できない法制度を導入することになりやすい。訓練費用を回収しなければ割にあわないので、長期雇用につながってくる。不況期になると、内部で雇用調整をする必要があるので、企業別組合との交渉で処理するのがふさわしくなる[1]。

　このような仮設のもとで、4か国をみるとどうであろうか。4か国を含む東南アジアでは、自らの意思で転職を繰り返す労働者が多く、一つの企業に長期間勤務する傾向が少ないこと、再就職先が多くの場合縁故採用によって雇用されること、したがって開かれた外部労働市場にはなっていない状況がみられる。一方、解雇規制立法を導入していて、解雇しにくい制度になっている。解雇された場合、かならずしも再就職が容易ではなく、生活困難に陥る可能性がある。4か国とも農業部門が大きく、都市部に住む労働者も農村とのつながりを持っており、労働者の送金によって農村での家族の生活が維持されている[2]。特にブルーカラーが解雇された場合、いったん農村に帰郷するか、都市部でインフォーマル・セクターに従事する。農村に帰っても、農村は貧しく、再び都市部に帰ってくる。しかし、都市部で再就職先を探すのは容易ではなく、まずインフォーマル・セクターで働く傾向がある。コネがないとフォーマル・セクターで就職するのが難しい。そもそもフォーマル・セクターは労働力を吸収できる力が弱い。そこで解雇規制立法によって雇用確保を図り、農村部にいる家族を含めた労働者の生活の維持を図るという政策が必要となってくる。

　一方、高学歴のホワイトカラーや技術者の場合は、人材不足で売り手市場になっており、自分のキャリアを上げるために転職していくのが当たり前になっている。転職しないで雇用継続する人材をいかに確保するかが問われている。解雇規制はそのための手段の1つとみることができる。このように4か国ではブルーカラーとホワイトカラーで異なった状況が見られる。

---

[1] 荒木尚志（2016）p.286-287。解雇法制の国際比較としてイギリス、ドイツ、フランス、イタリア、スペイン、デンマーク、韓国、オーストラリア、アメリカ、日本の10か国を取り上げた本として菅野和夫・荒木尚志編（2017）。

[2] Sabina Lawreniuk（2017）p.202-211.

2. カンボジア

　カンボジアは1971年4月7日にILOに加盟し、最初の労働法典を1972年に制定した。

　この1972年労働法典ではじめて解雇規制を行った。それまでは1920年民法典1148条によって、8日間の解雇予告期間を定めているが、解雇理由の規制はされていなかった。つまり解雇自由の原則が採用されていたが、1972年に解雇制限立法が制定されたことを意味する。

　この1972年労働法典が成立したのち、1975年4月17日ポル・ポトによる「民主カンプチア」が成立して極端な共産主義社会建設を目指した。それに反対する者の多くがクメール・ルージュによって殺りくされ、国内は政治的経済的に大混乱に陥った。1979年1月ポル・ポトらはタイ国境に逃げて、ヘム・サムリンらの指導で「カンボジア人民共和国」が成立した。しかし、その後も国内は安定せず、ベトナムの支援を受けた政府軍と三派連合グループ（シアヌーク派、ソン・サン派、ポル・ポト派）との間で戦闘が交わされた。やっと1991年10月にパリでカンボジア和平協定が調印されて、平和が訪れた。1993年5月、国連カンボジア統治機構の監視のもとで総選挙が行われて、この年の9月に憲法が公布された[3]。従って、1972年労働法典はそれが機能する基盤は政治紛争や経済の混乱のために、きわめて狭かったと言えよう。

　1972年労働法典は、1992年労働法典に引き継がれた。そこには、勤続期間に応じて解雇予告期間が設定されている。さらに、労働者の勤務態度や行動に関して正当な理由がないと解雇できないという規定が導入された。不当な解雇がなされた場合、労働者は損害賠償を受ける権利が認められた。これは金銭による補償がなされることを意味する。しかし、救済方法として原職復帰は法律では定められていない。

　1993年憲法で、カンボジアは計画経済から市場経済に移行することを明確にした。その結果、特に縫製業への外国投資が増加した。ここに労働法典が機能する基盤が拡大したと言えよう。市場経済化を目指す中で、1997年労働法典が

---

3) 四本健二（1999）参照。

新たに制定され、これが現行法となっている。そこでの解雇法制をみてみよう。

有期労働契約と無期労働契約に分けて規制されている。有期労働契約の場合、2年を超えることはできないが、2年を超えない範囲で更新することは可能である(67条)。期間の満了によって契約は終了する。満了前に解約する場合、重大な非行や不可抗力の場合には可能となる。さらに満了前に終了させたい場合には、終了までの報酬に相当する額を支払えば可能である。金銭の支払いによって処理するという発想が見られる。

有期労働契約の期間が6か月以上の場合には、更新するかどうかを終了10日前までに予告しなければならない。期間が1年以上の場合には、15日前に予告しなければならない(73条)。この事前の更新しない予告がない場合、同じ期間延長されるだけという説と、雇用期間を合計して2年を超える場合は期間の定めのない労働契約に転換するという説がある。

無期労働契約の場合、一方当事者の意思によって契約を終了させることができる。ということは労働者側が退職する場合や使用者側が労働者を解雇する場合の両方を規制していると見ることができる(74条)。事前の予告期間が次のように求められる(75条)。

勤続期間が6か月以下の場合	7日
勤続期間が6か月を超え2年以下の場合	15日
勤続期間が2年を超え5年以下の場合	1か月
勤続期間が5年を超え10年以下の場合	2か月
勤続期間が10年を超える場合	3か月

予告期間を遵守しないで解雇する場合は、予告期間中に受け取る賃金および手当に相当する金額を使用者は払わなければならない。この場合、短期の労働契約を繰り返すほうが労働者が受け取れる額が有利になっている。これは長期間継続して雇用されるより短期で転職を繰り返す者が多いことを反映しているのではないかと思われる。

予告期間は再就職先を探すことが目的なので、週あたり2日の有給の休暇を労働者は取得することができる(79条)。予告期間中に再就職先を見つけた場合、重大な非行で解雇される場合でないかぎり、予告期間満了前に、労働者は退職することができる。この場合、労働者は使用者に賠償金を払う必要はない。転

職しやすい状況を保障していると思われる。

　以下の場合には、予告期間が必要なくなる。つまり、試用期間またはインターンシップの期間、重大な非行がある場合、不可抗力で義務を履行できない場合である（82条）。

　重大な非行とは、83条Bによれば、労働者の窃盗、着服、横領、詐欺行為、懲戒や安全、健康についての重大な違反行為、脅迫、暴言、暴行、他の労働者に不履行をそそのかす行為、事業所での政治的プロパガンダ、活動やデモ行為があげられている。ただし、重大な非行を知ってから7日以内に解雇しなければ、解雇権を放棄したものとみなされる（26条）。

　使用者が労働者の重大な非行以外で、有期労働契約を期間満了で終了させる場合、予告期間だけでなく、退職金を支払わなければならない。その額は労働協約で決めることができるが、労働協約がない場合は少なくとも給与の5％を退職金として支払わなければならない。

　無期の労働契約の場合に一方的に解雇する場合、使用者は解雇補償金を支払わなければならない制度があったが、2018年労働法改正によって廃止された。それに代わって年功手当として年2回、6月と12月に支払う制度になった。これは労働契約終了後、解雇補償金を支払わないで夜逃げする経営者がいるために、労働者が不利益を受ける事例が発生したためである。その不利益をできるかぎり少なくするために毎年支払う年功手当制度を創設したものである[4]。経営者が夜逃げしても工場の土地や設備が残っている場合があり、それを処分して得た財産から解雇補償金の全額または一部を受け取ることができるが、それには時間がかかり日々の生活に事欠く労働者にとっては不十分な救済にしかならない。

　その額は、2019年以降の場合には、1回7.5日分の給与相当額で年2回の支払で、合計年15日分の給与相当額になっている。1年間に1か月から6か月関しか働かない場合には、7.5日分の給与相当額を支払わなければならない。従って、年6か月以上勤務する場合は、年15日分の給与相当額が支払われなければならない。

---

[4] Prakas on Payment of Seniority Indemnity,
　https://www.gmac-cambodia.org/regulation_pdf_en/1538119587.pdf

2019年以前から働いている場合、縫製業と靴製造業においては、1回15日分、年に30日分の給与相当額、それ以外の業種では、1回7.5日分、年に15日分の給与相当額を年功手当として支払わなければならない。

その結果、縫製業と靴製造業では、2019年以前から働いている労働者に、2019年以降年に45日分の給与相当額が年功手当として支払われなければならない。それ以外の業種では、30日分の給与相当額が支払われなければならない。

この制度は使用者側に人件費の負担を重くする結果を招くであろう。

さらに使用者の悪意、不当な理由によって労働契約が終了された場合には、労働者が損害賠償金を請求することができる。この時、先の解雇補償金と同額の損害賠償金の支払を求めることができる。さらに損害賠償の額は地方の慣習、仕事の種類や重要性、労働者の年齢、損害の有無や範囲を考慮して裁判所が認定する（94条）。

労働者が不法に労働契約を破棄し、別の仕事に従事した場合には、それが新しい使用者の勧めでなされた場合には、その新しい使用者と労働者は、前の使用者に損害賠償を支払う義務が生じる（92条）。

以上のことから、解雇する場合には、予告期間だけでなく、労働者の意欲や態度に関係する正当な理由が必要であるか、企業、事業所の操業の必要性に基づく正当な理由が求められていることが分かる。

前者の労働者の意欲や態度に関する正当な理由については具体的な内容は定められていない。12条では、人種、肌の色、性別、信条、宗教、政治的意見、出生、社会的出自、労働組合員やその活動をしていることを理由とする差別が禁止されており、解雇も禁止されていると解釈されている。293条では、企業や事業所の職場委員（労働組合法43条では、任期を終了して3か月以内の職場委員や職場委員選出の投票で落選して3か月以内の候補者も含まれる）は、解雇されるためには労働監督官の承認が必要になっている。通知を受けてから1か月以内に労働監督官は職場委員の解雇を認めるか、取り消すかの判断を示さなければならない。組合委員長、副委員長、書記長も解雇されるためには労働監督官の承認が必要とされている。これらは先任権のルールの適用を組合役員には排除していることを意味している。182条では、産前産後の90日間の休業中の解雇も禁止されている。

事業所の業務の縮小、内部組織の再編によって、人員整理が必要な場合、使用者は人員整理について労働者代表に通知し、さらに労働監督官に連絡する（95条）。職業上の資格、先任権、家族の負担を考慮して、職業上の能力の低い者、勤続年数の短い者が、人員整理の対象となる。既婚者には1年ごとに先任権が加算され、さらに扶養している子どもの数だけの年数が加算される。労働監督官は、人員整理による影響を最小にするために、使用者や解雇予定の労働者を複数回呼び出して調査をおこなうことができる。

　人員整理された労働者は、解雇から2年間は、復職する権利が保障され、そのために企業に住所変更を通知し、配達記録や書留郵便で復職の連絡が使用者からなされる。その連絡がなされれば、労働者は、1週間以内に事業所に出頭しなければならない（95条）。

　解雇がなされた場合、雇用票（労働者台帳）に記録され、解雇の翌日から7日以内に労働監督官に査察を受けるために提出されなければならない。さらに未消化の有給休暇は買い取る必要がある（110条）。

　一方、カンボジアでは民法が2007年に制定され、同年12月8日に公布され、施行された。その民法の第9章雇用が664条から668条まで規定されている。それらの中で解雇に関係するのは、667条の一身専属性を定めたところである。労働者が使用者の承諾なく、自己に代わって第三者を労務に服することはできない。それに反して使用者の承諾なく、第三者に労務に服させた場合、使用者は雇用契約を解除、つまり解雇することができる。それ以外は、668条によって労働法の定めによって処理されることを明記している。民法典では、労働法で規定されていない重要な部分に限って規定されたということである[5]。

　解雇の紛争処理手続は、個別紛争手続が利用される。一方当事者から労働監督官に申し立てがなされ、労働監督官は受理してから3週間以内に当事者から事実関係を聴取して調停を試みる。そこで合意が成立すれば、両当事者の署名、調停員の署名によって、労働協約と同じ効力をもち、法律上強行される（307条）。しかし、合意が成立しない場合、調停が失敗した日から2か月以内に裁判所に提訴することができる。2か月をすぎれば訴訟は却下される。労働裁判所の設

---

[5]　新美育文（2007）p.54。

置が予定されているが、まだ設置されていないので、一般裁判所で処理されている。2006年民事訴訟法が日本の支援を受けて制定され、施行されているので、その手続に従って処理されることになる。

　調停に失敗した後、もう1つの処理手続が設けられている。それは仲裁に付託する手続である。仲裁委員会（Arbitration Council）は2003年に政労使の三者の委員で構成され、労使紛争を処理する目的で設置された。権利紛争も利益紛争も処理の対象となっている。したがって解雇事件も処理されている[6]。仲裁委員会に付託されてから、拘束力のある裁定を選択することに両当事者が合意すれば、委員会から出された裁定で問題が処理される。拘束力のない裁定を選択した場合、委員会から出された裁定に両当事者が合意すれば、それで解決がなされる。しかし、合意が得られない場合、権利紛争の場合は裁判所に付託されるか労働争議にいたる。集団紛争の場合は労働争議にいたる[7]。この紛争処理はフランスから継受されたものである。

3.　ラオス

　1975年12月、ラオス人民民主共和国が成立して、それまでの30年におよぶ闘争の歴史に終止符を打った。ラオス人民革命党による一党支配体制下のもとで社会主義国家の建設に乗りだした。計画経済を導入して、工場は国有化され、人や物の自由な移動が制限された。しかし、その結果、それまであったアメリカからの支援が中止され、洪水や干ばつによる米の生産の低下が重なって、国民の日常生活に必要な物資が入手しにくくなり、国民の不満が増大した。これを受けて、1979年11月、第2期党中央執行委員会第7回総会で、市場経済原理

---

[6] NOP Kanharith（2014）p.6、この本では仲裁委員会の裁定をもとに解雇の紛争事例を分析している。
　この裁定はUSAIDの支援を受けて英訳が発行された。The Arbitration Council, Compilation of Arbitral Awards & Orders, vol.1-7. 現在はホームページで裁定を検索することができる。2016年11月8日までに1631件の裁定が出されている。裁定はクメール語で書かれているが、徐々に英語の翻訳も作られている。
　http://www.arbitrationcouncil.org/en/ac-decisons/arbitral-decisons
[7] Arbitration Council Foundation ed., The Arbitration Council and the Process for Labour Disputes Resolution in Cambodia, Third Edition, Arbitration Council Foundation, 2010.

を部分的に導入することを決定した。1986年11月、ラオス人民革命党第4回大
会で、チンタナカーン・マイ（新思考）が提示されて、市場経済化を一層促進
することが決定された。

　労働法の制定状況を見てみると、ラオスでは度々労働法が制定されているこ
とが分かる。

　フランスの植民地時代にあった1929年から1937年の間に出された労働に関係
する命令や規則は1967年労働法典によって集大成された[8]。ラオスは1964年1
月にILOに加盟した。1986年11月に市場経済導入を決定してから、1990年労働
法典（1994年に改正）、2006年労働法、2013年労働法が次々に制定されている。
2013年労働法が現行法となっているが、これは労働条件を国際的基準に合わす
ために制定されたので、バンコクにあるILOアジア太平洋総局がその制定にか
かわっていた。この労働法の制定に日本はかかわってはいない[9]。

　ラオスでは2018年12月民法典が制定された。民法典には労働契約についての
一般原則を定めており、その中で、解雇については、「労働法に定めるところ
に従って労働契約を解除する」（457条）と定められている。民法典と労働法の
整合性が担保されている。

（1）1967年労働法典における解雇法制

　1967年労働法典における解雇規制は予告期間の規制があるだけである。期間
の定めのない労働契約の場合、1年未満の場合、月給制の労働者には30日、時
間給・日給・週給制の労働者には8日の予告期間が必要となる。1年以上の場
合、月給制の労働者には30日、時間給・日給・週給制の労働者には15日の予告
期間が必要となる。その予告期間中、1週間に1日の休日を保障し、その時に

---

8) U. S. Department of Labour（1970）p.29-33.
9) 日本の法務省がおこなう法整備支援事業は法務省が管轄する法令が対象であるが、それを
　超えてラオスの労働法のコンメンタールを作成する支援が行われている。これは2016年度
　ラオス法律人材育成強化プロジェクト（フェーズ2）「経済紛争解決法」（2016年から4年
　間の計画）の中で実施されている。社会主義国では労働法は経済法に分類されているので、
　経済紛争処理法の中に労働法を含むことに違和感はない。ところが、2018年春にラオス国
　立大学法律政治学部でヒヤリングした結果、カリキュラムが変更されて、労働法は民法講
　座に組み入れられていることを知った。民法から労働法が展開された日本から見ると当然
　のことと思われるが、ラオスにおいては大きな変化と言えよう。

280

再就職先を探せるように配慮している。その休日を認めない場合は、その日数分だけ予告期間が延長される。予告期間を与えないで、その期間の手当を現金で支給することによって解雇することも可能となる。その額をめぐって紛争になる場合は裁判所で処理される。

(2) 2013年労働法における解雇法制

1990年労働法典（1994年改正）や2006年労働法に定められてきた解雇に関する条文は、基本的に2013年労働法に引き継がれてきている。その内容を見てみよう。

80条では、一方当事者は期間の定めのない労働契約を解約することができる。この場合、予告期間としてホワイトカラーの場合45日、ブルーカラーの場合30日が求められている。期間の定めのある労働契約の場合、両当事者の合意または一方当事者が契約違反をした場合に、取り消すことができる。違反者は、契約違反によって生じる損害賠償責任を負う。使用者が違反した場合、使用者は残りの期間の給与や手当を労働者に支払う義務が生じると同時に損害賠償責任も生じることになる。

81条では、労働者が国の任務（軍隊）につく場合には、労働契約は停止または延期される。その期間は1年を超えないが、賃金や手当は支払われない。期間が終わったならば停止または延期以前に就いていたと同じ地位に労働者を受け入れなければならない。それができない場合は、使用者は損害賠償を支払う義務が生じる。労働者が仕事に復帰することや新しい仕事に就くことを拒否する場合には、損害賠償を請求する権利はない。

82条では、以下の場合に、使用者側が労働契約を解約できるが、損害賠償支払義務が生じる。1つは、労働者に専門的技能を有しない、または健康診断書があっても健康な状態にない、または能力と健康に合ったより適切な別の仕事に従事することが認められたにもかかわらず、労働者が働くことができない場合。もう1つの場合は、労働単位内で仕事を改善するために労働者の数を減らすことが必要と使用者が判断し、組合や従業員代表、過半数以上の従業員と相談して労働監督官に報告した場合に、労働契約を解約できる。その場合、解雇予告や人員整理の理由を事前に説明しなければならない。整理解雇の場合に、

労働組合が関与することが認められている。

85条では、解雇の予告期間中に、1週間のうち1日を有給で再就職先を探すことを使用者は認めなければならない。その間に事故や負傷を負った場合、回復に要する時間は予告期間として換算されない。

86条では、労働者の責めに帰すべき事由で使用者が解雇する場合は、労働監督官の許可なく解雇することができる。その事由として以下が定められている。

1　故意に使用者の損害を与えた場合

2　使用者から警告を受けながらも、労働単位の就業規則、労働契約に違反すること

3　正当な理由なく、連続4日間以上仕事をしないこと

4　裁判所から禁固刑の判決を受け、労働単位に対して故意になされた犯罪行為のなされた場所に監禁される場合

5　他の労働者、特に女性の権利に違反し、警告を受けた場合

この場合であっても、労働者は賃金を受ける権利を失わないとされている。つまり、労働契約の解約が効力を有するまで、賃金請求権を労働者が有するということである。

87条では、解雇できない場合を例示している。

1　妊娠や一歳以下の子どもを持っている女性

2　治療中でリハビリを受け、診断書を持っている労働者

3　労働単位の従業員代表や組合役員である労働者

4　法廷手続中の者または裁判所の決定を待っている労働者

5　負傷して治療を受け、診断書を持っている労働者または自然災害の被害を受けた労働者

6　年休や使用者の許可を受けて休暇を取得する労働者

7　使用者の要請によって別の場所で仕事する労働者

8　使用者に苦情を申し立て、または訴訟提起をする労働者または労働単位内で、労働法や労働紛争に関して政府職員に協力する労働者

使用者が以上のケースで解雇する場合には、労働監督官の許可が必要になる。

88条では、以下の場合には解雇が不当と判断される。

1　正当な理由のない労働契約の解約

2　直接または間接に権限を濫用して労働契約を使用者が解約する場合、または労働者の基本的権利が侵害されて、仕事ができない状態においこまれる場合

3　労働者または従業員代表から事前に抗議を受けたにもかかわらず、労働契約を使用者が解約する場合、さらに、労働者が辞職しなくてすむように使用者が処理せず、地位の変更もおこなわない場合

89条では、不当な解約の法的効果を定めている。

1　労働者は以前の地位への復職、またはその他の適切な仕事に配置することを求める権利を有する。

2　使用者が労働者を復職させず、または労働者が仕事を中止した場合、使用者は労働契約や法に従って補償金やその他の給付を支払わなければならない。

90条では、補償金の額について定めている。解雇された月にもっとも近い月の給与の10％に仕事を行った月数をかけた額である。88条にもとづき不当な解約の場合には、解雇された月にもっとも近い月最の給与の15％に月数をかけた額である。本法に定められていない理由で労働契約を解約する場合、使用者は労働契約、労働単位の就業規則、労働協約に従って補償金が支払われなければならない。この補償金は失業中の生活費の一部になる。

93条では、労働契約が終了する場合を定めている。

1　労働契約が完全に実施された場合

2　期間の定めのある労働契約で、期間が満了した場合

3　両当事者が解約に合意した場合

4　使用者または労働者が死亡した場合

5　労働者が無断で、裁判所から禁固刑の判決を得た場合

期間の定めのある労働契約の場合、両当事者が更新したときは、15日前に相手に予告し、60日内に延長の手続をおこなわなければならない。それがない場合、労働契約は期間の定めのない契約とみなされる。

労働者の死亡による解約の場合、使用者は、90条にもとづき計算される補償金額の50％を支払わなければならない。本人は死亡しているので、その遺族に支払われることになる。それは労働者本人への退職金であり、遺族の生活費に

なる。

労働者が退職してから7日以内に申し出があれば、使用者は雇用証明書を発行しなければならない。証明書には、勤務開始日、停止日、仕事の地位を書かなければならない。労働者は賃金や勤務評価の証明を求めることができる。

83条では、以下の場合に、労働者側から労働契約を解約、つまり退職できる。使用者の解雇の場合と同様な予告期間が必要である。1つは、労働者が治療を受けたのに健康状態がよくない場合、健康診断書があって、使用者が当該労働者を新しい地位に移動したが、それでも労働者が働くことができない場合、2つ目は、労働者が労働契約に基づき、複数回使用者に抗議しても、解決されない場合、3つ目は、労働者が仕事のできない理由として職場の移動があげられ、それを組合、従業員代表および村長が書面で証明する場合、4つ目は、使用者の脅迫、嫌がらせ、セクハラがあり、使用者がそれを無視する場合。

解雇をめぐる紛争は、権利紛争の調整手続によって処理される。まず使用者に苦情を申し立て、当事者間での解決を図る。労働単位で労使は平和的に交渉して妥協が成立すれば、それは書面でまとめられ、両当事者が署名すれば労働協約となる。しかし、そこで15日以内に調整に至らない場合、権利紛争は労働監督機関の調停に付託される。そこで15日以内に調停ができない場合に、人民裁判所に提訴される[10]。裁判所で解雇をめぐる判決が出されているのであろうかという疑問がある。ヴィエンチャン首都裁判所には労働部があるが、解雇事件は2014年から2016年の間には扱ったことがないという報告書がある[11]。しかし、弁護士事務所には解雇問題がよく持ち込まれるという。もしそうなら、解雇されても裁判所以外の場で話し合いによって処理するか、解雇に拘らず他社に再就職する道を選ぶか、または泣き寝入りするかのどちらかであろう。裁判所での解決を好まない傾向にあるのかもしれない。

---

[10] Thipmany Inthavong, "Labour Disputes Settlement in Lao P.D.R.", Paper presented at 5th Conference of Asian Society of Labour Law, Aoyama Gakuin University, Tokyo, March 2015、ラオスでは裁判制度は2審制であり、1審は県人民裁判所、特別市人民裁判所、郡人民裁判所、軍事裁判所、最終審は最高人民裁判所である。

[11] 松尾弘・深沢瞳（2016）p.17、23。http://www15.plala.or.jp/Matsuo/pdf/laos_report201603.pdf

第**12**章 アセアン後発4か国における解雇法理

4. ベトナム

　ベトナムでは2012年6月18日制定され、2013年5月1日から施行された2012年労働法が現行法である。これによって、それまでの労働法（1994年、2002年、2006年、2007年）は失効した。

　2012年労働法にもとづき、使用者側がおこなう解雇の規制状況を整理してみよう。解雇には、使用者の一方的な労働契約を解除、整理解雇、懲戒解雇の3種類がある。

(1) 使用者の一方的な労働契約の解除

　38条では、予告期間を次のように定めている。期間の定めのない労働契約の場合、少なくとも45日、期間の定めのある労働契約の場合、少なくとも30日となっている。病気や事故で治療しても回復しない場合、12か月未満の季節的業務、特定業務の労働契約の場合には少なくとも3日となっている。45日、30日という数字はラオスと同じであるが、適用になる対象が異なっている。42条5項によって、使用者がこの予告期間を遵守しない場合、不足する日数分の給与を賠償金として支払わなければならない。

　さらに、38条では、使用者が一方的に解約できる場合を次のように定めている。

　　1　労働者が、頻繁に労働契約に定めた業務を遂行しない場合
　　2　労働者が、病気や事故で連続して12か月（期間の定めのない労働契約の場合）、6カ月（期間の定めのある労働契約の場合）、契約期間の半分以上（12か月未満の季節的業務または特定業務の労働契約の場合）にわたり治療を受けても、労働能力を回復できない場合
　　3　自然災害、火災または政府が規定するその他の不可抗力の理由により、使用者がすべての対策を実施しても、生産規模の縮小および人員削減をおこなわざるをえない場合
　　4　労働者は、本法33条（兵役、逮捕・拘留、強制的にリハビリ、妊娠等による一時的な労務不提供期間終了後15日以内に職場復帰）で定める15日期限後に欠勤する場合

285

これに対して、39条では、使用者が労働契約を一方的に解約できない場合を定めている。

　　1　労働者が疾病、労働災害、職業病にかかり、認可を受けている医療機関で治療中の場合。ただし一定期間治療を受けても労働能力が回復しない場合は、解約できる。

　　2　年休、休暇または使用者が許可した休暇中の場合

　　3　女性が結婚、妊娠、産休、12か月未満の子どもの育児していることを理由とする場合

　　4　男女が社会保険に関する法律によって産休取得を理由とする場合

　使用者側からの解雇が不法になる場合の使用者側の義務として42条に以下のことが定められている。

　　1　労働者を復職させ、解約されていた期間の給与、社会保険、健康保険の適用のほかに、最低2か月分の給与を賠償金として支払う

　　2　労働者が復職を希望しない場合、先の賠償金のほかに、勤続12か月以上の労働者には、勤続1年につき半月分の給与に相当する解雇手当を支払う。解雇される直前の連続6か月の平均賃金を基礎として計算される。

　　3　労働者が復職を望まず、使用者もそれに同意する場合、賠償金、解雇手当のほかに、追加の賠償金について協議できる。最低として2か月分の給与に相当する賠償金が支払われる。

　　4　労働者が復帰したい場合であっても、以前の原職がなくなっている場合、賠償金の支払がなされる他に、労働契約内容の修正について協議して、別の仕事に就くことができる。

　基本的に救済方法として金銭賠償になっているが、付随的に原職復帰が考えられているように思われる。

(2) 整理解雇

　44条によれば、組織や技術の変更をおこなう場合や、経済的理由によって多数の労働者が解雇されるおそれがある場合、使用者は労働者使用計画を作成し、雇用継続に努力する義務がある。たとえば、配転先に新しい仕事を用意して、再訓練を実施する。しかし、それができない場合、解雇が必要と判断されると、

事業所の労働組合の代表と話し合い、さらに省レベルの労働局に30日前に通知しなければならない。この場合、人員整理される労働者には、勤続1年につき1か月分の給与に相当する失業手当を支給されなければならない。最低額は2か月分となっている。原則として失業手当は解雇から7日以内に支払われなければならない[12]。

（3）懲戒解雇

懲戒処分には戒告、6か月を超えない昇給期間の延長、降格、懲戒解雇が存在する。その中で126条に労働規律違反による懲戒解雇事由を定めている。

1　労働者が窃盗、汚職、賭博、故意に人を傷つける行為、麻薬の使用、経営・技術上の秘密の漏えい、知的財産権の侵害行為、使用者の資産や利益に重大な侵害をもたらす行為、特別重大な損害をもたらす恐れのある行為がある場合

2　昇給延期や降格の制裁を受けながら、その期間中に再犯する行為がある場合

3　正当な理由なく月に5日または年に20日無断欠勤する場合。ただし、自然災害、火災、労働者およびその家族が疾病にかかり、許可を受けた医療機関で治療を受ける場合は除く。

労働規律違反で処分をおこなう場合、その手続は123条に定められている。

1　使用者は労働者の過失を立証しなければならない。

2　事業所の労働組合の代表が処分を検討する会議に参加する必要がある。

3　労働者が出席し、自己弁護を主張できること。弁護士やその他の者に弁護を依頼できる。18歳未満の場合は、両親または法定代理人が参加する必要がある。

[12) ベトナムの整理解雇についての判決例として斎藤善久（2008）p.96-97。ベトナムではまだ判例集は公刊されておらず、例外的にUSAIDの支援で2004年に2冊の判決集で72件がまとめて出版された。その中で労働事件に関係する事例がここで取り上げられた。さらに、ベトナムへの法整備支援としてなされた国際協力機構編（日本語版、2008年）『ベトナムにおける判例の発展に関する越日共同研究』p.170-175に、企業再編を理由とする解雇事件についての監督審のモデル決定書が掲載されている。

4 労働規律違反行為の処分は書面で行われる。1つの労働規律違反には複数の処分はできない。複数の労働規律違反には、もっとも重い処分のみを適用する。

5 病気療養中や使用者の許可を得た休暇中、逮捕・拘留中、違反行為の審査中、女性の妊娠・出産休暇中、男女の労働者が12か月未満の子どもの養育中には、労働規律処分をおこなってはならない。

6 労働者が、精神疾患や認知障害を負っているときは、処分できない。

　解雇への労働組合の関与であるが、整理解雇と懲戒解雇の場合に、組合の代表が使用者と話し合いとか処分を検討する会議に参加することが義務づけられている。使用者が一方的に解約する場合には、労働組合の関与はなくなっている。従来はこの場合も労働組合の関与が不可欠であったが、この場合の組合の関与を外したことは使用者の裁量の範囲を広げたものと思われる。労働組合の怠慢や能力不足で組合の紛争解決機能が低下していることを考慮した結果であろうか。懲戒解雇と整理解雇には組合の関与を残したのは、重大な地位の変更をもたらすことを考慮したものであろうか。

　以上3つの解雇にかかわる紛争は個別紛争として、その手続によって処理される。個別紛争は労働調停員による調停手続を経なければならないが、使用者による一方的な労働契約の解約、懲戒解雇の場合にはこの調停手続を経る必要はない。したがって、裁判所に直接解決を求めることができる。整理解雇については労働調停員の調停にかけられ、そこで不調に終わった場合に裁判所に救済を求めることができる。

　一方、2015年11月24日成立し、2017年1月1日施行のベトナム民法では、他人の労働力を利用する契約として日本語訳[13)]によれば、役務契約（513条－521条）、加工契約（542条－553条）、委任契約（562条－569条）の3種類がある。日本民法と比較をすると、役務契約が請負、加工契約が土地工作物の請負、委任契約が委任と位置付けられる。2005年制定のベトナム民法の役務契約の規定を見ると雇用なのか請負なのかはっきりとしていなかったが、2015年民法では、請負であることをうかがわせる規定が定められている。たとえば517条では、役務使用者から資料、機材の提供を受けた場合、それを保管して、仕事が完了

した後に役務使用者に返還することが義務づけられている。ベトナム民法では、雇用は労働法で規定されているので、民法では定めないという方針であることが分かる。

5. ミャンマー

　ミャンマーでは解雇について法律による包括的な規定はまだ存在しない。ミャンマー（当時の国名はビルマ）がイギリスの植民地時代にはインドの労働法規が適用になったが、インドの労働法規では解雇を規制する一般的規定は存在しなかった。それは当時のイギリスに解雇についての法律は存在せず、コモン・ローによって処理されていたためである。コモン・ローでは、正当な理由があれば予告なく即時に解雇でき、正当な理由がなくても相当の予告をすれば解雇できるとされている。しかし、インドでは相当の期間の予告があっても予告の代わりに相当する賃金を払う場合にも正当な理由がなければ解雇できないという法理が発展してきた。さらに自然的正義の原則から、厳格な解雇手続が必要であり、特に解雇対象者に社内審問手続で反論の機会があたえられなければならない[14]。これらの法理が植民地時代にミャンマーに引き継がれたのかどうかは不明である。さらに、インドでは1947年労働争議法によって整理解雇の規制が規定されたが、ミャンマーでは独立前後の時期であり、それをミャンマーに取り入れることはなかった。1962年にはネ・ウィンが一国社会主義を標榜して政権を握ってからは、労働法制が制定されることはなかった。1988年のクーデターによってネ・ウィン政権が崩壊して、代わりに軍事政権が成立した後も、労働法制はそのままに据え置かれた。その結果、解雇規制に関する労働法規は制定されることはなかった。軍事政権時代には、解雇が恣意的になされた可能性はあるが、実態がどうであったか不明である。強権的な権力で処理することが可能であったと思われる。

　解雇に関する法律が制定されたのは、民政移行後成立した2011年労働組織法

---

13) http://www.jica.go.jp/project/vietnam/021/legal/
　または、http://www.moj.go.jp/housouken/houso_houkoku_vietnam.html
14) 香川孝三（1978）p.162-164。

である。44条では、使用者は違法なロックアウトに抵抗した労働者を解雇してはならない。さらに、労働者が労働組織に加入していること、組織活動を行い、ストライキに参加したことを理由に、労働者を解雇してはならないと規定されている。18条では、労働組織は、労働者が解雇されたとき、当該解雇が労働組織の構成員であること、または、労働組織の活動が理由であると信じる理由がある場合、または、当該解雇が労働諸法に従っていない場合、使用者に当該労働者を再雇用するよう求める権利を有する。

　2013年社会保障法の中で、勤続年数に応じて解雇手当が支払われる制度が導入されている。勤続年数に応じて、手当の月数が定められている。

勤続期間が６か月以上１年未満の場合	0.5か月分
１年以上２年未満の場合	１か月分
２年以上３年未満の場合	1.5か月分
３年以上４年未満の場合	３か月分
４年以上６年未満の場合	４か月分
６年以上８年未満の場合	５か月分
８年以上10年未満の場合	６か月分
10年以上20年未満の場合	８か月分
20年以上25年未満の場合	10か月分
25年以上の場合	13か月分

　これを見ると勤続年数が短い者ほど月数が有利になっている。勤続年数が多い者ほど不利になっている。５年勤続すると４か月分の給与がもらえるが、それを５回繰り返すと20か月分の給与をもらえる。しかし、25年勤続を継続した者は13か月分の給与しかもらえない。これは日本とは逆になっている。長期勤続を奨励する仕組みにはなっていない。勤続年数が短くて、退職を繰り返す労働者を保護する結果になっている。離職を繰り返す現状を反映した取り扱いと言えよう。

　さらに、解雇補償金や退職金については定めがなかったが、2015年７月７日に通達が出された（Notification No.85/2015）。退職の直前にもらっていた月の給与額に、以下の％をかけて得られる額が解雇補償金として支払われる[15]。

6か月以上1年未満	50%
1年以上2年未満	100%
2年以上3年未満	150%
3年以上4年未満	300%
4年以上6年未満	400%
6年以上8年未満	500%
8年以上10年未満	600%
10年以上20年未満	800%
20年以上25年未満	1000%
25年以上	1300%

　この解雇補償金はどのような場合に支払われかが明確になっていない。この通達が作成されたのは、最低賃金制度が施行されてからミャンマーから撤退する企業が出る可能性があったために、労働者保護のために作成されたものである。このことを考慮すると会社側の事情によって解雇される場合、たとえば整理解雇の場合に限定される可能性がある。

　このパーセントを見ると、勤続年数が短い場合に、小刻みにパーセントを変えており、勤続年数が短く、転職を繰り返す労働者への配慮がうかがわれる。

　解雇法制の整備がまだ十分になされていない段階であるために、解雇手続や解雇事由を就業規則や労働契約書に定めておくのが望ましいとされている。たとえばモデル労働契約書には、以下のような記載が見られる。

3か月未満の場合	1か月の予告と1か月または2か月分の給与
3か月以上1年未満の場合	1か月の予告と2か月または3か月分の給与
1年以上3年未満の場合	1か月の予告と2か月または3か月分の給与
3年以上の場合	1か月の予告と4か月または5か月分の給与

モデル労働契約書には、以下の解雇事由を例示している。

　窃盗

---

15) 竹川丈士・真鍋佳奈・井上淳（2016）p.258-259、SAGA国際法律事務所ミャンマーオフィス「ミャンマー労働省、解雇労働者に対する支払いを規定」
http://www.sagaasialaw.com/myanmarnews/1795

財産を故意に損失やその危険を招くこと

無許可で銃器搬入

暴行や傷害

刑事事件で起訴

賄賂の授受およぶ腐敗にかかわること

許可なく禁じられた場所への出入り

職場での賭博

飲酒および非常識な行動

３日以上の無断欠勤

モデル就業規則10条にも解雇事由を例示している。

１回目は口頭で注意し、２回目は書面で注意し、３回目に同じ違反を繰り返した場合に、使用者は労働者を解雇することができる。

民事、刑事事件に関連して違反行為をおこなう場合、労働者は自動的に（予告なく）解雇される。

窃盗や書面を偽造して背任行為がなされた場合、労働者は損害賠償責任を負うとともに、自動的に（予告なく）解雇される。

ミャンマーでは、カンボジア、ラオス、ベトナムほどに詳しく解雇法制を定めていない。法律で定めているのは予告期間しかない。軍事政権が永く続いたために解雇法制を整備する必要がなかった。軍事政権の強権的な権力で処理できたからである。今後法整備をおこなわなければならない。これまでは企業毎の労働契約や就業規則に解雇事由を定めることによって対処されている。

6.　まとめ

解雇法制の特徴をまとめておこう。

（a）解雇を規制する方向にあることは４か国共通に見られる。一度解雇されると再就職が容易でないために、解雇を規制して雇用の確保をはかる必要があるからである。特にブルーカラーの場合にはそうである。ブルーカラーの場合、縁故採用によって雇用の場を確保するのが一般的であって、外部労働市場から

募集採用するという慣習が確立されている状況にある。一方、高学歴のホワイトカラーや技術者の場合には、人手不足のために転職が容易にされており、外部労働市場からの募集採用が可能な状況にある。その中で解雇規制立法によって解雇を制限する政策が採用されている。解雇法制に関しては、ラオスの予告期間を除いて、ブルーカラー、ホワイトカラーを区別した取扱はなされていない。

　（b）解雇規制のための工夫には共通するものがある。1つは、解雇の予告期間を設けて、その間に再就職先を探しやすいように配慮している。2つ目は、解雇するには正当な理由を求めていることである。法律で正当な理由を列挙している場合がある。3つ目は整理解雇の場合に特別な配慮をおこなっている。1人だけ解雇する場合ではなく、複数の労働者を一度に解雇する場合にも規制している。4つ目は解雇をおこなう際に労働組合の関与を認める場合がある。関与の程度はさまざまである。組合の承認がなければ解雇できない場合や解雇する際に組合の意見を聞き参考にするだけの場合がある。5つ目は労働行政機関に報告または承認を得る手続を求めている。

　（c）不当な解雇の場合の救済方法が次に問題となる。金銭による賠償金で処理する場合と、原職復帰を求める場合がある。4か国では職場に復帰するより、賠償金をもらって他社に縁故で再就職する方法を選択しやすい制度になっていると言えよう。

　（d）民法との関係を見てみると、日本法では先に民法典に雇用の規定があり、それを修正する形で労働法が展開されたが、カンボジア、ラオス、ベトナムでは日本の法整備支援を受けて制定された民法は、労働法より後で制定されているために、雇用に関する規定は労働法に任せるという姿勢が民法に見られる。しかし、民法が一般法で、労働法は特別法なので、今後民法と労働法がどう関係しあうかという問題が生じる可能性はあるであろう。

　ベトナムとラオスは社会主義国であり、建前上では労働者の解雇はありえないが、市場経済化を導入すれば解雇もありうるのは当然である。そこで民法ではなく、労働法で解雇を規制する方法を選んでいる。

　（e）ILO158号条約は批准されていなくても、解雇を規制する法制度を構築する際に参考になっている。労働法を整備する際にILOアジア太平洋総局が関

係しているからである。ILO側は国際労働基準の遵守を求める傾向にあり、批准の有無に関係なく、ILO条約の影響が生じている。

| 参考文献 |

- Employment Law in Asia, Vol. V（Vietnam）, Kluwer Law International, 2005
- Hor Peng, Kong Phallack and Jorg Menzel ed., Introduction to Cambodian Law, Konrad Adenauer Stiftung, 2012
- ILO Better Factories Cambodia ed., Guide to the Cambodian Labour Law for the Garment Industry、ILO, 2005（Revised 2013）,
  http://business.sithi.org/uploads/resource/1392959229_en.pdf
- International Chamber for Service Industry ed., Laos,
  http://www.icsiindia.in/reserach/asian/pdf/Laos.pdf
- NOP Kanharith, A Comparative Study On Dismissal Rules In Cambodia And Japan: A Focus On The Rule Of Justified Dismissal, Nagoya University, CALE Books 5, 2014
- Patricia Baars ed., Cambodian Employment and Labour Law, vol. 1 & 2, Community Legal Education Center, University of San Francisco School of Law, Cambodia Law and Democracy Project, 2000
- Sabina Lawreniuk, "The Ties that Bind-Rural-Urban Linkages in the Cambodian Migration System" in Katherine Brickell and Simon Springer ed., The Handbook of Contemporary Cambodia, Routledge, 2017
- U. S. Department of Labour , Labour Law and Practice in the Kingdom of Laos（BLS Report 381）, 1970
- 荒木尚志（2016）『労働法（第3版）』有斐閣
- 安西明毅・栗田哲郎・小山洋平・中山達樹・塙晋（2011）『アジア労働法の実務』商事法務
- 香川孝三（1978）『わが国海外進出企業の労働問題―インド』日本労働協会
- 香川孝三・西澤信善・北澤謙・堤雄史（2015）『ミャンマーの労働・雇用・社会―日系進出企業の投資環境』労働政策研究・研修機構
- 香川孝三・駿河輝和・北澤謙（2019）『カンボジアの労働・雇用・社会―日系進出企業の投資環境』労働政策研究・研修機構
- 小堀景一郎・政岡英樹・山田恵子編著（2012）『アセアン諸国の労務管理ハンドブック』清文社
- 斎藤善久（2007）『ベトナムの労働法と労働組合』明石書店
- 斎藤善久（2008）「合弁会社直営レストラン責任者の整理解雇等」『労働判例』950号

- JETROミャンマー事務所編（2015）『ミャンマー労務ガイドブック』（堤雄史執筆）
- 菅野和夫・荒木尚志編（2017）『解雇ルールと紛争解決』労働政策研究・研修機構
- 竹川丈士・真鍋佳奈・井上淳（2016）『ミャンマー法務最前線―理論と実務』商事法務
- 夏山宗平・芝清隆・藪本雄登（2014）『カンボジア進出・展開・撤退の実務』同文館出版
- 新美育文（2007）「ODA＝法整備支援の一班（22）―ベトナムとカンボジアでの経験（22）」『時の法令』1796号
- 松尾弘・深沢瞳（2016）「ラオス民法関連法の実施状況に関する現地調査報告」
- 四本健二（1999）『カンボジア憲法論』勁草書房

第13章

ベトナム労働市場のグローバル化にともなう諸状況と立法的対応

斉藤 善久

1. はじめに

　いわゆるドイモイ政策のもとで経済成長が著しいベトナムでは、労働市場もまた急速に発展している。そこにおいては、わが国を含む多くの外国企業が進出し、これらの企業で就労するベトナム人労働者も増加している（＝外資企業での就労）ほか、カンボジアなどの周辺国から多くの外国人労働者がベトナムに流れ込む（＝外国人労働者の雇用）など、国内労働市場の多面的なグローバル化が進んでいる。また他方では、経済格差の拡大と急速なインフレにあえぐ農村出身者を中心として、国外労働市場に活路を見出すべく、賃金水準の高い諸外国に出稼ぎに赴く労働者も増加の一途をたどっている。

　まず、国内労働市場について見ると、労働関係の大部分がドイモイ以前の任用関係から労働契約関係へとシフトしたことの当然の結果として労使の利害対立関係が発生し[1]、近年においては、特に低廉な労働力を目当てに進出してきた外国企業を中心として、ストライキなどの形をとる労使紛争が多発している。このような事態は、外国企業誘致の観点はもとより政権の安定の観点からもマイナスであり、国は実効的かつ速やかな紛争解決を可能にするための方策を模索して、関係諸法の改正を繰り返している。

　しかし、ドイモイ政策のもとで進められている市場経済の展開はあくまでも「将来における社会主義達成のための手段」であるという建前の下で、労働者の代表組織は準国家機関的な既存のベトナム労働組合に限定されており、かつ

---

[1] もちろん、ドイモイ以前の任用関係においても職制と一般職員との間の紛争は存在したが、それは概念上「労使紛争」とは把握されてこなかった。この点については、藤原未来子（東京外国語大学1998年3月提出修士論文、未公刊）「現代ベトナムの労働者に対する労働組合の役割—北部国営セクターにおける労働組合活動の内容の変化を中心に—」に詳しい。

同組合自体のドイモイすなわち市場経済システムへの制度面、組織面および意識面での対応が遅れていることなどが、思い切った制度改革を妨げている[2]。また、国家財政上の問題から公務員の給与が低く据え置かれていることや、外国企業誘致の観点から、一般労働者の最低賃金額についても物価上昇に見合った増額がなされていない。

つぎに、国外労働市場について見ると、現在、約50万人のベトナム人労働者が40以上の国と地域で就労している。このような出稼ぎ労働者による本国の家族への仕送りは、ベトナム戦争とその後の社会主義ベトナムとしての南北統一などを契機に国を離れたいわゆる越僑からの送金とともに、ベトナムにとって貴重な外貨獲得手段となっている。毎年これらの出稼ぎ労働者が本国の家族に送金する金額は数億ドルに及んでおり、国も「労働力輸出」政策として関連法制度を整備し、これを推進している[3]。

しかし、いったん国外に出た労働者を有効に保護ないし規律することは非常に困難である。これを可能とする制度・メカニズムの構築が求められているが、現在のところ、場当たり的な対応がなされているに過ぎない。また、受け入れ側の各国における対応もまちまちである。たとえばわが国について見れば、多くのベトナム人技能実習生が事実上の単純労働力として3年間[4]の期限付きで来日しているが[5]、違法な搾取の被害者となる例が後を絶たないことはもとより、さまざまな理由から失踪し不法滞在（就労）者となる者の多いことなどが

----

[2] 2005年ころまでの状況については拙著『ベトナムの労働法と労働組合』明石書店2007年、その後の状況については、拙稿「ベトナム労働法における労働者代表主体の取り扱い」社会体制と法12号2011年6月p.43-55を参照されたい。

[3] たとえば、2002年労働法典改正法は、ごく単純かつ抽象的な内容を規定していた旧第134条（外国で働くベトナム人労働者の規律遵守義務等）および135条（同労働者に対する法的保護等）を修正・補足し、当該各規定内容を具体化した。さらに、2006年11月には「契約に基づいて外国での仕事に赴くベトナム人労働者法」So 72/2006/QH11が成立し（2006年11月29日国会第11期第10会期通過）、2007年7月1日施行された。同法は、労働契約に基づいて国外で就労するベトナム人労働者のみならず、わが国などが多く受け入れている技能実習生などをも対象とし、国家、関係機関・企業、労働者・技能実習生の相互関係やそれぞれの権利と責任について詳細に規定するものである。なお、同法について解説する文献として、LUU BINH NHUONG (Chu bien), MAI DUC TAN, "HOI DAP PHAP LUAT VE DUA NGUOI LAO DONG DI LAM VIEC O NUOC NGOAI", NHA XUAT BAN TU PHAP, 1.2009がある。

[4] 原稿執筆時。その後の状況として、2017年の技能実習法施行後は、技能実習3号に移行した場合についてさらに2年間の実習が認められている。

問題となっている。

2. 国内労働市場

(1) 概況

ベトナムは平均年齢が約27歳の「若い国」であり、毎年150～160万人が労働年齢（15歳以上）に入っている。ベトナム統計総局の2011年時点での統計によれば、労働者全体の完全失業率は2.22％、都市部では3.60％、農村部では1.60％である。また労働者全体の不完全就業率は2.96％、都市部では1.58％、農村部では3.56％となっている[6]。完全失業率と不完全就業率の高低が都市部と農村部とで逆になっていることが興味深い。都市部には何らかの理由で農地を失った地方出身者が多く移り住むものの仕事を見つけられないケースが多いこと、他方、農地を有する農村の住民はとりあえずの収入源はあるものの生活には不十分なケースの多いことなどが背景にあると思われる。なお、同年における15歳～19歳の失業率は約7.6％、20歳～24歳では約6.7％であり、失業者全体の過半数を15歳～24歳の失業者が占めている[7]。若年者を対象とするわが国の技能実習制度への応募者が多い背景の一つと言える。

また、ベトナム国内で就職できた場合であっても、多くの場合、その賃金水準は実際に必要な生計費を大幅に下回っている。ベトナムでは、急速な経済発展にともない、特に都市部において地価や物価が急上昇している。しかし、ベトナム労働総同盟の分析によると、平均的な労働者の賃金収入は最低生活費の60～70％しかカバーしていない[8]。2013年に工人－労働組合研究所（ベトナム労働総同盟）が68事業体を対象に行った労働者の最低生活費に関する調査結果[9]に

---

5) わが国におけるベトナムからの技能実習生の現状については、グェン・ティ・ホアン・サー「日本の外国人研修制度・技能実習制度とベトナム人研修生」佛教大学大学院紀要社会学研究科篇第41号（2013年3月）p.19-34。http://archives.bukkyo-u.ac.jp/rp-contents/DS/0041/DS00410L019.pdfが詳しい。また、外国人技能実習生制度の現状全般については、吉田美喜夫「＜調査報告＞外国人技能実習制度の現状と課題― JITCOの調査報告 ―」立命館国際地域研究　第36号2012年10月p.207-220。http://www.ritsumei.ac.jp/acd/re/k-rsc/ras/04_publications/ria_ja/36_10.pdfなどがある。

6) http://gso.gov.vn/default.aspx?tabid=714

7) NGOC BAO,"Thuc day tang truong viec lam be vung",LAO DONG,so95/2011,13.12.2011,"viec lam"p1、および、PHAN ANH,"Nguoi tre lao dao tim viec",Nguoi lao dong,9.6.2012,p.6参照。

298

よれば、労働者1人の1カ月当たりの平均給与額は366万7千ドンだった。そのうち、第1地域（大都市）は403万7千ドン、第2地域（中都市）は383万ドン、第3地域（小都市）は348万ドン、第4地域（農村部）は331万2千ドンだった[10]。給与額が400万ドンに満たない労働者が62％を占め、そのうち5.2％[11]については200万ドンを下回っていた。他方、同年における最低生活費（子供の養育費を除く）は192万8千ドンであり、子どもの養育費を加えた場合は327万8千ドンだった。また、同調査では、第一地域および第二地域において食費以外の出費（家賃、水光熱費等）が家計に占める割合が高くなっていることも明らかになっている[12]。

　このような状況に対応するために最低賃金額の引き上げも頻繁に行われているが、物価の上昇には追いついていないのが実情である（2014年1月以降について**表1**参照）。

表1　2014年1月1日からの最低賃金月額（政府議定182/2013/NĐĐ-CP）[13]

	従　前	2014年1月1日以降	上昇率（％）
第一地域	2,350,000 ドン／月	2,700,000 ドン／月	14.89
第二地域	2,100,000 ドン／月	2,400,000 ドン／月	14.29
第三地域	1,800,000 ドン／月	2,100,000 ドン／月	16.67
第四地域	1,650,000 ドン／月	1,900,000 ドン／月	15.15

....

8) "Để hạn chế đình công trái luật", Công lý 02/5/2013（Linh Trung），http://congly.com.vn/phap-luat/dien-dan-cong-ly/de-han-che-dinh-cong-trai-luat-22014.html
9) "Tản mạn về lương và thưởng Tết" Tri thuc tre 29/1/2014, http://trithuctre.info/doi-song/12483-tan-man-ve-luong-va-thuong-tet.htm
10) 2014年4月現在、1万ドンは約50円。
11)「そのうち」が調査対象労働者総数に占める割合を指すのか、給与額が400万ドン未満の労働者（62％）に占める割合を指すのかは、資料からは明らかでない。
12) この場合、エンゲル係数の低さは必ずしも豊かさを意味しないことに注意が必要である。
13) 直近（2018年10月現在）の最低賃金月額は下表のとおり。

	2012年	2013年	2014年	2015年	2016年	2017年	2018年
第1地域	2,000,000	2,350,000	2,700,000	3,100,000	3,500,000	3,750,000	3,980,000
第2地域	1,780,000	2,100,000	2,400,000	2,750,000	3,100,000	3,320,000	3,530,000
第3地域	1,550,000	1,800,000	2,100,000	2,400,000	2,700,000	2,900,000	3,090,000
第4地域	1,400,000	1,650,000	1,900,000	2,150,000	2,400,000	2,580,000	2,760,000
議　　定	70/2011/ND-CP	103/2012/ND-CP	182/2013/ND-CP	103/2014/ND-CP	122/2015/ND-CP	153/2016/ND-CP	141/2017/ND-CP
公　布　日	2011.08.22	2012.12.01	2013.11.14	2014.11.11	2015.11.14	2016.11.14	2017.12.07
発　効　日	2011.10.01	2013.01.01	2014.01.01	2015.01.01	2016.01.01	2017.01.01	2018.01.25

なお、一般に誤解されやすいが、外資企業で働く労働者の給与は必ずしも高くなく、国有企業との比較ではむしろ相当下回っている[14]。VCCI（ベトナム商工会議所）の2013年の年次報告[15] によれば、最も給与水準が高いのは国有事業体の労働者である。その2012年の平均年収は前年の１億260万ドンから9560万ドンへと減少しているものの、外資事業体の1.2倍[16]（国内民間事業体との比較では1.7倍）であり、相対的には依然として高水準を保っている。これは、国家セクターの再編が進められてきた結果、現在の国有事業体の多くが大規模な事業体・事業グループ等となっていることや、外資事業体の中には低廉な労働力を目当てに進出してきた企業が多く、労働条件の向上に関心が薄いことなどによるものである。このような、国有事業体などに比べて厳しい労働管理や高いブランドイメージに見合わない賃金水準の低さが、特に外資企業において集中的に発生するストライキやサボタージュ（後述）の主因の一つとなっている。

(2) ストライキの発生・解決状況

　ストライキは、南部の経済重点地域を中心に、外資事業体（特に、台湾、韓国および日本企業）において集中的に発生している（**表2**および**3**参照）。統計が取られ始めた1995年から現在（2013年５月時点）までに、関係当局が把握し

---

[14] TS.Bui Ngoc Thanh "TIEN LUONG CUA CONG NHAN TRONG CAC DOANH NGHIEP TU NHAN"Nghien Cuu Lap Phap 4/2011によれば、2000年から2008年における労働者の経済セクター別平均給与月額は下表のとおりである（単位：千ドン）。国有セクターと外資セクターの給与額の高低は、すでに2005年頃から逆転していることがわかる。

	2000年	2001年	2002年	2003年	2004年	2005年	2006年	2007年	2008年
国有	1,072	1,157	1,309	1,617	1,693	2,140	2,633	2,950	3,150
外資	1,767	1,673	1,897	1,774	1,780	1,945	2,175	2,240	2,750
民間	737	803	916	1,046	1,135	1,303	1,488	1,930	1,990

[15] 2014年４月８日発表。筆者は本稿執筆段階で同報告書を入手しておらず、ここでの内容はVietnam Communications Corporationがウェブマガジンcafe Fにおいて報じたところに依拠している。Thành Long, "Lao động trong doanh nghiệp nhà nước đứng đầu về thu nhập", 9/4/2014,
http://cafef.vn/kinh-te-vi-mo-dau-tu/lao-dong-trong-doanh-nghiep-nha-nuoc-dung-dau-ve-thu-nhap-201404081613069803ca33.chn

[16] ただし、外資事業体の労働者の平均年収は2011年の6,020万ドンから2012年の8,090万ドンへと急速な上昇傾向にあり、国有事業体との格差は小さくなってきている。

ているだけで5000件を超えるストライキが発生している[17]。発生件数はいわゆるリーマンショックの時期を除き一貫して増加しており[18]、発生する地域も拡大する傾向にある。

　最もストライキが発生しやすい時期は、陰暦の正月（テト）の休暇前である。給与だけでは生活が成り立たない労働者やその家族は闇金融からの借金を抱えている場合が多く、特に年末がその清算の時期に当たること[19]、ベトナムにおいて慣習となっているテト賞与の時期に当たること、テト休暇の帰省に際して少しでも多くの現金を手にしたいこと[20]などが背景にある。

　ストライキが外資企業に集中する原因については、たとえばLê Thanh Hà博士が以下のように分析している[21]。すなわち、第一に、国有・国内民間・外資の3経済セクターの中で労働強度が最大である一方、賃金水準は低く、2008年で見ると国内民間企業の75%、国有企業の60%に過ぎない[22]。第二に、使用者側と労働者側との間で、文化的相互理解と対話が不足している。第三に、ベトナム人労働者は工業的な作業スタイルに慣れていない。第4に、行政機関による労働法の遵守状況の監督が不十分である、というものである。

　労働者の要求内容に関しては、2010年頃までは権利紛争に由来するもの（賃金不払い、社会保険の未納など）が多かったのに対し、2011年頃からは利益紛争（賃上げ、福利厚生など）に由来するストライキの件数がこれを上回るようになったことが指摘されている[23]。ここから企業のコンプライアンスの向上を

17) ストライキは当該企業の構内や周囲に労働者が集結して行われるケースが多いが、建物内の一部門などで行われるストライキ（ないしサボタージュ）等については、企業や労働組合が報告せず、当局によって捕捉されないものも少なくないようである。

18) ただし、2012年以降については未だ確定的な数字がなく、ベトナム経済の停滞にあわせて（失業をおそれて）ストライキ件数が減少しているとの情報もある。

19) 借金の返済が滞ったために取り立て代行業者から暴力を振るわれた事件が頻繁に報道されている。ちなみに、ハノイ中心部で闇金融から借入した場合の利息は2014年現在でおおむね1日1%程度と非常に高額である。

20) 帰省したまま職場に戻らない労働者の多いことが長く使用者の悩みの種となっていたが、近年は景気の悪化により再就職が困難になったこともあり、このような形での退職は減少しているようである。

21) PGS.TS. Lê Thanh Hà（Phó Hiệu trưởng Trường Đại học Lao động – Xã hội）” ĐÌNH CÔNG VÀ QUAN HỆ LAO ĐỘNG Ở VIỆT NAM”, http://www.molisa.gov.vn/news/detail/tabid/75/newsid/52802/seo/DINH-CONG-VA-QUAN-HE-LAO-DONG-O-VIET-NAM/language/vi-VN/Default.aspx（※2010年までの状況を前提とする分析）

22) 前掲注12の表とは異なる統計資料に基づく分析と思われる。

読み取ることも一応可能だが、注意すべきは、そのことが必ずしも労働者の生活水準の向上をもたらすには至っていない、ということである。むしろ、最低賃金額の改定の遅れを背景として使用者が物価の上昇に応じた賃上げを行わないために労働者の実質賃金が目減りしている（「権利」の実質的水準が沈下している）からこそ、労働者が賃上げ闘争（＝利益紛争）としてのストライキを余儀なくされていると見るべきだろう。概念上それが権利紛争であるか利益紛争であるかにかかわらず、労働者が求めているのは、一貫して、仕事に見合った、「生活できる賃金」に他ならない。

　ところで、ベトナムにおいて発生しているストライキの最大の特徴は、それらが押し並べて違法なストライキだということである[24]。少なくとも2012年末現在に至るまで、法定の合法化要件を満たすストライキが行われた例は存在しないと言われている。その主な原因の一つは、ストライキが原則として企業内労働組合の組織と指導によって行われなければならないとされてきたことにある。最高人民裁判所機関紙のWeb版が2013年5月に報じたところによると[25]、そもそも、非国営の約30万事業体のうち実際に活動している企業内労働組合を有するものは2万余しかない。また、企業内労働組合が存在したところで、それらの組合が実際にストライキを組織・指導した例はこれまでに1件も存在しない。ストライキの約70％は企業内労働組合を有する事業体で行われているが、それらは企業内労働組合の存否とは無関係に、当該組合のコントロールを離れて行われているのである。また、この企業内労働組合の問題を措くとしても、ストライキを合法に行うためのその他の諸手続が非常に煩雑で不合理なもので

---

[23] 2011年の885件中、700件以上（82.86％：733件？）が、純粋な「利益」紛争。権利紛争は51件（5.76％）。権利・利益の双方を要求したものは106件（11.98％）。：TS.Tran Ngoc Dien," Mot so giai phap thuc day quan he lao dong hai hoa va giam thieu dinh cong o Viet Nam", TAP CHI lao dong va xa hoi, So 442 tu 01-15/11/2012 p.8-11.24)

[24] ストライキの合法性は裁判所が判断することになっているが、実際に判断が下されたケースは皆無か、存在してもごく少数と思われる。このことにつき、2008年までに4件のストライキ案件が裁判所に持ち込まれた（Thái Nguyên：1、Vĩnh Phúc：1、TP.HCM：2）とする文献もある（TS. Lê Thị Hoài Thu, Khoa Luật–ĐHQGHN, "Giải quyết tranh chấp lao động cá nhân tại toà án - Một số bất cập và hướng hoàn thiện", http://congdoan.most.gov.vn/trao-doi/bai-viet/2199-gii-quyt-tranh-chp-lao-ng-ca-nhan-ti-toa-an-mt-s-bt-cp-va-hng-hoan-thin-.html?showall=1）が、詳細は明らかでない。

[25] Linh Trung, "Để hạn chế đình công trái luật",02/5/2013 08:52, http://congly.com.vn//phap-luat/dien-dan-cong-ly/de-han-che-dinh-cong-trai-luat-22014.html

あることが違法ストライキを助長してきたことが広く指摘されている[26]。実際、2006年の労働法典一部改正（2007年施行）から2012年の全面改正（2013年施行）に至るまで、企業内労働組合を有しない事業体においてもストライキを可能とするための手続規定がおかれていたが、結局、所定要件を満たすストライキが行われた例を見ないまま当該制度は廃止されている（後述）。

表2　地域別ストライキ発生状況[27]

年	件数（年）	Ho Chi Minh 市		Bình Dương 省		Đồng Nai 省		その他の地域	
		件数	%	件数	%	件数	%	件数	%
1995	60	28	46.7	12	20.0	6	10.0	14	23.3
1996	59	29	49.2	8	13.6	17	28.8	5	8.5
1997	59	37	62.7	0	0.0	14	23.7	8	3.6
1998	62	44	71.0	6	9.7	5	8.1	7	1.3
1999	67	33	49.3	19	28.4	12	17.9	3	4.6
2000	70	34	48.6	19	27.1	6	8.6	11	15.7
2001	90	38	42.2	35	38.9	7	7.8	10	1.1
2002	99	44	44.4	20	20.2	14	14.1	21	21.2
2003	142	57	40.1	27	19.0	32	22.5	26	18.3
2004	124	44	35.5	11	8.9	43	34.7	26	21.0
2005	152	52	34.2	7	4.6	41	27.0	52	34.2
2006	390	108	27.7	139	35.6	95	24.4	48	12.3
2007	551	109	19.8	217	39.4	106	19.2	119	21.7
2008	720	165	22.9	127	17.6	167	23.2	261	36.2
2009	218	70	32.1	35	16.1	35	16.1	78	35.8
2010	424	67	15.8	127	30.0	140	33.0	90	21.2
2011	978	268	27.4	218	22.3	196	20.0	296	30.3
合計	4265	1227	28.8	1027	24.1	936	21.9	1075	25.2

表3　セクター別発生状況[28]

年	スト件数	国　　家		外国投資		国内民間	
		件数	%	件数	%	件数	%
1995 ～ 1999	307	42	13.68	174	56.68	91	29.64
2000 ～ 2004	525	34	6.48	354	67.43	137	26.10
2005 ～ 2009	1865	13	0.70	1455	78.02	397	21.29
2010	424	1	0.24	339	79.95	84	19.81

※2010年の外資系におけるストライキ339件中、台湾128件、韓国109件、日本26件[29]

[26] たとえば、国会法律委員会主任Phan Trung Lý博士などが指摘している（上掲注23）。

(3) ストライキ手続に関する法改正

　ストライキを行うための手続は、2012年労働法典（2013年5月1日施行）において、従前と大きく異なるものとなった[30]。

　第一に、ストライキを行いうる紛争類型が厳格化された。すなわち、従前は集団的権利紛争および集団的利益紛争の双方についてストライキが許容され、それぞれ解決手続が法定されていたのに対して、2012年法においてはそもそもストライキを行いうる紛争類型が集団的利益紛争に限定された。

---

[27] MOLISA資料などをもとに筆者が作成。なお、直近の状況は下表のとおり。

直近の地域別ストライキ発生状況

年	件数	ホーチミン市		ビンズオン省		ドンナイ省		その他の各地域	
		件数	%	件数	%	件数	%	件数	%
2017 年	329	41	12.46	63	19.15	22	6.69	203	61.70
2018 年 (1～3 月)	92	9	9.78	6	6.52	24	26.09	53	57.61
総数	421	50	11.88	69	16.39	46	10.93	256	60.81

　出所：ベトナム労働総同盟内部資料をもとに作成

[28] THS. ĐỖ THỊ VÂN ANH - Tổng Liên đoàn Lao động Việt Nam "Nguyên nhân đình công ở một số doanh nghiệp trong thời gian qua" TẠP CHÍ CỘNG SẢN ĐIỆN TỬ SỐ 21 (213) NĂM 2010

TS.Tran Ngoc Dien," Mot so giai phap thuc day quan he lao dong hai hoa va giam thieu dinh cong o Viet Nam", TAP CHI lao dong va xa hoi, So 442 tu 01-15/11/2012 p.8-11.

"Để hạn chế đình công trái luật", Công lý 02/5/2013 (Linh Trung)

http://congly.com.vn/phap-luat/dien-dan-cong-ly/de-han-che-dinh-cong-trai-luat-22014. html

"Doanh nghiệp Đài Loan đang dẫn đầu về đình công tại Việt Nam", doanh nhan 17/5/2011 (NAM ANH) http://doanhnhan.vneconomy.vn/20110517043745390P0C5/ doanh-nghiep-dai-loan-dang-dan-dau-ve-dinh-cong-tai-viet-nam.htm

なお、直近の状況は下表のとおり。

直近のセクター別発生状況

年	スト件数	国家		外国投資		国内民間	
		件数	%	件数	%	件数	%
2017 年	329	0	0.00	245	74.47	84	25.53
2018 年 (1～3 月)	92	0	0.00	72	78.26	20	21.74
総数	421	0	0.00	317	75.30	104	24.70

　出所：ベトナム労働総同盟内部資料をもとに作成

[29] "Doanh nghiệp Đài Loan đang dẫn đầu về đình công tại Việt Nam", doanh nhan 17/5/2011 (NAM ANH)

[30] 従前のストライキ法制の経緯と内容については、拙稿「ベトナムに見る労働市場のグローバル化と関係法制の現状」社会体制と法第10号p.43-54（2009年）を参照されたい。

第二に、ストライキを行う場合の前置手続が簡素化された。すなわち、従前は事業場内の労働調停会議または事業場外の調停員による調停を経たうえで県級人民委員会主席（権利紛争の場合）または労働仲裁会議（利益紛争の場合）による解決を試み、なお解決に至らない場合にストライキを行うことが認められていたが、2012年法においては実際上ほとんど機能していなかった労働調停会議の制度が廃止された。

第三に、労働組合の組織と指導によらないストライキが禁止された。すなわち、従前は労働組合の組織されている事業場においては労働組合が、また、未組織の事業場については当該事業場の労働者の過半数から選ばれた労働者代表が、労働者の意見を集約し、ストライキを決定・指揮することとされていたが、2012年法では未組織事業場について直接上級の労働組合（当該地域の労働組合）が労働者からの要請に応じてこの役割を担うこととなった。

第四に、ストライキに際しての労働者の意見集約手続が簡素化され、かつ要件が緩和された。すなわち、従前は従業員300人未満の事業体については全労働者の意見を直接聴取し過半数の賛成を得ること、300人以上の事業については各職場の代表者などの75％超の賛成を得ることが求められていたが、新法においては従業員数にかかわらず各職場の代表者などの過半数の賛成でよいこととされた。

第五に、使用者側の対抗手段が規定された。すなわち、従前は認められていなかったロックアウト権が規定された（なお、ロックアウトを含め使用者側に対応・対抗のための時間を確保させる観点から、ストライキの事前通告期間が従前の5日から5営業日に改正されている）。

3. 国外労働市場

(1) 労働力輸出

就職難に苦しむベトナムの若者たちの中には、国内よりも賃金水準が高い海外での就労を希望する者が非常に多い。なかんずくわが国におけるような技能実習制度（制度の性質上、対象者は若年層が中心になっている）は非常に魅力的なものとして映っている[31]。ベトナム外国労働管理局の内部資料によれば、

このような若年層を含め、これまでにベトナムが「輸出」した労働者の人数と受け入れ国は表4および表5のとおりである。非常に多くの（かつ遠方の）国にまで出稼ぎに行っている様子がうかがわれる。特に台湾が突出して多く、韓国、わが国などもその数を伸ばしている。マレーシアも大きな市場であるが、やや不安定である。なお、隣接する社会主義同胞国であるラオスで働くベトナム人労働者も多いが、単に距離が近く、かつ中間搾取が介在しにくいなどの理由から国内の失業者が低賃金に甘んじて単純労働に従事しているケースが多く、一般には、国策として後押しされている「労働力輸出」の対象としては認識されていないようである[32]。

わが国との関係では、ベトナム労働傷病兵社会省（MOLISA）と国際研修協力機構（JITCO）との間の技能実習生プログラムによって、この約20年間に4万人超の実習生が来日している。現在、この事業に従事しているベトナム側の送り出し機関は127を数えるに至っている。ベトナム外国労働管理局Lê Văn Thanh副局長のコメントとして報じられたところによれば[33]、ベトナムにとってわが国は年々拡大しかつ安定した労働市場となりつつあり、2012年に来日した技能実習生は8000人にとどまったものの、2013年には最初の8か月間だけですでに5600人以上を数えている。また、ここ2年間については、受け入れ企業の破産などによって中途帰国を余儀なくされたベトナム人技能実習生は皆無とのことである。

なお、単純労働力としての外国人労働者の就労を厳しく制限しているわが国においては、労働法の適用が除外されていた外国人研修生が事実上の労働力と

---

31) なお、このような人々の願望を利用して大金を詐取する事件も発生している。ベトナムの農村部において、「労働力輸出」帰りの労働者は事情通と映り、このような労働者がコネクション利用して「優先的輸出」を斡旋すると言えば、信用して「経費」を預ける求職者が少なくないからである。たとえばNguoi Lao Dong紙（Vy Thu, "Lua xuat khau lao dong"2011年5月21日同紙13面。同様の事件に関する報道多数。）が報じたところによれば、韓国での就労経験を有する女性労働者Nは、韓国ないし日本での就労を斡旋すると言って有名斡旋企業の名前を出し、近隣の農民から最大ひとり4000ドルを預かりながらそのまま着服した容疑で逮捕・訴追されている。

32) ベトナム人労働者のラオスへの出稼ぎの現状について報じるものとして、VIET THANG,"Sang Lao tim viec", Bao Lao Dong 5.3.2013, 4などがある。

33) Quỳnh Mai, "Thực tập sinh Việt Nam sang Nhật Bản : Không chỉ là kiếm tiền", Phunu Online 11-09-2013, http://phunuonline.com.vn/xa-hoi/viec-lam/thuc-tap-sinh-viet-nam-sang-nhat-ban-khong-chi-la-kiem-tien/a101954.html

して酷使される例が後を絶たなかったため、2010年の入管法改正により、入国初年度から技能実習生として労働法規が適用されるよう制度が改められている。

表4　労働力輸出状況①（1992年～2008年）　　　　　　　　（単位：人）禁転載

年	総数	女性	受け入れ国					注
			台湾	日本	韓国	マレーシア	その他	
1992	810	100	0	0	210	0	600	
1993	3,960	664	0	164	3,318	0	478	
1994	10,150	1,563	0	382	4,781	0	4,987	
1995	7,187	348	0	286	5,270	0	1,631	
1996	12,959	1,262	0	1,046	7,826	0	4,087	
1997	18,470	4,295	191	2,227	4,880	0	11,172	
1998	10,740	1,931	197	1,896	1,500	7	7,140	
1999	21,910	2,287	558	1,856	4,518	1	14,877	
2000	31,500	9,065	8,099	1,497	7,316	239	14,349	
2001	36,168	7,704	7,782	3,249	3,910	23	21,204	
2002	46,122	10,556	13,191	2,202	1,190	19,965	9,574	
2003	75,000	18,118	29,069	2,256	4,336	38,227	1,112	
2004	67,447	37,741	37,144	2,752	4,779	14,567	8,205	
2005	70,594	24,605	22,784	2,955	12,102	24,605	8,148	
2006	78,855	27,023	14,127	5,360	10,577	37,941	10,850	
2007	85,020	28,278	23,640	5,517	12,187	26,704	16,972	ラオス 3,068; UAE2,130; カタール 4,685; マカオ 2,132; サウジアラビア 1,620 他
2008	86,990	28,598	31,631	6,142	18,141	7,810	23,266	
不法滞在	151,646	n/a	10,711	1,215	4,200	520	135,000	

※筆者がベトナム外国労働管理局から不法滞在者数（ビザ失効後も帰国しなかった労働者数）に関して得られた統計資料は上掲の数字（2008年時点）のみである。

表5　労働力輸出状況②（2009年1月～2012年4月）　　　　　（単位：人）禁転載

国	2009年		2010年		2011年		2012年 当初4カ月	
	総数	女性	総数	女性	総数	女性	総数	女性
	73,028	22,020	85,546	28,573	88,298	31,990	25,637	8,223
台湾	21,677	8,329	28,499	12,911	38,796	17,872	9,930	3,638
日本	5,456	1,767	4,913	1,452	6,985	1,779	2,877	469
ラオス	9,070	2,594	5,903	1,738	4,277	1,643	2,237	840
マカオ	3,275	2,984	3,124	2,944	1,982	1,877	769	735
マレーシア	2,792	1,604	11,741	5,502	9,977	4,650	2,574	898
UAE	4,733	-	5,241	-	1,160	11	271	6

リビア	5,241	219	5,242	-	1,052	0	8	0
カンボジア	1,769	539	3,615	1,149	2,820	1,053	1,803	814
イスラエル	92	30	666	38	327	31	0	0
サウジアラビア	2,604	235	2,729	349	3,627	45	533	21
韓国	7,578	1,171	8,628	1,000	15,214	1,995	3,580	304
アルジェリア	440	-	157	-	204	0	1	0
ウクライナ	244	-	378	-	43	0	1	0
ロシア	1,654	700	518	168	347	24	80	1
パナマ	233	89	46	18	44	14	0	0
キプロス	1,504	1,472	826	826	940	923	496	479
シンガポール	195	36	164	127	61	0	9	0
レバノン	5	5	12	12	0	0	0	0
バーレーン	-	-	-	-	1	0	10	0
クウェート	282	-	25	-	0	0	0	0
タイ	-	-	36	-	0	0	0	0
オマーン	309	-	25	-	11	0	0	0
アンゴラ	7	-	533	249	61	0	0	0
オーストラリア	40	2	6	-	3	0	2	0
ベラルーシ	-	-	-	-	32	0	0	0
ポルトガル	102	30	53	-	0	0	0	0
ブルネイ	12	3	109	-	82	10	43	0
ブルガリア	・7	-	27	-	0	0	0	0
カナダ	22	-	-	-	0	0	0	0
フランス	-	-	-	-	0	0	0	0
チェコ	139	-	-	-	0	0	0	0
中国	269	169	65	24	0	0	0	0
デンマーク	6	-	31	-	76	0	43	0
エチオピア	2	-	-	-	0	0	0	0
アメリカ	118	-	60	-	37	0	0	0
ヨルダン	-	-	-	-	18	7	9	0
ラトビア	-	-	-	-	0	0	0	0
モルジブ	3	-	-	-	0	0	0	0
マルタ	-	-	-	-	0	0	0	0
モザンビーク	6	1	8	1	3	0	183	5
ニュージーランド	-	-	-	-	0	0	4	1
フィンランド	-	-	-	-	0	0	0	0
カタール	121	-	296	-	7	0	0	0
ルーマニア	671	-	50	0	0	0	0	0
サモア	-	-	-	-	12	0	0	0
スロバキア	84	5	-	-	0	0	0	0
香港	-	-	29	4	9	1	0	0
インド	-	-	4	-	0	0	0	0
スウェーデン	136	36	338	61	0	0	0	0
イタリア	-	-	3	1	86	31	2	0
トルコ				n/a	1	1	0	0

イギリス	n/a	3	3	0	0
ポーランド	n/a	0	0	7	6
ペルー	n/a	0	0	173	6

※ 2009年および2010年の「‐」は「0」の意と思われるが元資料に忠実に区別した。

(2) 労働者の失踪状況

　就労のために海外に渡航したのち失踪・不法滞在化するベトナム人労働者の割合（以下、失踪率）については、具体的な数字を得ることが非常に困難である。一般に、台湾、韓国およびわが国における失踪率が高いと言われているが、特に近年のわが国における失踪率に関する情報が出てこない。これは、ひとつにはわが国の入管自体がこれを把握できていないためであり、またひとつには、わが国をベトナム人労働者のための労働市場として重視しているベトナム政府当局が、この市場の委縮や閉鎖をおそれて情報を出し渋っている（すなわち、把握している失踪率が高すぎる）ためであると思われる。

　筆者がかろうじて見つけられた数字は、ベトナム労働総同盟（ベトナム労働組合のナショナルセンター）の機関誌であるLAO DONG氏のĐặng Tiến記者署名記事「外国におけるベトナム人労働者の失踪が日毎増加している」（2013年8月29日）[34] に紹介されていたものである。同記事によれば、わが国における失踪率は、実に約40％にも及んでいる。にわかには信じがたい大きな数字であるが、ベトナム労働組合は社会主義ベトナムにおける準国家機関であり、労働に関する政府の内部情報にアクセス可能である（同時に、中央の統制がうまく及ばないまま内部情報をオープンにすることがある）ことを考えれば、いちおう参考にしてよいと思われる。外国労働管理局などの関係当局が数字を出し渋るのも無理がないというべきだろう。もっぱら台湾における状況について述べた記事であるが、大要以下のとおりである。

　《統計によれば、外国におけるベトナム人労働者の失踪・不法滞在率はインドシナ地域における他の労働者輸出国に比べて高い値を示している。すなわち、日本における失踪・不法滞在率が約40％、韓国が約30％、台湾が約10％などで

----

[34] "Lao động Việt Nam ở nước ngoài bỏ trốn ngày càng tăng" http://laodong.com.vn/lao-dong-hang-ngay/lao-dong-viet-nam-o-nuoc-ngoai-bo-tron-ngay-cang-tang-135312.bld

ある。法律の規定によればこのような労働者は強制的に帰国させられ、当該帰国にかかるすべての費用を負担しなければならない。また送り出し企業は活動を停止させられ、あるいは営業許可を抹消されるほか、2000万ドン以下の罰金を科され（筆者注、この金額は後述のとおり現在1億ドンに引き上げられている）、さらに事案解決に要した経費を負担させられることになる。

　労働者の失踪は多様な理由によるが、主たる理由のひとつは、仲介業者が要求する斡旋料が、法律の規定に反してきわめて高額であることである。そのため、たとえ保証金を捨ててでも、対象国において少しでも長く・多く働く必要が生じるのである。2012年4月1日現在、労働傷病兵社会省の規定するところによれば、台湾に赴く労働者が負担するべき経費は一人当たり3年間で4500ドルを超えることはなく、その中には最大1500ドルの斡旋サービス料（家事労働者については同3800ドル／800ドル）が含まれている。しかし、実際上、大部分の労働者はそれ以上の経費を負担しなければ仕事を得ることができない状況である。

　たとえば、現在台湾で就労しているタイビン省出身のD氏のケースでは、同氏が支払った経費は7000ドルであり、その中には1000ドルの保証金が含まれていた。しかも、事前研修を含むすべての手続を完了して台湾に赴くばかりとなった段階で、斡旋業者は突如として、3年後に帰国した時点での17280台湾ドル（約59000円）の支払いを要求したのである。すでに7000ドルを斡旋業者に渡していたD氏としては、これを拒否することができなかった（筆者注：このような場合、労働者は家族はもとより親類縁者からも土地使用権などを担保に借金したお金をかき集めて斡旋業者に渡している場合が多く、この段階でキャンセルしてもすでに利息が支払えない状態になっている）。そこで、D氏はこれに同意のうえ台湾に渡って就労し、帰国時に当該金額を支払ったが、この斡旋業者は、D氏が2度目に台湾に渡る際にも再度同じ金額の支払いを要求したのである。

　さらに、台湾での仕事は非常にきつく、休息時間もほとんどなかった。D氏によれば、一日の平均労働時間は12時間〜15時間だったが、月収は19000台湾ドルに過ぎなかった（残業代は1時間当たり120台湾ドルだった）。

　一般に、このような労働者は残業のある職場で安定的に2年間就労して初め

て「元が取れる」のであって、残業が無ければ３年間を費やしてもなお赤字である。したがって不法滞在により働き続けなければならないが、そのような立場は入管当局から逃げ回る不安定なものであると同時に、使用者から足元を見られて搾取されやすく、結局生命まで失う労働者も少なくない。≫

　また、労働者が失踪に追い込まれる背景には、政府の理不尽な政策もあると言わなければならない。すなわち、外国企業誘致などのために政府によって農地を徴用された者に対する「海外就労支援」政策である。首相決定52/2012/QĐ-TTg（2012年11月16日）[35]の定めるところにより、政府によって農地を徴用されたが代替地を提供されなかった農民については、海外就労にかかる諸費用の援助策が適用される（ことになっている）。もっとも、実際に当該規定が適用される場合であっても、ベトナム国内における事前研修への参加費用や研修施設までの交通費、研修期間中の食費などが援助されるのみであり、斡旋料や保証金については「低利」の融資が行われることとされているに過ぎない。したがって、この借金を返せなければさらに土地を奪われることになる、という事態が容易に想像される、まさに蟻地獄のような制度と言っても過言ではない。

　ベトナム人労働者が外国で失踪した場合は、本人がそれらの国において低賃金で社会保険もなく不安定な立場で働かなければならなくなることはもとより、ベトナムに居る家族など関係者もまたリスクを負うことになる。たとえば、台湾で失踪したある労働者の姉が当該労働者の保証人になっていたために9000万ドンの賠償金を支払うことになってしまった例（Simco sông Đà株式会社事件、2013年８月１日ハイズオン省人民裁判所）などが報じられている[36]。

　なお、以下にJITCOが公表しているわが国における失踪技能実習生数（ベトナム人に限らない）に関する統計資料を紹介しておく（**表6**および**表7**）。ただし、これらは資料中にも明記されているとおり、あくまでJITCOが各受け入れ企業等から報告を受けた範囲内の情報を集計したものであり、しかも来日初年度中

---

[35] QUYẾT ĐỊNH VỀ CHÍNH SÁCH HỖ TRỢ GIẢI QUYẾT VIỆC LÀM VÀ ĐÀO TẠO NGHỀ CHO NGƯỜI LAO ĐỘNG BỊ THU HỒI ĐẤT NÔNG NGHIỆP
[36] Hoan Nguyễn "Quản lao động xuất khẩu bỏ trốn: Bằng… tiền?" Báo Thương hiệu và Công luận Online, 3.10.2013. http://thuonghieuvacongluan.com/doi-song-van-hoa/doi-song/15131-quan-lao-dong-xuat-khau-bo-tron-bang-tien.html

に失踪した者（1号技能実習生）の数は含まれていない。実態ははるかに多くの技能実習生が失踪し不法滞在・不法就労していると考えるべきだろう。

表6　JITCO が把握する技能実習生
　　　（2号）の行方不明者の推移 [37]

年度	行方不明者（単位：人）
2003	1,539
2004	1,216
2005	1,524
2006	1,665
2007	2,138
2008	1,627
2009	954
2010	1,052
2011	1,115
2012	1,532

注：技能実習生（2号）行方不明者は、監理団体・実習実施機関からのJITCOへの報告をベースに把握しているが、技能実習生（1号）の行方不明者は、監理団体・実習実施機関がJITCOに報告する仕組みになっていないので把握できない。なお、数値は2013年4月1日現在のJITCOへの報告ベースのものである。

---

[37] JITCO　http://www.jitco.or.jp/about/data/disap.pdf（様式一部改編）
　　http://www.jitco.or.jp/stop/sissouboushi.html。なお、直近の状況は下表のとおり。

技能実習生の失踪者数の推移（人）

	平成24年	平成25年	平成26年	平成27年	平成28年	平成29年
総数	2,005	3,566	4,847	5,803	5,058	7,089
ベトナム	496	828	1,022	1,705	2,025	3,751
中国	1,177	2,313	3,065	3,116	1,987	1,594
カンボジア	-	-	-	58	284	656
ミャンマー	7	7	107	336	216	446
インドネシア	124	114	276	252	200	242
その他	201	304	377	336	346	400

なお、「カンボジア」は平成27年から集計しており、平成24年から平成26年は「その他」に含まれる。法務省「技能実習制度の現状（不正行為・失踪)」
http://www.meti.go.jp/policy/mono_info_service/mono/fiber/ginoujisshukyougikai/180323/4_moj-genjyou.pdf

表7　技能実習生（2号）の行方不明者数[38]　　　　　　　　　　　　　　（単位：人）

	2008 年度	2009 年度	2010 年度	2011 年度	2012 年度
中国	1,106	595	626	636	906
ベトナム	211	180	258	256	371
インドネシア	105	42	44	93	105
タイ	71	29	30	51	45
フィリピン	58	57	39	49	33
その他	76	51	55	30	72
計	1,627	954	1,052	1,115	1,532

（3）ベトナム国内法による対応

　ベトナム国内における制度的な対応策としては、まず、わが国および韓国において逃亡・失踪したベトナム人研修生・技能実習生に対するサンクションを規定する、「日本および韓国において研修契約を故意に破棄したベトナム人研修生の処分方法に関する」政府首相の2001年5月2日付け決定68/2001/QD-TTgがあげられる。同決定第2条によれば、故意に研修契約を破棄した研修生は、ベトナム側エージェントに対して、①選抜・訓練費用、②契約に基づく毎月のサービス料、③ベトナム側エージェントが相手国の受け入れ事業体に支払う罰金・損害賠償相当額、および④その他の実際的損害を賠償しなければならない（第1項）。また、在外公館などが強制帰国させた場合の費用を全額負担する（第2項）ほか、その家族や従前の勤務先、居住地区の人民委員会などに対する当該事実の周知を甘受しなければならない（つまり、逃亡の事実が母国の身内やコミュニティー、職場関係者に告知される。第3項）[39]。

　さらに、労働者の失踪率が高い韓国から対応を求められたベトナム政府は、首相決定1465/QĐ-TL（2013年8月21日）を公布し、韓国に赴く労働者は、渡韓に際して1億ドンを保証金として納付しなければならないこととした[40]。加えて、2013年10月10日に施行された政府議定95/2013/NĐ-CP（2013年8月22日）[41]は、労働力輸出に関する各規定に違反した送り出し企業に対して最大2億ドン

---

39) さらに、第3条は、当該損害賠償額を研修生がベトナム側のエージェントに預けてある保証金（政府議定152/1999/ND-CPの規定するところによる）と相殺することをエージェントに許可すること、新規の渡航希望者について上記保証金では損害額をカバーできないことが予想される場合には民法の規定に基づいて保証金の増額について合意することを許可すること（以上、第1項）、エージェントは一度契約を破棄（逃亡）した研修生とは、以後5年間は契約しないこと（第2項）が規定されている。

の罰金を定めている。また、関係各規定に違反した労働者に対しても、最大1億ドンの罰金のほか、2年間ないし5年間にわたる就労のための再出国禁止などが規定されている。

このほか、労働傷病兵社会省は、地区単位の連座制度という思い切った制度を採用している。すなわち、5人以上の労働者が海外で失踪した地区の住民に対しては、新たな渡航を許可しないという措置である。

4. まとめにかえて

ベトナム国内労働市場において外資企業を中心にストライキ等の労使紛争が多発している状況と、国外労働市場においてベトナム人労働者が失踪している状況に共通する原因のひとつが、（ベトナムから見た場合の）外国企業によるベトナム人労働者の過度な搾取であることは明白である。また、そのような搾取が、いくつかの側面においてベトナムおよびわが国を含む相手国の政府によって事実上後押しされていることも指摘しておくべき問題だろう。

まず、国内労働市場については、外資を呼び込む必要上、外国企業に対する最低賃金額が長く低水準に据え置かれてきたし、全経済セクターの最低賃金制度が統一された後もその金額の改定に際して同様の配慮から一定のブレーキが働いていることは否めない事実である。そして、そのような低廉な最低賃金額の下で、安価な労働力ばかりを目当てに進出する外国企業は、ベトナム人労働者の実際の生計費に十分配慮することなく、労働強度に見合わない安い賃金でベトナム人労働者を酷使しているのである。このような状況に鑑みれば、特に異文化との交流を苦手とするわが国から進出した企業において、労使間の相互

---

40) わが国で就労するベトナム人労働者に対してはこのような規定がおかれていない。これは、わが国では母国の送り出し機関等による過大な金品の徴収が技能実習生の逃亡を助長しているとの観点から、上陸基準省令においてこのような金品の徴収を禁止するに至っていることの反映であると思われる。しかし、入国段階で金品の徴収が明らかになった場合には当該技能実習生は入国・就労できないこととなり、結局本人が不利益を被ることになる。したがって、かりに過大な補償金や手数料を徴収されている場合でも送り出し企業と口裏を合わせてこの事実を隠しているケースが多いことが容易に想像されるところである。

41) NGHỊ ĐỊNH Quy định xử phạt vi phạm hành chính trong lĩnh vực lao động, bảo hiểm xã hội, đưa người lao động Việt Nam đi làm việc ở nước ngoài theo hợp đồng

理解が進まず一揆的なストライキが多発していることは、むしろ当然の現象と言うべきだろう。

また、国外労働市場についても、外貨獲得の観点から国を挙げて送り出されるベトナム人労働者達の受け入れ国は、やはり、もっぱらその労働力の低廉さに着目してこれを受け入れている場合が大半を占めている。このことが特に露骨に表れているのがわが国であり、震災復興とオリンピックのための単純労働力の需要を背景として、現政権は技能実習生制度の期間延長や職種拡大を検討している。同制度の本来的趣旨目的を無視した労働力の使い捨て政策となる可能性が大きく、仮にこの方針が決定された場合には、その具体的制度内容や実際の運用を厳しく監視していく必要があるだろう。

索引

■ア行

アジア開発銀行（ADB）　2，35，85，
　87，154，155
アジア通貨危機　3，179
アセアン経済共同体（ASEAN Economic
　Community: AEC）　2，6
アダット（Adatrechtbundels）　7，90
アンナン法典（ベトナム）　7，10
意思瑕疵　25，33，35
入会権　5，11，156，158
インドシナ連邦　104，106，112，114，
　116，119
インド法典　6，11，96
インフォーマル部門　242，244-246，251
英米法　13，14，18，20，23，36，37，
　40，41，78，86，95，256-268
オランダ東インド会社　90，149，165，
　166
オランダ領東インド　7，11，150，
　165-169

■カ行

解雇規制　272-274，280，289，293
解雇補償金　276，277，290，291
外資系企業　232-236，239-242，250，
　251
会社法　2，4，22，172
　―ベトナム　232
　―ミャンマー　18
改正債務法（ドイツ）　141
ガイドライン　181，186，193，195，197
家計企業　13，231-232，235，236，
　240-251
株式会社　22，232，235，236，
　239-241，244，246，251，311

慣行調査　7
慣習法　5，7，8，10，14，88，90，91，
　93，95，96，98，120，153，155，
　156，166-171，173，174
間接強制的機能　221
間接金融　13，256，258，259，261，
　262，264-268
監督審制度　50，52，55，57，58，62，
　65，67，68
企業発展　13，230-251
企業法（ベトナム）　12，13，232-239，
　242，246-247，249，251
規制緩和　2，4，21，22，148，153
帰責事由　33，37，39，128，129，138，
　139
技能実習制度　297，305-315
規範調整　4，5，6，12，13，18，19，
　26，28，32，39
強行規定　4，5
強制執行制度　204-206
強制執行の申立て　213
競争唱導　181-184，190
競争政策　180-182，195，197
競争当局　178-186，188，190，192，
　195，197-199
競争文化　181，182，195
競争法　4，6，9，12，21，24，178-199
競争力指標　247，248，250
協同組合　194，195
金銭債権　204，206，207，211，212，
　219
金銭執行　210，222
金融制度　256-268
金融発展　256-268
クメール法典　111
グラデュアリズム（漸進主義）　3

316

経済契約　22，24，25，27，33，36-38，
　59，80
経済発展　46，97，165，188，189，
　216，230，231，240-251，259，267，
　268，298
現実履行義務　25
憲法裁判所　156，172，173，174
皇越律例（ザーロン法典・ベトナム）
　111，113，115，118，119，120
公共利益　153，159
抗告　208，209，210
公示　86，117，118，120，215，216，
　222
公信の原則　26，33，34
公正な競争　188
構造調整（Structural Adjustment）　4
荒蕪地国有化　150，154，157，158
国際協力機構（JICA）　48，76，77，
　81，87，91-94，183，196，197
国際的技術導入契約　195，196
国有企業　180，189，233-236，
　239-242，248-251，300，301
国有地宣言　149，155
コミュニティの権利（タイ）　156
コロムルワンラーチャブリーディレーク親
　王（タイ）　129
コンディショナリティ　4

■サ行

財産開示　214
最低賃金（制度）　291，297，299，302，
　314
債務不履行　11，25，36-38，80，89，
　124，127，128，134-139，141
債務名義　205-207，210，212，217，218
サクディナー制（タイ）　125，126，140
差押　12，204，206-208，210-216，

219，220，222
サボタージュ　300
産業構造変化　256-268
自己決定権・私的自治　53-55，58，65，
　71
市場経済化　2，18，49，76，104，157，
　158，181，274，280，293
執行開始令状　213，214
執行官　207，208，212，213，216，217，
　219
執行裁判所　207-212
執行停止　208-210，212，221，222
社会主義経済化　231，234
社会主義法　3，9，14，22，24，36，
　50，58
集団的所有権　88，97，121，155，156
自由法学運動　8，18
自由放任主義　2
受領遅滞　135，137-139
準則化　6，19，26，29-32，37
召喚　213，214，221
証拠提出義務　53
消費者保護法　5，6，21，23-25，27，
　28，30，35，38，40，41，189
商法典　5，23，88，150，156
　―インドネシア　90，167，169
　―ベトナム　27，28，38
ジョーン・アルスブルック・サイモン卿
　129-135，140
植民地法　2，4，6，7-12，14，19，90
　―英国　7，149，150
　―オランダ　150，165-168
　―フランス　104-121，150，151
ジョセフ・エルネスト・デ・ベッカー
　131
職権主義　51，62，65，70，73

317

職権証拠調べの禁止　54

所有と利用の一致　152

人格権　81-83, 86, 89, 98, 99

信義則　6, 26, 29, 30, 32, 40

森林法　153, 173, 174

末廣厳太郎　7

ストライキ　53, 290, 296, 300-305, 314, 315

政策評価　197

正当な理由　274, 277, 282, 287, 289, 293

世界銀行　2, 3, 8, 12, 19, 20, 21, 35, 87, 92, 153-155, 172

占有移転妨害　220

争訟原則　64, 66

総有　150, 155, 156, 158

訴訟と非訟の区別　61

損害賠償の範囲　137

村落調停　92

■タ行

対抗要件　35, 85, 86, 151

第三者異議　208, 209

大陸法　3, 9, 13, 14, 36, 40, 71, 78, 91, 94, 95, 113, 256, 259, 267, 268

多元主義（pluralism）　7, 8, 19, 22, 28, 167, 171

地上権　34

チャクリ王朝（タイ）　150

チャップ・チョーン（タイ）　150

調停　48, 91-93, 160, 278, 279, 284, 288, 305

直接金融　13, 256, 258-268

チンタナカーン・マイ（ラオス）　20, 87, 280

提訴時効　65, 82, 83

適用除外カルテル　194

手続瑕疵　218

手続停止　208, 209

ドイモイ（ベトナム）　14, 20, 27, 34, 49, 78, 232, 233, 235, 239, 240, 250, 296, 297

同化政策（assimilation policy）　7, 106

登記・登録　215, 222

投資環境　233, 256, 259

当事者主義（アドヴァーサリー・システム）　51, 69, 70, 72, 73

投資法　78, 233

トーレンズ式権原確定登記制度　11, 35, 36, 149-154

独占禁止法　9, 24, 178-199

土地使用権　34, 78-83, 157, 158, 251, 310

土地登記制度　117-120, 150, 168, 171, 175

土地法　4, 5, 11, 113-121, 148-161, 164-175

　─カンボジア　35, 85, 153, 154, 156

　─ベトナム　34, 78, 80-83, 159

　─ラオス　31

土着性　12, 178-199

取引の安全　26, 33-36, 40, 82, 160

トンキン法典（ベトナム）　7, 10

■ナ行

任意規定　5

農地法（ミャンマー）　152, 153, 155, 157, 158, 167, 169, 174

農地基本法（インドネシア）　152, 153, 164, 169, 170, 173-175

■ハ行

パンデクテン方式　23, 30, 31, 37

判例制度（ベトナム）　62, 64, 66-68, 81

判例法　5, 6, 11, 23, 26, 69, 71,
　96, 112, 113, 116, 118, 153
比較法　13, 14, 20, 23, 36, 79, 95,
　191
引渡命令　213, 220
非金銭執行　210
ビッグ・バン方式　2, 3
表見代理　26, 33, 35, 36, 78
ビルマ法典　96, 205
物権と債権の峻別　30, 34
不動産執行　204, 207, 210, 212, 213,
　222
不法滞在　297, 309, 311, 312
プラヤー・マーナワラーチャセーウィー
　129
フランス人法律顧問団　126, 129, 130,
　134, 140
米越貿易協定　10, 50
弁論主義　53-55, 66, 69-72
法解釈　5, 6, 9, 11, 14, 26, 29, 30,
　32, 41, 68, 77, 81, 98
法制改革　2, 167, 171, 172,
法整備支援　2-4, 7-10, 12-15, 18-23,
　27, 29, 30-41, 47-52, 63, 65, 68,
　69, 74, 76, 78, 81, 90-97, 124, 155,
　160, 171, 178-199, 272, 293
法整備指標　4, 21
法的救済　46, 48
法的多元主義（legal pluralism）　19,
　167, 171
法の移植（legal transplant）　2, 3, 8,
　14, 19, 20, 167, 171
法の起源（Legal Origin）　20, 23,
　256, 257, 259, 260, 267, 268
法律行為　23, 25, 29-33, 88, 132, 133
穂積陳重　136

■マ行
政尾藤吉　11, 126
マヌヂエ・ダマタッ　7
民事契約　22, 24, 27, 33, 59, 79,
　80, 83
民事拘禁　206, 211, 213, 214, 220,
　221
民事事件解決手続法令（ベトナム）　49,
　59
民事執行法
　―日本　205-221
　―ミャンマー　12, 205-223
民事・商事の二分化　7
民事訴訟法
　―カンボジア　3, 18, 32, 46-47, 279
　―ベトナム　3, 10, 18, 28, 46-75
　―ミャンマー　94, 96
　―ロシア　21
民事取引　29, 33, 35, 79, 80, 83
民商法（タイ仏暦2466年、西暦1923年）
　127, 130-132
民商法（タイ仏暦2468年、西暦1925年）
　130, 131, 132
民法総則・一般原則　4, 19, 28-32, 167
民法通則（中国）　3, 98
民法典　2-14
　―インドシナ　112, 113, 150, 154,
　274
　―インドネシア　91, 164-175
　―オランダ　23, 26, 84, 164, 167,
　170
　―カンボジア　3, 18, 30, 31, 35,
　84-86, 274, 293
　―ドイツ　84, 124, 132-141
　―日本　77, 84, 97-99, 124,
　132-141, 293

―ネパール　93，94

―フィリピン　150

―フランス　10，84，109，111，116，164，170

―ベトナム　3，18，27-30，33-35，37，38，60，78-83，293

―ラオス　3，18，31，32，36，38，39，87-90，280，293

―ロシア　3，9，20-27

民法の一部を改正する法律（債権法改正、日本）　40，141

無因主義　34，36，151

ムルキ・アイン法典（ネパール）　93-95

モデル法　4，7，19，21，28，87，125，129，132-134，140

■ヤ行

有限責任会社　232，235，236，239，240，246，251

■ラ行

ラーマ五世（タイ）　125

ライデン大学　23，40

履行遅滞　37，38，134-138

履行に代わる損害賠償　138，139，141

履行不能　25，38，128，135-141

累積債務問題　3

労働組合　53，273，277，282，287，288，293，296，298，302，303，305，309

労働契約　6，272，275-277，280-286，288，291，292，296

労働市場　13，272，273，293，296-298，305，306，309，314，315

労働者代表　272，278，305

労働争議法　289

労働法　5，12-14，23，27，67，245，274-293，301，303，304，306，307

ロックアウト　290，305

■ワ行

和解的判決　60，62

ワシントン・コンセンサス　8

■アルファベット

Boissonade, Gustave Émile（ボアソナード）　130，133

Boudillon, Claude Auguste　114-116，119

De Soto, Hernando　247，248

EBRD（欧州復興開発銀行）　20，21

Guyon, René（ルネ・ギュヨン）　126，127，130

hak milik（インドネシア）　152，153

hak ulayat（インドネシア）　150，153，174

ICN（International Competition Network）198

ILO158号条約　272，293

ISDS（Investor-State Dispute Resolution）8，148

land grabbing　148，157

lex mercatoria　5

LLSVグループ　20，21，23

PCI（Provincial Competitiveness Index）247

Richardson, David　7

ROSC（Report on the Standards and Codes）　21

Van Vollenhoven, Cornelis　7，16

◎著者一覧：執筆分担

金子　由芳　　神戸大学大学院国際協力研究科教授、アジア法：編者、序章・第 1 章・
　　　　　　　第 6 章執筆

川嶋　四郎　　同志社大学法学部教授、民事訴訟法：第 2 章執筆

大川　謙蔵　　摂南大学法学部講師、民法：第 3 章執筆

Beatrice Jaluzot　　フランス・リヨン東洋研究所教授、民法・比較法：第 4 章執筆

田村　志緒理　　タイ・タマサート大学法学部講師、比較法：第 5 章執筆

Rudy Lukman Hakim　　インドネシア・ランプーン大学憲法研究所長：第 7 章執筆

栗田　　誠　　白鴎大学法学部教授、競争法：第 8 章執筆

赤西　芳文　　近畿大学法科大学院教授、民事訴訟法：第 9 章執筆

松永　宣明　　神戸大学大学院国際協力研究科教授、開発経済学：第10章執筆

川畑　康治　　神戸大学大学院国際協力研究科准教授、開発経済学：第11章執筆

香川　孝三　　神戸大学名誉教授、大阪女学院大学名誉教授、労働法：第12章執筆

斉藤　善久　　神戸大学大学院国際協力研究科准教授、ベトナム労働法：第13章執筆

アジアの市場経済化と民事法
法体系の模索と法整備支援の課題

2019 年 3 月 30 日　初版第 1 刷発行

編者―――金子由芳

発行―――神戸大学出版会

〒 657-8501 神戸市灘区六甲台町 2-1
神戸大学附属図書館社会科学系図書館内
TEL 078-803-7315　FAX 078-803-7320
URL: http://www.org.kobe-u.ac.jp/kupress/

発売――神戸新聞総合出版センター

〒 650-0044 神戸市中央区東川崎町 1-5-7
TEL 078-362-7140 ／ FAX 078-361-7552
URL:http://kobe-yomitai.jp/
印刷／神戸新聞総合印刷

落丁・乱丁本はお取替えいたします
©2019，Printed in Japan
ISBN978-4-909364-06-7 C3032